4·16구술증언록 단원고 2학년 8반 제3권

그날을 말하다

준형 아빠 장훈

4·16구술증언록 단원고 2학년 8반 제3권

그날을 말하다

준형 아빠 장훈

4·16기억저장소 기획 편집

(사) 4·16세월호참사가족협의회 지원 협조

한울

일러두기

1. 음절로 식별 가능한 소리를 들리는 대로 전사하는 것을 원칙으로 한다.

2. 의미를 파악하기 위해 추가 설명이 필요할 경우 [ ]로 표시한다.

3. 몸짓, 어조 등 비언어적 행위는 ( )로 표시한다.

4. 구술자가 말을 잇지 못해 말줄임표를 사용하는 경우 ……, …로 길고 짧음을 표시한다.

5. 비공개 영역은 〈비공개〉로 표시한다.

6. 비공개해야 하는 희생자 형제자매의 이름은 ○○, △△ 등의 도형기호로, 생존자의 이름은 A, B, C 등 알파
   벳 대문자로 표시한다.

7. 비공개해야 하는 제3자는 직분이나 소속, 성만 공개하고, 이름은 ××로 표시한다. 비공개해야 하는 숫자는
   자릿수에 상관없이 □로 표시하며, 지명은 □□로 표시한다.

　4·16기억저장소에서는 세월호 참사 5주기를 맞아 구술증언 수집 사업의 결과물 일부를 100권의 책으로 발간하게 되었습니다. 이 사업은 2015년 6월부터 다양한 학문 분야 구술 연구자들의 자발적인 참여로 진행되어 왔으며, 세월호 참사를 좀 더 정확하고 다각적으로 기록하고 기억하고자 하는 노력의 일환으로 수행되었습니다.

　2014년 참사 발생 이후, 참사 피해자들의 목격담과 경험은 안타깝게도 공식적인 국가기관과 언론의 기록 속에서 철저히 소외되거나 왜곡되었습니다. 그것은 세월호 참사가 우리에게 안긴 죽음과 고통의 충격만큼이나 우리 사회의 끔찍한 비극이었습니다. 따라서 사업을 진행하면서 세월호 참사 희생자 가족, 생존자, 생존자 가족, 어민, 잠수사, 활동가, 기자 등등, 참사의 초기 과정을 직접 경험한 분들의 증언을 우선적으로 수집했습니다. 구술자는 이 사업의 취지와 방식에 개인적으로 동의한 분 중에서 선정했으며, 참여 과정에 어떠한 금전적 보상이나 이익이 제공되지 않았습니다. 또한 구술증언 수집 사업을 진행하는 동안, 면담자는 연구자이자 참사를 겪은 공동체 시민으로서 최대한 윤리적이고자 노력했습니다.

구술자마다 매회 약 2시간씩 3회를 원칙으로 음성 녹취와 영상 촬영을 하는 방식으로 진행되었고, 증언의 일관성을 확보하기 위해 면담자는 큰 틀에서 공통 질문지를 사용했습니다. 공통 질문지의 내용은 참사와 구술자 간의 관계성에 따라 차이가 있지만, 유가족 구술의 경우 1회차 '참사 이전의 삶, 팽목항과 진도에서의 경험, 자녀에 대한 기억'을, 2회차 '참사 이후 투쟁과 공동체 활동 경험'을, 3회차 '참사 이후 개인 및 가족이 경험한 삶의 변화와 깨달음, 자녀의 현재적 의미'를 중심으로 했습니다. 이처럼 증언 내용은 참사 이전에서 시작해 참사 발생 당시의 경험과 이후의 변화 과정까지 폭넓게 수집했고, 면담자는 구술 채록 과정에서 구술자의 발화를 최대한 존중하고자 했으며, 무엇보다 각자의 특수한 경험과 다른 시각을 충실히 반영하고자 했습니다.

이 구술증언록의 발간을 위해, 채록된 음성 자료는 문서로 변환해 구술자와 함께 검토했고, 현재 시점에서 공개할 수 있는 영역과 할 수 없는 영역으로 구별했습니다. 따라서 책에 실린 내용은 모두 구술자로부터 공개를 허락받은 부분입니다. 비공개 영역은 추후 구술자의 동의를 받아 적절한 절차를 거쳐 추가로 공개될 수 있으리라 생각합니다.

이 구술증언록 100권에는 그동안 우리 사회에 왜곡되어 알려지거나 잘 알려지지 않았던, 참사 발생 직후 팽목항과 진도 혹은 바다에서의 초기 상황에 관한 중요한 증언이 포함되어 있습니다. 또한, 자녀를 잃는 잔인하고 애통한 상황을 겪으면서도 그 누구보다 강인한 정치적 주체로 성장할 수밖에 없었던 유가족의 마음과 경험을 구체적으로, 그리고 여러 각도에서 살펴볼 수 있습니다. 그외에도, 이 구술증언록은 2014년을 전후한 한국 사회의 여러 측면을 드러내는 귀중한 자료가 되리라고 생각합니다. 무엇보다 국내외의 많은 분이 이 책을 읽어, 장차 세월호 참사의 진상 규명과 역사 서술에 기여할 수 있기를 바랍니다.

구술증언 수집 사업이 진행되고, 책으로 출간되기까지 많은 분의 도움과 지지가 있었습니다. 이 지면을 빌려 부족하나마 감사의 말씀을 전하고자 합니다.

먼저 (사)4·16세월호참사가족협의회와 4·16기억저장소에 감사를 드립니다. 이분들의 신뢰와 적극적인 협조가 없었다면, 이 사업은 처음부터 시작할 수조차 없었을 것입니다. 또한 어려운 정치 환경 속에서도 사업의 취지에 공감해 재정 지원을 결정해 준 아름다운가게와 역사문제연구소에 감사드립니다. 두 단체 덕분에, 이 사업을 4년 동안 계속해 올 수 있었습니다. 그리고 구술증언록 100권의 발간에 동의하고, 바쁜 일정에도 출판 실무를 기꺼이 맡아주신 한울엠플러스(주)에도 감사를 드립니다. 이 외에도 많은 개인과 단체가 직간접적으로 많은 도움을 주시고 격려해 주셨습니다. 여기에 모두 밝히지 못하는 것을 죄송하게 생각합니다.

　말할 필요도 없이, 가장 크고 또 가슴 아픈 감사는 구술자 한 분 한 분께 드리고자 합니다. 이 책이 발간될 수 있었던 것은, 무엇보다 용기를 내어 아픔과 고통의 기억을 다시 떠올리고 장시간 진심으로 이야기를 해주신 구술자가 있었기 때문입니다. 오랜 시간 이야기를 나누며 함께 공감하기도 했지만, 그 아픔과 고통을 어떻게 가늠할 수 있을까 싶습니다. 더 큰 도움이 되지 못함을 안타까워하며, 이 구술증언록 100권의 발간이 피해자분들에게 조금이라도 위로가 될 수 있기를 기원합니다.

2019년 4월

4·16기억저장소 구술팀 책임자
서울대학교 인류학과 교수 이현정

차례

■ 3회차 ■

준형 아빠 장훈

구술자 장훈은 단원고 2학년 8반 고 장준형의 아빠다. 차가운 바다에서 늦게야 돌아온 아들을 한 번에 알아보지 못한 일이 아빠에게 큰 상처였고, 동시에 진상 규명을 위한 원동력이기도 했다. 아빠는 진상규명분과장으로 활동하며 세월호 참사에 대한 전문 지식을 쌓았지만, 아빠가 생각하는 진상 규명의 핵심은 간단하다. '왜 아이들을 구하지 않았는가?' 아빠는 2019년 2월부터 사단법인 4·16세월호참사가족협의회의 신임 운영위원장으로서 세월호 참사의 진상 규명을 위해 온 힘을 다해 활동하고 있다.

장훈의 구술 면담은 2018년 9월 20일, 10월 3일, 19일, 3회에 걸쳐 총 12시간 동안 진행되었다. 면담자는 김익한, 촬영자는 박서진·손정미·박수연이었다.

구술자 본인의 프라이버시나 제3자의 프라이버시를 보호해야 할 부분을 제외하고는 구술자의 발화를 있는 그대로 전사했다.

1회차

2018년 9월 20일

시작 인사말

면담자　　　본 구술증언은 4·16 사건에 대한 참여자들의 경험과 기억을 기록으로 남김으로써 이후 진상 규명 및 역사 기술에 기여하고자 합니다. 지금부터 장훈 씨의 증언을 시작하겠습니다. 오늘은 2018년 9월 20일이며, 장소는 안산시 단원구 가협[4·16세월호참사가족협의회] 회의실입니다. 면담자는 김익한이며, 촬영자는 박서진입니다.

구술증언 참여 동기 및 근황

면담자　　　저희가 역사에 기록을 남기고 또 사람들의 세월호 참사에 대한 공감의 깊이를 높이기 위해서 구술사업을 시작했는데요, 시작하면서 이 구술에 참여하시게 된 구체적인 계기를 말씀해 주시고, 오늘 구술을 마친다고 한다면 그 구술이 어디에 활용되었으면 좋겠는지에 대해서 말씀 부탁드리겠습니다.

준형 아빠　　　기억저장소에서 구술을 해야 되는데 "정작 중요한 사람들은 구술을 하나도 못 했다" 이런 [이야기가 있었어요]. 바쁘니까, 워낙 바쁘니까 "날짜를 좀 넉넉하게 잡아달라" 얘기를 하셔가지고 "올해는 8월, 8월 그때까지는 안 될 거 같다" 이렇게 말씀을 드렸고, "그럼 9월 초쯤에 한번 만들어보자" 했는데 9월 초도 시간이 되게 그러니까, 일들이 많은 거예요. 서울 갈 일들이 너무 많고 그래서 오늘 특별하게 낸 날이에요. 그러니까 특별하게 낸 날이고, 저도 이렇게 이게 필요하다고 생각을 해요. 왜냐면 저도 잊어버리니까. 제가 아무리 머리가 좋다고 해도 그 당시의 일들을 전부 다시 복기를 할 수 없으니까. 그런데 이제 좀 아쉬움이 있는 건 한 1주기 지난 다음 그때 한창 싸울 때지만 그때 아니면 2주기 전에 좀 했으면 좀 더 디테일한 것들이 많이 나오지 않았을까 싶은데 좀 늦은 감도 있죠. 지금이라도 하니까 좀 제가 흔쾌히 오케이를 했구요.

다음에 이게 저희는 진상 규명의 자료로 쓰는 것도 물론 중요하지만 다른 참사, 그러니까 또 다른 참사가 벌어질지도 모르겠으니, 이건 불가항력으로 날 수 있는 참사도 있고, 있는데 그분들한테 우리 4·16 가족들이 어떻게 활동을 했고 또 어떻게 대처를 했고, 이런 것들이 그분들한테 좀 전해졌으면 했어요, '아, 어느 시기에는 뭘 해야 되고 어느 시기에는 뭘 해야 되고' 이런 것들이…. 물론 저희가 그런 참사가 나면 직접 가서 도와드리겠지만 그 부모들이 마음속으로 좀 알고 있었으면 하는 바람이 좀 있어요. 그래서 이런 구술 기록들이 '아, 그 당시에 박근혜 정권하에서도 가족들이 버텼던, 그러니까 버티고 싸울 수 있었던 힘이 과연 무엇이었을까' 이런 거에 대한 좀 이렇게 고찰이라고 하면 그렇지만 그런 거에도 활용이 되었으면 하고…….

면담자　　　네. 최근에 진상분과장으로서 활동하시는 근황에 대해서 간단하게 소개해 주시면 좋겠습니다.

준형 아빠　　　최근에 불안정하지만 그래도 이제 선조위[선체조사위원회], 선조위 보고서들 나오게 만들었구요. 이런 말씀드리기 그렇지만 보고서가 못 나올 뻔했어요, 내부 사정 때문에. 어떻게든 보고서는 내야 되기 때문에 보고서를 나오게 만들었고, 그다음에 지금 사회적참사특위, 사참특위 세월호팀 구성하는데 지금 제가 관여한다기는 좀 그렇고, 제가 사람들 계속 거기다 붙이는 거죠. 그래 가지고 지금 그것 때문에 또 회의도 계속 그것 때문에 하고 있고. 그래서 이번 주는 사참특위의 4급 이하 공무원들 면접이 있어서 제가 이제 국회 잠깐 다니고, 그래도 시간을 좀 낼 수 있었어요. 안 그랬으면 오늘 또 법원 가야 되고 해야 되는데, 그건 제가 없어도 하실 수 있는 분들이 있으니까 그걸 좀 빠졌죠.

면담자   아, 오늘이 저거죠? '특조위 방해 고발 사건', 오늘이 누구누구입니까? 여러 명이죠, 아마?

준형 아빠   오늘도 연영진 할 거구요, 그다음에 임현택, 그 증인으로 할 거고. 정작 그들이 했는데 이제 그들의 말은 위에서 오더[명령]를 받아서 했다는 건데, 그니까 아무리 봐도 이 공무원이 철 밥통이라는 게 맞는 거 같아요. '난 시켜서 했을 뿐이야' 하면 죄가 안 돼요. 그래서 '하, 너무들 한다' 이런 생각이 들긴 하는데 또 사참특위가 해야될 몫 중에 하나죠, 그들을 어떻게든 책임지게 하는 것. 그냥 능동적으로 방해를 했거든요, 아주 치사하게. 근데 그런 것들이 법정에서는 인정을 받지 못하는 거예요. 그리고 조윤선이나 혹은 이제 그 당시 해수부 장관, 차관 그다음에 안종범 이쪽으로만, 그리고 고위 쪽으로만 고위직으로만 계속 화살이 가는데 솔직히 말해서 조윤선이나 이런 사람들이 세월호에 관해서 물론 말은 했겠지만, 아니 디테일하게 '이렇게 이렇게 이렇게 방해해요' 하지는 않았을 거고, 그러면 디테일하게 방해하는 그 주체는 연영진이나 임현택이나 이런 사람들일 텐데 이들은 다 빠져나갔단 말이에요. 이헌이나 이런 사람들은 다 빠져나가고 어찌 보면 그 몸통은 빠져나가고 대가리만 잡고 있는 거고, 그리고 그 몸통하고 그 손발은 다 아직 살아 있는 거고 그런……

면담자　　　그분들이 그때 직책이 무엇이었나요?

준형 아빠　　연영진 같은 경우는 아니, 조윤선이나 이런 경우는 민정 수석이었고 연영진 같은 경우는 인양추진단 단장이었어요. (면담자 : 해수부?) 해수부. 실장급인데 그 인양추진단 단장이 특조위까지 담당을 했단 말이죠. 도대체 이해가 안 되는 부분이잖아요. 그래서 그 인양추진단하고 특조위하고 서로 뭐랄까 보완관계가 되든 도움이 돼서 인양을 잘할 수 있게 하는 방법이 아니고 이게 완전히 철저하게 막아버린 거죠, 그런 인물이고. 또 임현택 같은 경우에는 내부에서 특조위를 흔들어버린 사람이죠. 내부에서 그러니까 흔히 말하는 보수 단체, 그러니까 애국보수 단체 그분들 시켜가지고 가족들 고발도 하게 하고, 저 특조위원장 고발도 하게 하고.

면담자　　　아, 이분은 특조위에 파견 공무원이었네요, 해수부 파견 공무원. 특조위에서는 직책이 무엇이었나요? 임현택 씨는?

준형 아빠　　운영지원과에서 과장을 했었어요.

면담자　　　근황 얘기로 시작했는데 중요한 얘기라서 제가 사람 이름에 대해서 좀 확인을 했습니다.

준형 아빠 장훈

3
군산에서 안산으로 이주

면담자   이제 본격적으로 1차 구술을 하려고 하는데요. 이 구술이 생애사 구술이라 준형 아버님의 살아오신 삶에 대한 이야기와 이 참사가 일어난 이후에 어떤 활동을 하셨는지 말씀 듣고 싶습니다.

준형 아빠   이력서를 쓰란 얘기죠?

면담자   아니 이력서라기보다 어쨌든 준형 아버님의 삶에 대한 느낌이 전달되는 게 중요한 거니까요. 그런 차원에서 제가 묻기 시작할 거구요, 그다음에 준형이가 이런 아이였는데 이 참사로 하늘로 갔다는 이야기가 또 하나의 축으로 나올 겁니다. 먼저 안산에 언제 올라오시게 됐습니까?

준형 아빠   아시안게임 전이죠, 85년도. 그러니까 안산이 다 개발되기 전이었어요. 지금 이쪽 다시 재개발 들어가는 연립단지 이쪽에 갈대밭이 형성되어 있을 때, 그때 올라왔죠.

면담자   연립단지라 하면 어디를 말하는 건가요, 선부동인가요?

준형 아빠   아니, 원곡동. 저기 원곡동 쪽에 라성호텔 앞쪽에 연립단지 들어서기 시작할 때. 그러니까 그 당시에 이제 나이 드신 분들이 그랬어요. "와이프는 없어도 살아도 장화 없으면 여기서 못 산다"고, 그 동네였어요.

면담자   그런 시기에 안산으로 올라오신다는 게 특이하시네요. 뭔가 계기가 있으셨어요?

준형 아빠   그때 저희 집안이 갑자기 쇠락해 가지고, 그러니까 어찌 보면 불우했어요, 어린 시절이. 이제 어머님, 아버님[께서] 갑자기 재산을, 사업하시다가 다 [없어지게] 하고 또 군산에서 큰 식당을 하다 그게 또 망하고, 그러다가 이쪽으로 넘어왔는데, 그때 제가 고등학교를 제대로 못 나왔었어요. 고등학생 때였는데 그냥 올라와서 일을 했어요, 저는.

면담자   70년대 초반 출생이시니까 85년이면 열다섯, 열여섯일 때네요?

준형 아빠   고등학생 때죠. 그래 가지고 고등학교 1학년 두 달 아니 한 달, 한 달 댕겼나요? 그리고 올라와 가지고 학교 그만두고 그랬죠. 〈비공개〉 그때 여기 외갓집, 이모네 집이 이사를 와가지고 자리를 잡고 있었어요. 그래서 이쪽으로 이사를 오면 그러니까 극단적인, 저희 집안에서도 극단적인 선택이었을 텐데요, 어머님, 아버님도. 그 삶의 터전을 옮긴다는 게 극단적인 선택이었을 테지만 그래도 옮기는 게 낫다는 판단하에 옮기신 거 같아요. 그때 학교를 거기서 계속 다니다가 할까 아니면…, 제가 결정을 내렸어요, 그냥. 학교 이제 그만 다니고 여기 올라와서 어머니랑 같이 있는 게 제 딴에는 가정을 지킨다는 거였어요.

     그래서 그만두고 올라와서 한 1년 반 정도 이제 아시안게임 나던 해에 그다음 초까지, 그 아시안게임 하던 86년도 말까지 돈을 좀 벌어 가지고, 그때 제가 공장을 다녔는데 고등학교도 졸업 못 하고 공장 다니니까 미성년자잖아요. 그때 제가 번 돈이 아직도 잊어먹지 않아요. 12만 4000원 받았어요. 근데 그중에 8만 7000원을 적금을 넣었어요.

그러면 그게 1년째 100만 원, 100만 원짜리 적금인데 이제 그걸 타가지고 그때 공부를 더하고 싶더라구요. 그래서 검정고시 학원을 제가 등록을 하고 일은 그만두고, 그러니까 2월 달에 검정고시 학원에 등록해서 4월 달에 시험을 봤는데 검정고시 합격을 했어요. 그걸 하고 그다음에 바로 대학 입시, 그러니까 친구들보다 내가 거의 친구들보다 1년 빨랐어요, 그렇게 하면. 88학번이 될 뻔했죠. 근데 이게 제가 대학에 붙고 딱 돌아보니 당시를 돌아보니 집은 반지하에 살고 있고 제 동생이 세 명이고, 어머님, 아버님 다 번다고 해도 제 등록금 댈 형편도 안 될 거 같고, 그런다고 제가 특출나게 공부를 잘해서 장학금을 받을 형편도 아닌 거 같고 그래서 대학을 포기를 했어요.

지금 와서는 이렇게 얘기를 하는데 제가 작년까지는 이 얘기를 아무한테도 안 했었어요, 대학 얘기를, 동생들한테도 안 하고 부모님한테도 안 하고. 근데 어쨌거나 제가 장남이고 종손이고 하기 때문에 '나 말고 내 동생들을 차라리 대학 보내는 게 낫겠다' 생각을 해서, '나는 어디 가서 뭘 해도 살 수 있다' 이런 자신감 때문에 그렇게 해가지고 이것저것 다 해봤어요. 포장마차도 해보고 직장도 여러 군데 댕겨보고 옷장사도 해보고 해봤는데, 그렇게 하다가 군대 갔다 와서 이제 공장 좀 다니다가 또 이제 애들 엄마 만나서 결혼하고 아이들 낳고 그러고 그렇게 살게 됐죠.

면담자　　　　　다시 조금 앞으로 돌아가서요. 어릴 때 초등학생 때나 그럴 때는 어떤 아이셨어요?

준형 아빠　　　　음…, 천재라고 그랬어요.

면담자   좀 그러실 거 같아요, 굉장히 밝고.

준형 아빠   IQ 테스트를 했는데 지금도 멘사[고지능자 비영리단체] 회원, 그거 회원 안 없어졌는지 모르겠는데 153 나왔어요. 근데 이제 공부를 하면 전교 3, 4등, 공부를 안 하면 전교 100등, 이런 스타일 있잖아요, 그러니까 옆에서 "공부를 해라, 해라" 그러면은 마지못해 공부하고 그러니까, 공부 안 해도 그냥 중간은 가는. 근데 중학교 2학년 때까지는 되게 소심했어요. 그러니까 한번 어떤 일이 있었냐면 뒤에 있는 친구가 시험지 답안, 시험지 보여달라면 답을 보여주고, 내가 그걸 고쳐요. 그래서 이 뒤에 있는 애는 올 100점을 맞고 저는 99점을 맞는 거예요. 얘가 1등이 됐고 얘만 알죠. 근데 그냥 아무 말도 안 하고, 나는 그렇게 앞에 나가서 하는 거를 되게 두려워했어요, 소심하고.

그러다가 중학교 2학년 때부터인가, 그때 담임선생님이 나를 부르는 거예요. 그래서 A4 용지에다가 저기 영어 단어를 30개인가를 주고 외우라는 거예요. 그래서 뭔 그거인가 하고, 또 잘못하면 그때는 많이 맞았잖아요. 두드려 맞을까 봐 또 얼른 외웠죠. 외웠더니 30개 중에 하나만 스펠링 하나 틀리고 다 맞았어요. 그랬더니 "거짓말 아닌 거 같다"고, 뭔 소리인가 했어요. 맨 처음엔 몰랐어요. 그랬더니 그때 지금은 삼성 장학금이 제일 크잖아요. 어떻게 보면 지역사회 이런 데서 보면 삼성재단 장학금이 제일 큰데 그전에는 라이온스클럽 장학금이 제일 컸어요, 그 당시에는. 그래서 그때 라이온스클럽 장학금을 제가 받기 시작했고 나는 그걸 왜 받아야 되는지도 모르고 받았어요. 그런데 나중에 선생님들이 교무실 가서 막 이렇게 장난, 어쩌다 보면 교무실에 끌려가 가지고 하기도 하잖아요. 그러면 "대가리도 좋은 게 맨

날 공부도 안 하고 한다"고 [말을 듣곤 했죠].

특히나 제일 약한 과목은 영어였어요. 왜냐면 영어는 누가 가르쳐 주는 사람이 없었어요. 국민학교 때 영어를 안 배우잖아요. 근데 중학교 딱 올라가자마자, 남들은 그러니까 형이라도 있으면 읽을 줄은 알 거 아니에요, 근데 나는 그걸 읽을 줄도 몰랐던 거예요. ABC부터 배웠어요. 그러니 영어가 재미가 없잖아요, 딴 과목들은 재밌는데. 그래서 그전에는 이제 연합고사라 그래서 200개 만점, 20개는 체력장이니까 180개 만점이면, 마지막 4교시에 영어하고 기술공업[시험을 치는데], 저희는 공업을 배웠어요. 기술공업하고 또 한 네 가지 과목을 하는데, 저는 그 4교시 모의시험만 보면 중학교 3학년 때 무작정 영어 선생님이 저만 불러내는 거예요, "장훈이 나와". 이유도 모르고 맞았어. 한 10대 맞고, 맞고 나서 보면 답안지를 보여주는 거예요. 그러면 기술공업 24개 중에 24개 다 맞고, 10개 중에 10개 다 맞고, 영어만 20개 중에 10개 맞고 12개 맞고, 그래서 그 영어 선생님이 열이 좀 받은 거예요. 다른 것도 봤나 봐요. 다 맞았는데 영어만 8개 틀린 거잖아요. 그러니까 172개가 됐는데 틀린 8개가 전부 영어가 되는 거예요. 그 열이 받은 거지, 선생님이. 그러니까 "아니 왜 이렇게 영어를 신경을 안 쓰냐"고, 근데 이제 성격상 두드려 패면 두드려 팰수록 더 안 하거든.

그때부터 이제 제 나름대로 성격을 '아 이렇게는 못 살겠다' 싶어서 좀 바꿨어요, 제가 인위적으로. 그 성격이 인위적으로 바뀌는 건 아니잖아요. 근데 더 외향적인 사람, 외향적인 성향이 되도록 했었고 또 말도 더 많이 하려고 노력했었고. 그래서 차츰차츰 바뀌더라구요? 근데 이게 아직까지 못 바꾼 게 있어요. 아직까지도 사람 눈을 보고

25

1회차

얘기를 잘 못해요. 이게 아직까지 남아 있는.그 소심함의 마지막인데, 어렸을 때부터 좀 저거 했나 봐요, 남달랐나 봐요. 내 성격도 내가 바꿔야 된다는 생각에 바꿔버리고.

면담자   그러면 초등학교 때까지는 김제에서 다니고? (준형 아빠 : 군산에서) 아, 그러면 태어나기는 김제에서 태어났는데 어릴 때 군산으로 가신 건가요?

준형 아빠   본적지가, 본적지가 김제구요, 산 건 군산에서 살았으니까. 그 군산에서 고등학교 1학년 때까지 살고, 이쪽으로 올라온 거죠.

4
직장생활

면담자   안산 올라오시면서 다른 사람보다도 더 내 가족, 결혼하신 다음에도 '내가 내 가정을 참 멋지게 꾸려야겠다' 하는 그런 마음이 굉장히 강하셨을 거 같아요. 그래서 안산에 올라오셔서 대학 입시하기 전에 돈 벌고 하면서 경험했던 그때의 마음, 이런 걸 짧게 한마디만 더 해주시면 좋을 거 같습니다.

준형 아빠   음, '내 새끼들은 나처럼 키우면 안 되겠다' 그런 생각이 제일 컸어요. 그래서 준형이 그전에 혼날 때도, 혼낼 때도 "대학은 가야 될 거 아니냐. 아빠 봐라. 지금 대학 못 가서 이 고생하고 있는 건데" 이런 식으로 아이들 혼내기도 했는데 일종의 학력 콤플렉스 같은게 좀 있어요. 그래서 '내 새끼들만큼은 전부 대학을 보낼 거다' 그리고 '내 새끼들한테 배 곯리고, 공부하겠다는데 돈 때문에 못 하고 이 건 안 시키고 싶다' 이건 제 원칙이었어요. 그 원칙은 아직도 벗어난 적이 없구요.

면담자   군 갔다 오시고 결혼하시고 이제 가정을 꾸리시면서 그 때도 보통 말로 하자면 엄청 고생하면서 돈 벌고 가장으로서 역할을 하셨을 거 같은데, 젊은 시절 했던 고생담들 그런 것들 좀 생각나는 대로 말씀해 주시죠.

준형 아빠   고생이랄 거 있나요. 남들 하는 거 다 하는 거예요. 저 기 뭐냐 그러니까 우선은 노가다도 해봤구요, 노가다도 벽돌 쌓는 거, 미장, 그다음에 철물 공구리, 이런 거 다 해봤고. 근데 그러다가 이제 포장마차 해가지고 포장마차에서도 나름 돈 잘 벌었구요. 근데 이제 모이지 않더라구요, 돈이. 그러다가 이제 결혼하고 뭐냐 전자제품 도 매업을 했어요. 도매업을 했는데 참 열심히 했어요. 열심히 해서 일반 전화기 있잖아요. 맨 처음에는 저는 도도매를 했어요. 도매상인들한 테 물건을 갖다주는 역할을 했어요, 그래서 이게 프로테이지[퍼센티지] 는 적더라도 저는 금액이 크니까. 그런데 이제 일반 전화기 있잖아요. 국산 전화기가 제일 싼 게 그때 도매가로 7000원인가 그랬어요. 그게 2000년대 초? 근데 불량률이 너무 많은 거예요. 10프로 이상 불량률 이 나오는 거예요. 그래서 이제 10프로가, 아니 10프로가 뭐예요, 제 가 알기로는 한 20프로 정도 됐을 거예요. 그니까 바꿔주니까, 바꾸는 거예요. 이게 벌어봐야 이거 바꿔주고 또 저기 가서 다시 바꾸고 이게 귀찮더라구요. 그래서 그 주문해서, 이제 그 아이와 그 이어폰 하시던 최 여사님이라고, 그 양반을 우연찮게 한국에서 만나게 됐는데 "중국에 있는 전화기 업체를 소개시켜 줄 테니 중국에서 직수입을 하지 않겠느냐" 이런 제의가 있어서, 그럼 "좋다. 해보겠다" 해서 일반 전화기 먹통 전화기죠, 그냥 번호만 눌러지고 받을 수만 있는. 일반 그냥 아주 심플한 전화기인데 그걸 수입을 4000원대 했어요. 해가지고 제가 그걸 7000원대에 팔았죠. 짭짤하잖아요. 근데 불량률이 정말 적었어요. 그걸 10만 대 가까이 팔았는데 10대가 안 나왔어요, 불량이. 그래서 '아, 얘네 건 계속해도 되겠다' 싶어서 이제 차츰차츰 늘려나갔어요, 전화기로.

그래 가지고 그때 CID라고 그래서 콜 ID라고, 그래서 전화번호 이렇게 뜨는 그거 있잖아요. 그 서비스가 그때 국내에서 처음 실시될 때인데 그 전화기가 이제 맨 처음에 국산, 국산으로 나오면 LG, 삼성으로 나오는 건 너무 늦게 나오고 비싸고, 그런다고 국내 저가 메이커로 나오는 것들도 보통 3만 원대 이렇게 되더라구요, 그 도매가가. 그래서 중국에 갔는데 중국에서는 상용화되어 있더라구요, 그게 왜냐면 유럽이나 미국 쪽에서는 원래 그 서비스가 있었으니까. 그 액정이 달려 있어가지고 전화기가, 이게 그냥 들어와 가지고 내가 그 저것만 하면 신청하고 저것만 하면 되니까 돈이 좀 되겠더라구요. 그래서 그거를 전화기 자체를 갖고 온 것도 아니고 그냥 금형, 목각이라고 그러잖아요, 금형해서 떠가지고 그 모양만 한 세 개 갖고 와서, 그때 동업을 했어요. 그때 동업을 해서 세 명이 동업을 했는데, 나중에 이제 그중에 하나는 저기 상록수[상록구]에 지금 건물 세 채 가지고 있는 사람이 있고, 또 하나는 지금 서울에 빌딩 하나 가지고 있는 사람 있는데, 나만 이렇게 된 건데, 내가 제일 막내였으니까.

돈은 같이 냈어요, 맨 처음 수입할 때. 2000만 원씩 같이 내가지고 수입을 해서 컨테이너 들어왔는데 그때 영업을 제가 하이마트를 직접 그걸 들고 들어갔어요, 하이마트 본사를. 그땐 하이마트에서 직접은 안 받고 "벤더를 소개시켜 줄 테니까 벤더한테 가라"고 그러더라구요, 마음에 든다고. 그래서 그 벤더 대표이사 전화번호를 주더라구요. 뭣도 모르고 대표이사한테 전화를 한 거죠. 전화해 가지고, 이 새파란 20대, 30대 들어가는 놈이 4, 50대 이제 50대, 지금 제 나이 정도 됐을 거예요, 이런 사장들한테 그냥 대뜸 전화해 가지고 "사장님 나 전화기 하이마트에 입점하고 싶은데", 그래서 공격적으로 했죠. 그래 가지고 가서 그 사장한테 가가지고, 그때 제가 수입 단가가 7000원이었어요. 근데 제가 1만 8000원씩 납품을 했어요, 대신 이제 3개월짜리 어음 받는 조건으로. 제가 도착가가 7000원이면 그 이하라는 거거든요, 가격이. 그걸 1만 8000원에 했으니까, 하이마트에서 단일품목으로 가장 많이 판 전화기, 그거 지금도 그 기록이에요, 그 전화기. 그래서 2만 대 팔았어요, 한 달에 2만 대씩. 그러니까 저한테는, 저희한테 한 달에 2억씩 떨어지는 거잖아요. 근데 그 돈이 다 어디 갔는지, 다시 재투자를 하고 재투자를 하다 보니까 나중에는 없더라구요. 그런데 두 사람들은 뒤로 빼돌렸고 저는 곧이곧대로 밀고 나갔고, 나중에 이제 이게 '아 당했다' 싶은 때는 이미 늦었고.

그래서 이제 제가 따로 나왔어요. 따로 나와서, 배운 게 그거니까 또 그걸 시작을 해가지고 영업을 했죠. 그래서 제가, 저 혼자 영업 라인이 전국이었어요. 그래서 영업을 한번 나가면 일주일에 4일 동안 지방을 돌았어요. 각 광역시별로 아니면 좀 큰 벤더 있는 데로 돌아가지고 이제 물건 대 물건 바꿔치기도 하고, 그다음에 그걸 그쪽 업계 말로는 '빠다 친다'고 그러는데, 이제 제 거 물건하고 교수님 물건하고 100개씩 있다고 그러면 가격이 같다면 상관이 없는데, '내가 한 2000원 남고, 보니까 한 1000원 정도 남기는 거 같다' 그러면 바꿔치는 거예요. 그래서 그 가격에 팔면 받은 가격에 팔면 제가 2000원 그냥 남는 거잖아요. 근데 이걸 갖다가 1000원에 후려쳐서 팔 수가 있잖아요, 그래도 저는 1000원이 남으니까. 그러면 이쪽 물건은 죽어요. 근데도 이게 통용이 돼요, 이런 물건끼리 영업이. 그래서 갖다가 용산에다 푸는 거죠, 청계천에 갖다가 풀고. 그러니까 이제 전화기 업체에서는 저한테 물건 달라고 막 하고, 제 물건으로 이제 막 빠다도 치고 하다 보니까 상당히 그 업계에선 유명했어요. 그러다가 이제 찢어지고 완전 제가 거래처를 다 넘겨줘 버렸어요. 좀 뭐랄까 동생이, 그 당시에 동생이 영업을 하면서 좀 빚을 졌어요. 그 빚을 내가 탕감해 주는 조건으로 내 거래처들을 다 넘겨줘 버렸어요. "나는 다르게 하겠다" 해가지고, 그래 가지고 이제 전화기 업계에서는 빠져나오고, 그다음에 전기방석, 틈새시장밖에 들어갈 데가 없더라구요.

〈비공개〉 저는 이제 틈새시장을 갔어요. 온열방석, 전기방석 그게 틈새시장으로는 짭짤하거든요. 그래서 그거 홈플러스에 1인용 방석을 원가 4500원, VAT 포함 4500원인데 제가 1만 4500원씩 놨어요. 저는 손해나는 장사는 안 하거든요, 장사할 때. 그래 가지고 또 그게 한참 크다가 사람이 욕심이라는 게 그런 거예요. 그니까 어느 정도 수준이 되면 이걸 돈, 돈을 빼내서 안정적인 곳에다가 이렇게 투자를 해야 되는데 욕심이라는 게 '아니 이걸 좀 더, 한 번 더, 더 물건을 한 번 더 돌리면 하지 않을까' 하는데 꼭 거기서 이제 걸리더라구요, 한 번씩. 그리고 그 당시에는, 지금은 모르겠는데 그 당시에는 어음이 통용되던 때라서 약속어음이, 이 약속어음이 빵꾸가 나면 이게 정신을 못 차리겠더라구요. 그러니까 제가 이제 5000만 원, 약속어음을 5000만 원 받고 5000만 원어치 물건을 주면 그냥 5000만 원만 손해 보는 게 아니고 내 물건 5000만 원도 손해 보는 거고. 그럼 1억이잖아요. 거기다 남의 물건을 다시 5000만 원을 가지고 왔다 그러면 1억 5000이잖아요. 그니까 다시 또 이 사람한테 5000만 원 줘야 되잖아요. 2억이 손해가 나는 거고, 5000만 원이 빵꾸가 난 거를. 그게 이런 간단한 것도 한 번씩 빵꾸가 나기 시작하면 아, 이게 그냥 정신을 못 차리겠더라구요. 그래서 또 두 번째 사업도 말아먹었죠.

근데 그때까지 알고 있던 그 업체 사장들, 공장 사장들이 도와준 거예요. "딴 일하지 말고 그거 해라" 그래서 이번엔 인터넷 사업을 했어요, 인터넷에 이제 G마켓, 인터파크, 디앤샵, 다음에 11번가[온라인 마켓] 맨 처음에 나올 때. 그다음에 오프 마켓 그쪽을 많이 했죠. 근데 제일 많이 팔았던 데가 디앤샵하고, 지금 많이 줄었는데 거기가 많이 축소되었는데, G마켓, 그때 안산에서 그 당시에 하루에 택배를 400개씩 보냈어요. 그랬더니 택배 회사에서 (팔을 벌리며) 이 정도 평수 되는 사무실을 얻어주구요, 그때 택배비가 2500원이었는데 1800원에 VAT 포함 그렇게 택배비가 들어오구요, 한 200평짜리 저기를 얻어주더라구요, 창고를.

그 정도까지 했는데 인터넷 사업이라는 게 되게 화려한데 또 나가는 것도 많이 나가고, 뒤로 나가는 게 너무 많아요. 빠져나가는 게 너무 많고 세금으로 너무 많이 나가. 그냥 다 보이잖아요. 이건 그니까 무자료로 할 수 있는 게 없어요, 인터넷 사업은. 전부 자료가 있어야 되니까. 근데 우리나라 세법이 웃긴 게 뭐냐면 물건을 이 자리에서 이 자리로 옮기기만 해도 전부 다 세금으로 나가는 거예요, 부가가치세가. 그러니까 한 물건이 공장에서 만들어서 소비자한테 가면 10프로만 붙는데 세금이, 벤더를 한 세 번 거치면 10프로, 10프로, 10프로가, 40프로가 붙는 거예요. 이 부가가치, 부가가치세가 세금 조절에는 이게 아주 드러운 건데, 일본 같으면 지금 우리나라 세법이 어떤지 모르겠는데, 일본 같으면 뭐냐 국내에서 만들어서 소비자까지 올 때까지 세금이 10프로 떼어지려면 벤더가 세 명이다 그러면 3프로, 3프로, 4프로 이렇게 나눠주거든요. 우리나라는 그렇지 않아요. 무조건 10프로씩 떼게 하는 거예요. 그러니 아, 인터넷에서 1억을 팔면 1000만 원을 세금을 내야 하는 거예요. 이게 미쳐버리겠더라구. 근데 이제 많이 파니까, 많이 팔고 하니까 해도 안 돼.

그래서 나중에는 영업을 뛰었어요. 인터넷 그 벤더, 인터넷 그러니까 본사에 G마켓 본사라든지 이런 데 가가지고 그 담당 영업 사원하고 그 담당 부서들, 보통 대리들이 많이 담당을 했어요, 과장하고. 인터파크 가서 과장 만나는 거예요. 만나가지고 뭐 그냥 들이미는 거죠. "우리 거 물건 해달라" 그러면 인터넷에서 그러니까 업체들은 광고료로 측정해 놓는 게 있어요, 그리고 우수 벤더에 대해서도 할인해 주는 게 있고. 그걸 다 쓰는 거예요. 그래 가지고 내가 이런 물건을 하나 판다, 시중에서 1000원짜리다, 할인쿠폰 100원짜리 할인쿠폰에 그것도 무료 배송, 무료 배송 붙여주고 거기다가 그 G마켓 할인 특가,

그래 가지고 5프로 더 떼 주고, 그러면 이게 한 600원 이상, 소비자가 살 때는 이렇게 되는 거죠. 근데 이제 저는 이걸 갖다가 있는 그대로 1000원에 납품하고 그러면 이제 사백몇십 원은 아니 삼백몇십 원은 이제 G마켓이 손해를 보는 거죠. 손해 보는 게 아니에요 이 사람들은, 많이 팔면 좋으니까, 미끼상품이 되니까. 그러니까 이런 구조로 해서 한 개 만들었는데 그렇게 되니까 돈이 좀 되더라구요. 〈비공개〉

너무 몸도 마음도 버리는 거 같고, 그 업계에서는 그니까 제가 이제 다 그만두고 사업도 그만두고 한 두 달간 쉴 때가 있었는데, 그때 스카우트 제의가 많이 왔었어요, 그니까 당시에 한 500 주고 인센티브 이런 식으로 해서. 2000년대 중반이니까 그 정도면 훌륭했죠. 그거 연봉 5000이 넘는 거니까, 6000이 넘는 거니까 훌륭했는데 싫더라구. 그러기 싫고 그냥 아예 그냥 영업에서 다 떠나고 싶었어요, 영업을. 그래서 공장, 다시 공장을 나가볼까 그래서 공장도 한 3개월 나가보구요. 그다음에 다른, 그 공장에서 이제 "한국 사람들 대신해서 외국인 써야 된다" 그래서 그만두고 다른 솜 공장 거기 가가지고 배달만 하겠다고…, 근데 영업이라는 게요 다 똑같아요. 어떤 영업도 틀린 게 없어요. 그러니까 물건만 틀릴 뿐이지 방식은 거의 똑같아요. 그래서 나는 그냥 배달만 하는데도 그 영업 라인이 눈에 보이는 거예요. 그러면 이제 물건 하나 뭐 있으면 "사장님, 나 이거 다 줘. 내가 팔아다 줄게" 그러면 딴 업체 사장님이 다 실어주면 1톤 그 호로차 있잖아요. 해가지고 쫙, 싹 나눠주고, 이제 원가만 주면 되니까. 이 사람은 이거 못 빼서 탈이었는데 나는 빼주고, 그 남은 돈하고 집에 고정적으로 한 200만 원 정도 이렇게. 근데 제가 사업을 몇 번 말아, 망해먹으면서 빚이 좀 있었어요, 상당히 많았어요. 그 200만 원 갖고는 생활이 안 되잖아요. 그러니까 이제 이런 거 과외[가외] 돈이, 과외 돈이 되게 많이 생겼어요, 월급보다 과외 돈이 많았으니까. 그런 거를 해가지고 빚 갚고 그러다가 이제 그 솜 공장 사장이 몸이 안 좋은 바람에 나한테 인수하라는 걸 "아이고 씨 내가 그걸 인수해서 뭘 어떻게 하냐"고 하고, 그만두고.

농수산물시장에 있는 형님이 "와서 배달만 해달라. 사람이 없다"고 [해서] "알았다"고, "월급 200만 맞춰주면 내가 가서 한다"고. 왜냐면 한 달에 월급 200은 집에 갖다줘야 어떻게든 되니까. 갔는데 한 6개월 정도는 그냥 다녔어요. 그냥 야채에 대해서 아무것도 모르니까 야채에 대해서 배우고, 물건 배우듯이 배우고 하다가 보니까, 이제 좀 알다 보니까 남들은 매출이 한 400, 500 되는데 여기만 3, 40만 원 하는 거예요. 내 월급 주기에도 바쁜 거야, 이제 야채 팔아서. 그대로 말할게요. 사장님한테 형이라 그러는데 "형, 제가 영업해 줄 테니까 형 거 카드 좀 줘" 그랬더니 맨 처음에는 못 알아듣더라구요. "아니 그래도 영업하려면 총알이 있어야 영업을 하지" 그랬더니 알았대, 카드를 주더라구요. 그때부터 어디를 찾아댕겼냐면, 그러니까 주방장들 모임이 있어요, 이 큰 식당 주방장들 모임.. 거기를 가가지고 소개시켜 달라고 "당신네들 물건 넣는 거 그거 다 안 넣어도 된다. 대신 불러달라" 하고 이제 새로 오픈한 집 있으면 "그거 나 해달라" 해가지고 큰 식당한 여섯 개인가 새로 잡고, 기존에 있던 식당 네 개 뺏고 해서 10개정도 큰 식당 하니까 기본적인 매출이 나오더라구요.

나오는데 이제 보니까 이걸 눌러야 되는데, 경매로 가야 되는데,

경매 물건이 이렇게 소량으로 나오는 것도 있지만 대량으로 나오는 게 있어요. 그럼 그걸 식당들은 한계가 있잖아요. 식당들이 하루에 상추를 하루에 네 박스를 쓸 거야, 다섯 박스를 쓸 거야. 아니잖아요. 그럼 슈퍼마켓을 뚫어야 돼. 그래서 이 대량으로 물건을, 슈퍼마켓도 보니까 안산에 보니까, 안산에 또 한샘슈퍼가 제일 라인도 많고 크더라구요. 보니까 거기에 친구가 하나 있어요 또, 마침. 걔를 통해가지고 하나하나 뚫어가지고 네 군데인가? 한샘마트 물건 넣기 시작하고, 그래 가지고 그 집에 매출을 한 500배 정도 키워놨어요, 정말 거짓말 하나도 안 보태고. 그래 가지고 그니까 농수산물시장에서 부장님들 월급이 300이에요. 근데 저는 500을 받았어요, 사장한테. 300은 그냥 주고 200은 뒤로 줬어요, 소문내면 안 된다고, 500만 원 주고도 아깝지가 않으니까.

근데 딴 데서 스카우트 제의가 들어온 거예요. 그래서 한 3년간 그렇게 하니까, 아니 집에 생각해 보세요, 집에 야채를 끊임없이 갖다 주면 생활비가 별로 안 들어요. 업무용 반찬도 야채로 만들 수 있잖아요, 고기 그렇게 많이 안 먹어도 되고. 그리고 야채 장사를 하니까 야채 끊임없이 가지, 과일, 그 과일 가게 사장님들한테 "형 요즘 귤 맛있던데 귤 하나 해줘" 그러면 귤 주고, "아니, 바나나 싸게 나왔더만" 그러면 바나나 한 상자 주고, 이런 식으로 해가지고 집에 막 갖다 퍼 나르니까 그러면 생활비 드는 게 별로 없잖아요. 그러니 돈이 모이더라구요. 그래서 빚 좀 많이 갚고, 그래서 빚이 1000만 원인가 남았었어요. 그래서 '이번 달 월급하고 다음 달 월급 나왔을 때 갚으면 다 갚겠구나' 했는데, 그때 4월 16일 빵 터져버린 거예요.

그때 스카우트 제의가 어떻게 왔냐면 월 1000만 원에 인센티브 이것까지 왔었어요. 내가 500에 인센티브는 안 한다고 했기 때문에 매출의 1프로 인센티브, 그러면 상당히 큰 거죠, 적어도 내가 연봉이 1억 이상이 되는 거니까, 무조건 2억 가까이 되는 거니까. 근데 그렇게 되면 가게 하는 것보다 훨씬 더 이득이 되는 거죠. 가게 해도 그만큼 못 벌어요. 근데 저의 그 라인으로, 대신 그 라인을 다 가지고 와야 된다는 그게 있어서 고민을 좀 많이 하고 있었어요. 그러면 그 형, '나 이렇게 먹고살게 해준 형을 배신하는 거 아닌가' 되게 고민하는 와중에 일이 빵 터져가지고 다 접어버린 거예요. 공은 주고 이 [진상 규명하는] 일에 매달리게 된 거죠.

5
한국 전문가들에 대한 비판

면담자　　지금 말씀에서 몇 가지가 느껴지는데, 그러니까 어릴 때부터의 성장과정도 그렇고 여러 가지 어려운 상황을 맞기도 했지만, 기본적으로는 자신감이 속에 꽉 차 있었던 것 같네요. 그런데 자신감으로 밀고 나가다가, 어떤 환경 안에서 일종의 실패 그러니까 경제적인 실패죠, 그런 경험들을 하셨을 거 같은데요. 근데 아까 학력 콤플렉스 얘기한 것처럼, 준형 아빠처럼 그렇게 여러 가지 경험을 하지 않고도 잘 먹고 잘 사는 그룹들이 있거든요, 그러니까 이른바 고학력에 좋은 환경에서 자란 자들. 그리고 4·16 이후에도 보면 그런 자들 중에 정치적으로 경제적으로 교육적으로 나쁜 일을 하는 사람들이 아주 많이 있단 말이죠. 4·16 이전에 그런 부류의 사람들을 어떻게 생각하셨어요?

준형 아빠   우선 전문가, 교수 그다음에 변호사, 난 이런 사람들은 어떻게 보면 사회에서 존경받고 그만큼의, 그 존경에 대한 그만큼의 사회적인 역할을 한다고 생각을 했었어요.

면담자   저 신경 쓰지 말고 편하게 말씀하세요.

준형 아빠   (웃음) 그니까 특히나 전문가라고 칭하는 사람들, 전문가야 대학교수도 포함되고 경력 20년, 30년 되는 선장도 포함되고 다 그럴 거 아니에요, 아니면 선박 전문가, 연구가, 이쪽 항해 쪽에 보면. 그런데 물론 국회의원들도 있구요. 그들하고 대화를 해보면, 전문가잖아요, 그것만 알아, 다른 건 모르더라구. 제가 흔히 얘기하는 [건데] 저한테, 물에다 기름방울 똑 떨어지면 이렇게 쫙 퍼지듯이 얇고, 넓고 얇은 지식이라고 제가 얘기를 하는데, 저는 어디 가서든 대화를 할 수 있거든요, 누구하고도 그 분야에 대해서. 그런데 이 사람들은 자기 것만 알더라구, 전문가라는 사람들이. 배에 대해서는 잘 알겠죠, 그런데 배 구조에 대해서는 몰라. 또 항해를 하는 사람들이 항해는 잘하는데 배 구조에 대해서는 또 몰라. 또 잠수를, 잠수를 잘하는 잠수사들이 잠수 기법에 대해서 나보다 더 잘 알아야 되는데 나보다 더 몰라, 왜냐면 자기 해본 것만 알기 때문에. 그 경험치를 제가 있으나 마나 하다 이런 뜻에서 [얘기]하는 게 아니고, 그 경험치에서 우러난 걸 이렇게 딴거하고 접합을 시켜봐야 되는데 이 사람들은 이걸 안 하더라구요. 안 해도 잘 먹고살더라구요. 잘 살고 또 나름 그 분야에서 일가견을 이루고 있더라구요.

그런데 이 세월호 참사를 딱 겪고 나서 제가 느꼈던 게 뭐냐면 소위 말하는 전문가 그룹, 그다음에 공무원 그다음에 교수들 그다음에 변호사, 검사 아무튼 이런 고학력자들이 바보 같아요, 정말로. 자기 분야에서는 열심히 일가견 이루고 할지 몰라도 조금만 옆으로 가면 옆에서 보면 '어, 그게 아니어도 되는데' 하면서 고집스럽게 자기 방식으로 가버려, 더 좋은 방식이 있는데도 불구하고. 그래서 얘기를 하면 "내가 여기서 몇 년인데", "내가 교수 생활 몇 년인데", "내가 변호사 생활 몇 년인데" 이렇게 나오는 거예요. 그러니까 내가 뭔 말을 못 하겠고 그냥 아휴 하고 마는데……. 나중에는 이제 우리 짝꿍한테 짝꿍하고, 짝꿍은 자꾸 그렇게 얘기하지 말라고 하는데 "야 어떻게 넓고 얇은, 얕은 내 지식보다 니 지식이 더 얕을 수가 있어" 이 얘기가 막 나오는 거예요. 관홍이나, 죽은 관홍이나 걔네도 놀란 게 뭐냐면 내가 잠수 기법을 더 많이 아는 걸, 지네가 안 해본 잠수도 아니고. 왜냐면 난 절실했으니까, 그만큼 그 수색 당시에 공부를 했단 말이에요. 그래서 나이트록스[산소 함량을 높인 기체] 방식, 헬리오스[부력조절기] 방식 그다음에 포화 잠수식 그다음에 리브리더[재호흡기, 레크리에이션 다이빙에서 쓰는 장비] 쓰는 거 이런 거 다 안단 말이죠. 도대체 정체가 뭐냐고 물어봐요, 나한테. "아니 뭐 뭐야 뭐기는, 야채 장사하던 놈이지" 이렇게 얘기하고 마는데, 왠지 바보 같다는 생각이 들고 '도대체 왜 이렇게밖에 생각을 못 하지' 이런 생각밖에 안 드는 거예요.

선조위도 마찬가지였어요. 선조위 때도 이 사람들이 자기 분야에서는 그래도 아니, 아이들을 가르친다구요, 대학교수란 말이에요. 근데 대학교수도 틀릴 수 있단 말이죠. 그러면 틀렸다는 거를 인정하고 가면 되는 건데 인정을 못 해요. 자기, 자기들이 최고래. 그러면 최고로 권위 있는 그걸로 세월호 참사를 설명을 해야 되는데 설명을 못 해요. "그게 어떻게 최고 권위가 될 수 있느냐", "그거 좀 다르게 생각하면 안 되느냐" [해도] 죽어도 안 해, 그대로 가는 거예요. 난 그래서 참 안타까운 점이 그거예요. 엘리트 의식, 전문가주의, 그다음에 개인주의라 그러죠? 이게 우리나라, 우리나라에 잘못되어 있는 거 같아. 개인주의가 난 솔직히 뭐냐면, 내가 할 만큼 하는 게 개인주의라고 생각하거든요, 그리고 나서 노는 것. '나만 안다'[가 아니라], 이 개인주의가 내가 할 만큼 하고 내가 놀면 뭐라고 할 거야, 나한테 이게 개인주의고.

전문가주의, 전문가면 자기가 책임을 져야지, 이 부분에. 개인주의와 맞물려서 책임지고 "내가 이만큼까지 전문가야. 덤비려면 덤벼", 이게 전문가라고 생각하는데 우리나라는 좀 잘못되어 있는 거 같아, 전문가니까 "나 인정해 줘 그냥" 이렇게 되는 거 같다고. "엘리트니까 내가, 내가 이런 길을 걸어왔고 서울대학교 나왔고, 법학, 저기 검사 출신에 뭐고 그러니까 날 인정해 줘", 이게 되는 거야. 나는, 내가 보기에는 "내가 이러이러한 길을 걸어왔고 이런 일을 했기 때문에 내가 어디까지가 내 한계야" 이걸 아는 게 전문가주의라고 생각하거든요. 그게 전문가라고, 진짜 전문가라고 생각해요, "내 한계는 어디까지야".

그런데 내가 전문가라고 느낀 사람은 여태까지 생각해 보면 여태까지 봐서 딱 한 명밖에 없어요. 누구냐면 세월호 참사에서 보면 전광근이라고 우리나라 잠수업계에선 넘버원이에요, 잠수사 중에서. 근데 걔도 못 하는 게 있어요. 걔가 수심 200미터, 300미터, 포화 잠수 다 해봤는데 걔도 못 하는 게 있다고 들었어. 지가 그 자기 자체를 인정해요, 나도 못 하는 잠수가 있다고. 걔를 뭐라고 얘기하냐면, 민간 잠수사들 모임 가면 "얘는 잠수를 위해 태어난 애야" 이렇게 얘기를 해요. 나이도 이제 마흔, 마흔둘인가 이제 먹었을 거예요. 참사 났을 때는 30대 후반이었잖아요. 근데도 40대 중반의 선배들을, 선배들 팀장을 했어요. 시켰다고, 일을. 그 정도로 인정을 해줘요. 근데 걔가 그렇게 얘기를 하는 거예요, "나도 못 하는 게 있다"고, "못 하는 잠수가 있다"고. 그게 전문가라고 생각을 해요.

근데 우리나라는 좀 이상해, 그냥 무조건 전문가라고. 아니, 나는 TV에 나가서 이렇게 선박 전문가, 항해 전문가 딱 써 있잖아요. 보면 내가 알던 사람들이 거의 나와요. 다 사기꾼들, 정말 사기꾼들 많이 나와요. 그 저번에 '동부스코[돈스코이호]'인가 그 저기 황금, 동해안에 저기 울릉도 앞바다에 가라앉아 있을 거라고 해서 거기 줄줄줄 앉혀 놓고 기자회견 했었잖아요. 사기로 밝혀졌는데, 거기 나오는 잠수 명장들, 이 사람들 다 사기꾼이에요. 그게 전문가예요, 그게 전문가의 민낯이라구요. 난 그렇게 생각해요. 전문가라면 자기 한계를 알고 그 한계에 맞게 얘기를 해줘야 되는 거거든. 그러면 세월호 참사에 대해서 내가 전문가라면 "내가 알기로는 도저히 이건 안 나오는데 이거 더 해봐야 된다", 이게 전문가적인 시점이죠. 뭐 대충 "내가 보니까 이렇게 나올 거 같아", 이건 전문가가 아니죠.

준형 아빠 장훈

6
준형이를 엄하게 키운 것에 대한 아쉬움

면담자   조금 다른 얘기를 여쭈려고 하는데요, 휴일에 어떻게 지내셨어요?

준형 아빠   참사 전에요? (면담자 : 네) 참사 전에 휴일은 자는 날이었어요, 그리고 아이들 고기 사주는 날, 통닭을 사주든 삼겹살을 구워 먹든. 그리고 술 마시는 날. 왜 아이들하고 이렇게, 이렇게 놀아주고 이런 성격의 아빠도 못 됐고 이런 거였어요. 참사 전과 후가 좀 달라졌는데, 참사 전에는 밖에서는 되게 그러니까 부드럽고 뭐냐 좀 나긋나긋하고, 영업을 했으니까, 집에 들어오면 과묵하고 말 없고 그다음에 화 많이 내고. 근데 참사 후에 바뀌었어요. 이게 너무 후회되더라구. 참사가 나고 내 거 핸드폰을 봤는데 준형이 고등학교 사진이 하나도 없는 거야, 고등학교 때 사진이. 준형이 얼굴이 생각이 안 나는 거야, 그 당시에. 그때는 이게 보통 사람이 '내가 왜 이렇게 살았지?' 이렇게 이야기가 나오잖아요. 그게 아니에요. '내가 여태까지 산 게 이게 다 뭐지' 이런 생각이 들어요. 벌벌벌 떨면서 '나는 뭐 하고 살았지?' 정말 치열하게 살았어요.

  그 4·16 나기 전에 정말로 남들이 인정, 인정해 줄지 모르겠지만 제 스스로 느끼기에 정말 치열하고 열심히 살았거든요. 그리고 남들한테 손가락질 안 당하려고 정말 제가 빚진 거 있으면 다 갚고, 제가 입으로 들어가는 것까지 안 하면서 제가 술을 좋아하잖아요, 술을 되게 좋아하거든요. 술을 좋아하는데 밖에 나가서 술을 10년 동안 한 번도 안 먹었어요, 사업, 사업 접고 나서 빚 갚으려고. 집에 소주 한 병 사가지고 와가지고 그냥 집에서 한잔 먹고 자는 게 술 먹는 거 유일한 그거였어요. 가끔 친구들이 불러내서 내 돈 안 내면 내가 가서 먹죠. 그게 유일한 저거였어요, 술값으로 나가는, 그냥 탕진되는 비용 없애려고. 그런데 '그런 게 다 뭔 의미가 있지?' 그런 생각이 들었어요. 그래서 바꿨어요, 이렇게 그 뒤. 밖에서는 되게 무섭구요. 근데 요즘은, 요즘은 제가 조금 그런데 그전에는 저한테 말 붙이기 되게 힘든 사람들 많았어요. 까칠하고 뭐 얘기하다 보면 툴툴거리고 소리나 버럭 질러대고. 그냥 회의 석상에서도 "씨발 아 너네끼리 해" 하고 나가버리고, 거칠었어요. 근데 집에서는 거칠 수가 없잖아요. 그래서 아이들한테는 좀 부드러운 아빠, 그게 아이들하고 친한 아빠가 되고 싶었어요. 근데 그게 과연 됐는지 모르겠어요, 아직까지도. 그게 되게 힘들어요.

면담자 준형이 얘기로 좀 가려고 하는데요. 준형이 키우는 과정에 대해서 기억나는 뭐라도 한 가지 정도 말씀해 주시죠.

준형 아빠 준형이 낳고 이틀 만에 내가 준형이 똥 벼락을 맞았어요. 그 갓난아이니까 이제 이렇게 들고 기저귀를 갈아야 되잖아요. 오줌을 쌌더라구요. 그래서 이렇게 들었더니 '부왕' 해가지고 똥 벼락을 맞았는데, 그 산부인과 안에서. 그래서 동생한테 전화해 가지고 "야, 옷 좀 가지고 와라"(웃음) 그랬더니 "뭔 옷?" 그래서 "갖고 와" 그래 가지고 했는데……. 엄하게 키운 생각밖에 안 들어요.

그러니까 장남이고 종손이에요. 그리고 우리들 장남들은 키우는 게 좀 틀려요. 일례로 저는 제 동생들은 돌봐야 될 존재, 그리고 제 또래가 누구냐면 고모, 이모들이에요. 그렇게 컸어요. 나이 차이가 나든 안 나든 이모하고 고모는 거의 친구처럼 지내게 부모님들이 날 그렇게 키웠어요. 우리 집안 가풍이 그렇다고. 그리고 아버님이, 아버님도 그래요. 아버님도 이제 그러니까, 아버지한테 거의 그러니까 뭐라고 그래야 돼? 고모가 우리 아버지를 할아버지처럼 대했고, 내 동생들이 나를 아빠처럼 대한…. 준형이도 마찬가지로 그렇게 커야 된다고 생각을 하고 되게 엄하게 키웠어요. 그리고 잘하려고 해도, 동생들이 잘못해도 얘가 혼나고…, 저 클 때하고 똑같이 키운 거죠. 근데 그게 나중에 보내고 나니까 미쳐버리겠는 거예요. '내가 얘한테 마지막으로 언제 사랑한다고 했지? 언제 안아줘 봤지?' 이런 생각들이……

준형이가 너무 고지식하다고 해야 되나 바르다고 해야 되나…. 애가, 청소년한테는 담배를 못 팔게 되어 있잖아요. 근데 이제 매표소에서, 원곡동 살 때 매표소에서 제가 보루째 사고, 할머니도 그때 담배를 폈으니까 할머니도 보루째 샀는데, 할머니가 그때 허리 수술인가 해가지고 못 나가니까 제가 [준형이를] 데리고 나가서 "얘 할머니 담배 얘가 심부름하면 주세요. 얘 저거 하는 거 아니니까". 그때 중학교 2학년 때인가 그랬을 거예요. 근데 그 담배 가게 주인이 언제 한번 부르더니 "준형 아빠", 저는 말보로 레드를 폈고 할머니는 라일락을 폈는데, "준형 아빠, 담배 바꿨어?", "왜요?" 그랬더니 "아니, 준형이가 와가지고 담배 두 갑을 사갔는데 딴걸 사갔다"는 거야. 준형이를 불러서 또 조졌죠. "너 담배 피냐?" 그랬더니 "아니"라고 "친구 거 심부름 해줬다"고. "그걸 왜 해줬냐" 그랬더니 이제 자기 딴에는 "친구하고 친해지려고 했다"는 거예요. "그런 건 잘못된 거야. 그럴 때는 싸우자 해서 싸워. 그건 불합리한 거잖아". 이틀 후인가 학교에서 전화가 왔어요, "애 싸워가지고 여기 광대뼈가 함몰됐다"고. 그래 가지고 어찌나 두드려 패놨는지, 준형이를 거의 꼬붕처럼 생각했는데 준형이가 "싸우자" [하니까 덤벼버려 가지고 조져놓은 거예요. "왜 그러냐?" 그랬더니 애가 자기한테 담배를 심부름시켜 가지고 자기가 "안 한다" 그러니까 "싸우자" 그래서 싸웠는데 저렇게 됐다고. 가서 또 싹싹 빌고. 이제 학폭위 같은 거 열리면 안 되니까, 준형이도 잘못은 했으니까.

그러고 내가 얘기했죠. "야, 그래도 니가 싸울 적이 좋아. 이건 싸운 거 잘못했다고 안 한다. 너한테 불합리한 거 시키고 너한테 나쁜 짓을 시킬 때는 싸워. 대신 비겁한 짓은 하지 마. 남자는 비겁하면 안 되는 거야" 그랬더니 "알았다"고. 그다음에 또 싸워가지고 온 거예요. 이번엔 고막이 나갔어. 고막이 이제 좀 찢어졌다 그러나? "왜 싸웠냐" 그랬더니 자기한테 욕을 했다는 거야. "욕 좀 받아주면 되지" 그랬더니 "아니, 내가 엄마랑 같이 안 산다고 그거에 대해서 욕을 했다"는 거야. 그걸 얘를 뭐라고 할 수는 없잖아. 그래도 "남자가, 남자가 이제 힘을 쓸 때는 가족을 지킬 때나 아니면 정말 이걸 해서는 안 될 짓을 할 때나 폭력을 쓰는 거다. 안 그럴 때는 말로 그냥 웃으면서 참고 넘어가라". 준형이는 중학교 때 아무튼 사고를 좀 많이 쳤어요.

나는 맨 처음에 얘 일진인가 그랬어. 그랬더니 그런 것도 아니에요. 준형이가 성당 복사도, 복사 서는 얘들 중에 담배 피는 애들이 있었어요. 근데 성당 신부님한테 들켜가지고 얘네 다 짤렸는데 준형이는 안 짤리고, 담배 안 피니까, 잘 다니는 거예요. 물론 공부는 좀 약해. 내가 그건 알아요, 우리 준형이가 공부를 잘하는 편은 아니니까. 그런데 애미 없이 키운다는 걸 티내고 싶지 않아서 여러 가지 좀 너무

준형 아빠 장훈

엄하게 했던 것들이 좀 많이 생각이 나고…. 월피동으로 이사 간 다음에 토닥여 주고 한 게 거의 없는 거 같아서 좀 그렇죠.

면담자 말씀 중에 준형이 엄마가 준형이를 키우지 못했다는 말씀이 있으셨는데, 빠른 시기에 이혼을 하셨나 봐요. 간단하게 언급하셔도 괜찮습니다.

준형 아빠 2006년도에 이혼하게 됐는데요. 그러니까 사업이 세 번 망할 동안, 남자라는 게 그렇잖아요. 남자라는 게 부부 관계를 하든 뭘 하든 아무리 내가 자신감이 풍부하고 충분하고 그래도 사업 세 번 망하고, 잘못하면 내가 사기로 들어갈 수도 있는 거고, 그럼 정말 집에도 들어오기 싫거든요, 술로 살고 싶고…. 〈비공개〉 2005년 겨울에 나갔어요, 아무 말도 없이. 나가서 2006년에 이혼 서류가 왔더라구. 아이들 다 키우는, 내가 키우는 걸로 해서 이혼해 줬어요.

면담자 그때 준형이가 몇 살 때일까요? 이혼할 때 (준형 아빠 : 12살) 12살부터는 준형이를 다른 분이, 아무래도 준형 아빠는 사업을 계속하고 있었으니까, 돌봤겠네요?

준형 아빠 뭐 애들 고모하고 할머니, 그러니까 뭐 거의 맡겨놓다시피 했죠.

면담자 아, 그러니까 부모님을 모시고? (준형 아빠 : 예, 어머니를) 그리고 고모님이 같이 사시면서 준형이를 키워주신 거네요. 그래도 집에서 키워줄 사람들이 있어서 참 다행이었습니다.

준형 아빠 저도 뭐 그렇게 고맙고 이런 거는 좋은데 또 그게 맞았나 싶기도 하고 그래요. 어쩔 때 보면 그렇게 키우는 게 맞았나 싶기도 하고….

면담자   준형이 고모는 활동도 꽤 하고 그러지 않으셨어요?

준형 아빠   네. 활동하지 말라 그랬어요, 니 일 하라.

7
인생의 고비를 넘기려 신앙을 갖음

면담자   아까 성당 얘기 잠깐 나왔는데요, 원래 가톨릭 신자셨는지요?

준형 아빠   이혼을 하고 아이들이 거칠어지더라구요. 그래서, 그 전까지 이제 할머니, 애들 할머니가 절에 댕기셨어요, 아이들을 내가 절에다가 이렇게 저거 할[맡길] 수는 없잖아요, 스님도 내려와서 저거 할 수 없으니까. 그래서 생각을 좀 해봤어요. 종교를 갖게 하면 좀 그러지[안정되지] 않을까 싶어서…. 그때 마침 우리 사는 데 앞에 원곡성당이 있으니까, 그 성당 큰수녀님한테 가서 "이러이러하게 돼서 애들을 종교를 갖게 하고 싶다. 물론 애들부터 하고 나중에는 나도 입교하겠다" 했는데 "아이들만은 안 된다" 그러더라구요. 그래서 이제 애들 큰고모가 먼저 입교하고, 아이들하고 같이 입교하고 그렇게 해가지고 된 거죠. 그래서 그 뒤로부터 아이들이 많이 부드러워졌어요. 나름대로 성당에서 친구들도 많이 사귀고 그러면서 많이 부드러워졌고 또 그러니까 바른, 바른 자세를 아마 배운 거 같아요. 삶에, 살아가는 데

이 일은 나쁜 일이고 이 일은 하면 안 되고 이런 기준 같은 걸 성당에서 배우는 거 같아요. 뭐 저도 가르쳐주고 학교에서도 배우고 하지만 종교생활의 좋은 점 중에 하나가 그거 같아요. 뭐냐면 가장 원초적인, 그러니까 내가 '아, 이게 나빠, 틀려'를 어떻게 판가름하기 쉽지 않을 때 종교적인 가치로 판단할 수 있다는 거? 그런 게 아마 좀 괜찮은 거 같아요. 그래서 아이들이 그니까 어찌 보면 좀 모난 돌이었다면 종교생활 하면서, 성당 다니면서 좀 다듬어진 그런 모습을 보게 됐죠.

면담자 　준형 아버님은 그때 같이 세례를 받으시지 왜 뒤에 하셨어요?

준형 아빠 　우선 종교를 갖는다는 거 자체가 쉽지 않았어요. 이런 말하기 그렇지만 얘네 애미 나가고 이혼하고 그리고 마지막 사업 접고 그럴 때 제초제를 한번 먹을려고, 먹고 죽어버리려고…. 그래서 마지막으로 애들 얼굴 보고 간다고 갔는데 애들 넷이 쪼로록 이렇게 자는데 '내가, 내가 가버리면……' 이런 생각이 들더라구요. 그래서 접었어요. 종교에 의탁한다고 대부분 그렇게 얘기하잖아요. 저는 종교를 제가 선택했어요, '내가 이때쯤 되면 종교를 가져야 되겠구나' 싶어서. 그래서 그 신부님한테 지금 현재, 현재는 냉담 아닌 냉담을 하고 있는데, 제가 일요일 날 성당 못 나가니까, 그 신부님한테 맨 처음에 들어갈 때, 입교하기 전에 제가 여태까지 했던 이런 마음들, 혼자 약 먹고 하려고 했던 마음들, 그 전에 그러니까 제가 지금 말씀드리기 그런 것들은 다 말씀 안 드렸는데, 그 전에 고비 때마다, 제 인생의 고비 때마다 정말 극단적인 생각까지 했었어요, 몇 번을 했었다구요. 했는데 그때마다 이게 넘어가고 넘어가고 해서 여태까지 살아온 건데, 가장 강렬했던 때가 이때였어요. 그러니까 뭐 처지가 완전히 그러니까, 나락으로 떨어진 처지니까, 근데 '그래도 그래도 살아야지' 해가지고 다시 시동을 걸고 하면서, 신부님한테 "제가 아직은 좀 그렇고 애들 좀 안정되고 그러면 제가 가서 입교, 제 발로 입교하겠다"고, 그래서 제가, 제가 애들보다 그러니까 늦어요. 한, 거의 한 1년 가까이 늦죠. 늦게 입교하고……

면담자   대체로 몇 년쯤이었어요?

준형 아빠   음, 2008년, 9년, 그때쯤 입교됐죠.

면담자   이제 준형이를 비롯해서 동생들까지 양육하실 때 제일 신경 썼다고 할까? 제일 큰 가치를 둔 부분이 어떤 부분이셨어요?

준형 아빠   우선은 편부 슬하에서 자란 아이들이라는 걸 표시를 안 냈으면 하는 바람이 제일 컸구요. 그리고 가장 큰 아이들한테 가장 크게 얘기했던 게 그거였어요, "다른 건 몰라도 비겁하겐 살지 말아라"라고, 그 "비겁하다는 것도 주관적인 그거겠지만 남들이 봤을 때 비겁한 거는 아니다. 이렇게 살지 마라. 이렇게 사는 거는 아니다". 동생들하고 어렸을 때는 싸움도 하고 하잖아요. 그래서 말리면서 "누가 잘했네, 잘못했냐를 떠나서 우선 힘센 형이 동생을 괴롭히는 건 비겁한 일 아니냐" 해가면서, 아무튼 비겁함에 대해서 정정당당한 거를 되게 요구를 했죠. 애들한테 요구를 했고, 저 또한 그렇게 살려고 노력을 많이 해요.

면담자   근데 이제 아이들 입장에서 보면 편부 슬하에서 자라는 것이 아이들의 선택이 아니니까 (준형 아빠 : 그렇죠) 한국 사회에서는 심지어 학교에서 결손가정이라 그러지 않습니까? 정말 어처구니없는 도덕관인데요. 그래서 아이들에게 편부 슬하에서 자란 것을 표시 내지 않도록 편하지 않게 키우는 것이 거꾸로 아이들 입장에서는 더 부담이 될 수도 있지 않을까요? 그런 생각이 잠깐 들었습니다. 오히려 편부 슬하에서 자라는 게 아이들이 더 떳떳할 수 있는, 그런 좀 적극적인 교육은 안 하셨는지요? 물론 한국 사회에서 쉽지 않은 일이긴 합니다만….

준형 아빠   아니 뭐 창피한 일은 아니라고 얘기는 했으니까. 얘기를 했고, 했는데 아이들이 어떻게 생각을 하는지는 들어보지 못했어요. 솔직히 말씀드려서 이 나라가 아주 웃긴 게 뭐냐면요, 양육비라는 게 있어요. 저는 양육비를 한 번도 받아본 적이 없거든요. 근데 애가 잘못되니까 보상금을 가져가 버렸어, 일정 부분을. 그래서 양육비 소송을 했는데 내가 다 이겼어요. [그런데] 받을 길이 없어요. 양육비 같은 경우는 거의 의무적인 거잖아요. 권리가 아니잖아요. 근데 이 의무를 이행을 안 했을 때 강제 규정이 없어요, 우리나라에 거의. 그러니까 이런 거죠. 한 달에 양육비로 100만 원 주게 되어 있다 그러면 한두 달 안 들어와서 나라에 신고하면 국가에서 한 50프로 정도를 미리 주고, 미리 주면서 이 50프로를 저쪽 편한테 국가에서 구상권 청구를 하면 되거든요. 그런 법이 만들어지면 돼요. 호주 같은 경우는 있어요, 있는데 우리나라는 없어요. 우리나라는 안 주면 그만이에요. 그리고 자기 앞으로 재산이 안 되어 있으면 어떻게 할 수가 없어요. 근데 보통 우리나라는 내 앞으로 재산이 안 되어 있어도 먹고 사는데 하등의 지장이 없거든요. 아니 그냥 친척들 앞으로 다 돌려놓는 거예요. 오빠 앞으로 돌려놓고 타서 쓰기만 하면 되는 거.

근데도 책임도 내가, 양육을 혼자 하는 내가 져야 되고, 할 얘기는 아니지만 준형이가 사고 쳤을 때 주 양육자가 나니까 내가 다 책임지 잖아요. 그러면 뭐 연락이라도 좀 하고 했던 사이면, 아니 교섭권이라는 게 있어요. 그러면 나한테 적극적으로 행사하면 되거든요. "아이를 보여줘" 그러면 안 보여줄 수 없어요. 법적으로 보여주게 되어 있거든요. 근데 그거 행사도 안 하고 그냥 나 몰라라 살더니 나중에는 싹 받고 재산 다 숨겨버리고. 이거는 나는 대법원까지 갈 일도 아닌데 대법원까지 가서 다 이겼어요, 양육비 소송을. 근데 한 푼도 못 받아요, 지금. 양육, 우리나라가 잘못됐다는 게 뭐냐면 한부모가정, 조손가정 이런 가정들한테 기본적인 양육 조건을 만들어줘야 되잖아요. 근데 양육 조건을 만들어주면서 이 사람들이 불쌍한 사람이라고 느끼게 하면 안 되거든요. 근데 이 사람들이 불쌍한 사람이라고 느끼게 만들어요. (면담자 : 실제로 불쌍한 사람도 아니구요) 아니 나는 솔직히 불쌍, 아니 이혼한 게 불쌍한 건 아니잖아요, 안 맞아서 이혼도 할 수 있고 또 이혼하고도 왕래 있는 부부도 있고. 근데 대신에 금전적으로 양육비 같은 거 아니면 뭐 부모님 오시는 날이라든지 이럴 때는 강제적인 그 조항이 있었으면 좋겠다는 거예요. 그래서 주 양육자 말고 부양육자라도 양육을 안 하는 사람이라도 일정 부분 책임을 좀 지게 하고, 그다음에 어떻게 해야 되는데 이건 뭐 그냥 아예 나 몰라라 하면 어떻게 할 수가 없는 거예요.

면담자 　　　지금까지의 말씀을 간단하게 정리를 하면, 준형이 생모가 세월호 사건 이후에 생모 몫의 보상금을 받아 가셨고, 준형 아빠 입장에서는 '그거는 부당하다'고 판단하셔서 그 돈을 받아내기 위해서 이제 늦게 양육비 소송을 해서 이겼음에도 불구하고 양육비를 받아낼 방법이 없다, 보상금을 가져갔음에도 불구하고 재산을 숨기면 방법이 없다, 한국의 경우 양육비 관련 강제집행이 가능한 방법을 적극적으로 만들 필요가 있다, 이런 말씀을 해주신 것으로 정리를 하겠습니다.

8
성당에서 받은 좋은 영향

면담자   준형이가 뭘 제일 잘했어요? 뭘 제일 좋아했어요? 또 뭐가 되고 싶어 했어요? 준형이 얘기를 좀 듣고 싶습니다.

준형 아빠   운동하는 걸 좋아했구요, 그리고 아이들하고 어울리는 걸 좋아했어요. 어울리는 걸 좋아했고 대신에 못된 거는 안 했고, 근데 이제 야동은 좀 많이 봤고. 별명이 야동 장준형 선생이라고, 야동 안 본 거라고 말했는데, 야동도 좀 보고 할 건 다 하는 거죠. 지 또래 친구들하고 할 건 다 하는 건데, 원래는 신부님하고 싶었어요. 근데 신부님이 결혼을 못 한다는 소리에 "아, 그럼 신부님은 안 되겠다", "왜?" 그랬더니 여자 친구가 많아서, 자기는 여자 친구 사귀어야 된대요, 그러냐고 [그럼 다른 길을 생각해 보라고 했지요]. 그리고 그 뒤에 이제 하는 게 뭐냐면 가톨릭 대학교에 간호학과가 있어요. 남자 간호사가 [되고 싶어 했어요]. 의사할 정도의 자기는 그건 아니라고 생각한대요. "남자 간호사 그거 해보고 싶다"고 [해서] "그래. 그럼 남자 간호사도 괜찮은 거 같으니 해라" [그랬죠]. 남자 간호사가 꿈이었어요, 꿈은

꿈이었는데, 물리치료 이런 거 하는 남자들.

그런 게 그러니까 할머니가 아프시고 뭐 그러잖아요. 저기, 병은요 가난할 때 더 찾아와, 돈 있을 때는 안 아파. 가난하면 더 아프더라구. 갑자기 애들 할머니 디스크가 터져버리고 돈은 없고 그런, 어떻게 하다가 빌려가지고 우선 병원비하고 이런 경험이 있다 보니까, 애가 그걸 봤나 봐. 그래서 간호사, 지 작은고모가 지금 간호사 하고 있으니까. 간호사, 남자 간호사가 또 귀하니까 하게 되면 좋지 않겠느냐 해서 간호사 생각 많이 했고, 그리고 우선 좀 선해서 애가, 좀 선한 구석이 있어서 남 이렇게 도와주는 걸 되게 좋아했어요. 그래서 그 봉사활동 중학교 1, 2, 3학년 동안에 30시간씩이라든지 60시간씩이라든지 이렇게 짜져 있을 거 아니에요. 이거를 1학년 때 다 했어요. 그 뒤에는 안 해도 되는, 근데 이제 봉사활동 있으면 거기 나가고. 그래서 그 몸 좀 이렇게 불편하신 할머니들 밥, 할머니, 할아버지들 밥 먹여드리고 설거지 하고 그런 것들……. 저보다 훨 낫죠, 신경 쓰는 거 보면.

면담자　　지금 말씀 들어보면 아무래도 준형이는 주일학교나 이런 거 포함해서 성당 영향을 많이 받았을 거 같아요.

준형 아빠　　상당히 성당 영향을 많이 받았어요. 왜냐면 준형이가 한창 그러니까 사춘기 이런 시기에 들어설 때 성당 신부님들하고 많이 상담도 하고 보고 배울 수 있는, 그러니까 멘토가, 제가 멘토가 되어줘야 하는데 저는 바쁘고 맨날 밖에서 돌아댕기고 하다 보니까, 이 멘토가 이제 신부님이 되는 거 같아요, 나름대로. 이 사내아이들이 원래 또 그런 것들이 있잖아요. 작은놈이면 형 보고 '형이 이렇게 갔으니까' 이런 게 있는데 큰놈이면 아빠를 보고 '아빠가 이러 이렇게 사니까, 아 나도 저렇게 살아야지' 이런 게 있는데, 준형이는 그 영향을 신부님들한테 많이 받은 거 같아요.

면담자   준형이 성당 친구들은 지금도 연락이 되고 있으신지요.

준형 아빠   예. 가끔 안산에 행사 같은 거 있으면 찾아와 가지고 "아버지" 하고 와요. 준형이 안는 거 같아요, 걔네들 안으면. 그래서 되게 좋아하고…….

면담자   몇 명이나 됩니까?

준형 아빠   한 세네 명 되는데 그중에 가장 친한 애가 있어요, A이라고. 얘가 준형이 떠나보낼 때 준형이 사진을 들었었는데 그놈이 〈그날, 바다〉 그 영화 시사회 하는데 왔더라구요. "아버지" 하고 가는데 그날 많이 울었어요, 준형이하고 얼굴도 이렇게 겹쳐보여서. 아이들, 친구들을 못 만나겠어요, 만나면 준형이 생각이 많이 나서. 그리고 걔네들하고 할 수 있는 얘기가 준형이하고 추억인데, 이제 좀 더 시간이 지난 다음에 만나보고 싶어요. 왜냐하면 아이들이 약간 희미해졌을 때, 그때 만나서 아이들한테 준형이에 대해서 묻고 싶어요.

면담자   준형 아빠도 성당 가서 많이 바뀌셨을 거 같아요. 어떠셨어요?

준형 아빠   저도 좀 변한 부분이 없지 않아 있기는 한데, 저야 뭐 많이 성경책도 읽고 그러는 거 보면 성당 가서 저도 많이 변했죠, 변했고, 신부님들 영향이 좀 있더라구요. 있고 그다음에 이게 우리가 성당에서 달란트라고 주잖아요. 저는 달란트가 뭔지 몰랐어요. 도대체 '내 달란트는 뭐지' 그러니까 내 삶의 의미를 몰랐었어요. 뭐냐면 내가 야채 장사하기에는 그러니까 제 자신이 느끼기에 내 머리가 너무 좋은 거예요. 내가 느끼기에 이게 '나는 이만큼 머리가 안 좋아도 야채 장사하고 애들 키우는 데 지장 없겠어. 근데 머리는 왜 이렇게 좋게 만들어줬지?', 우리가 그리고 사람도 이렇게 소통하고 이런 것들 '도대체 내가, 하느님이 나한테 왜 나한테 뭘, 뭘 원하고 뭘 원해서 이런 능력을 주신 거지' 이런 생각을 했었어요. 근데 이제 이 일이 터지고 그 뒤에 일 해나가면서 1주기쯤에 제가 느꼈죠. '아, 아마 하느님이 큰 그림을 그리고 계시다면 그 그림 속에 내가 이걸 하라고 여기 나를 보내신 건가 보다' 그런, 그게 좀 뭐 필연? '아니 이게 왜 필연이 돼야 하지?' 그런 생각도 들어요.

면담자   성당 얘기 오래했는데 다른 활동은 안 하셨어요?

준형 아빠   저는 제가 입교 조건이 다른 활동을 안 하는 걸로 입교를 했습니다. 왜냐면 너무 바빴어요. 너무 바쁘고 일요일 하루, 그러니까 성당 나가는 거, 아이들 손잡고 성당 나가기…. 그게 보통 11시 미사가 있고 9시 미사가 있으면 9시는 아이들 미사였어요. 근데 저는 아이들 미사에 갔어요, 아이들 데리고 중고등부 미사에 갔어요. 그게 저한테는 가족들하고 갖는 가장 소중한 시간, 그리고 미사가 끝나면 그대로 가서 어디 감자탕집이라든지 삼겹살집이라든지 가서 밥 먹고 들어와서, 아이들은 아이들대로 하고 저는 집에서 쉬는 거, 이게 저의 집안에서의 가장 큰 행사였어요, 성당을 가는 게. 그러니까 레저라든지 뭘 하려면 평일 날 제가 해야 되잖아요. 평일 날 저녁이라든지 해야 되는데 그때는 너무 바쁘니까 참가를 못 하는 거죠. 봉사활동이라든지 이런 거 마음은 굴뚝같은데 그때는 하면 되는 건데 지금 생각해 보면 그래요. 뭐냐면 '하면 되는 건데 왜 그때는 바쁘다는 핑계로 안 했지' 이런 생각이 들 때가 좀 있어요. 왜냐면 일을 하면서 병행하면 되거든요. 어떻게든지 그 시간은 나와요. 근데 그냥 바쁘다는 핑계만 대고 일을 안 해버리기 시작하면 정말 점점 못 해내겠더라구요. 그래서 성당 다니면서 느낀 것 중에 하나가 뭐냐면 무슨 일이 있으면 먼저 하는 게 낫지 뒤로 빼는 거는 성격상 안 맞더라구.

면담자　　　지금 제가 준형 아빠 말씀 들어보면 성당에 대해서 좋은 인상을 갖고 계시고 특히 아이들도 좋은 영향을 받은 것 같습니다. 근데 참사 이후, 다니시던 성당이나 아니면 가톨릭계에 대한 아쉬움 같은 거는 혹시 없으셨습니까?

준형 아빠　　　참사 때 신부님이 노중호 프란치스코 신부님이라고 처음 주임신부님으로 오신 거예요, 본당에. 젊어요. 근데 이분이 아이들하고 친구들[처럼 대]하고, 젊은 분이시니까, 그 형님이 가톨릭 대학교에서 강의하시는 신부님이시고…. 그런데 선생 신부님이라고 그러는데 두 분이 준형이 갈 때 원래는 안 해주시는 건데 복사복을 주셨어요. 그래서 준형이를 복사복을 입혀서 보냈어요. 참 고마우신 분들이죠. 그리고 준형이 노래도 만들어서 앨범도 내시고, 준형이에 대한 추억 이런 기고도 많이 하시고, 또 교황님 오셨을 때는 또 힘써가지고 교황님[을 뵐 수 있는 본인] 자리 빼가지고 우리 가족들 교황님 뵈라고 했는데, 저희가 먼저 뵀어요. 저는 교황님을 8월 15일 날 먼저 뵙고, 대전에서 뵙고 저희 가족들하고 뵙고 했는데, 한 번 더 해미성지에서, 해미성지 거기서 또 미사가 있어서 그때도 멀리서, 먼발치서 뵀는데,

[본당신부님께서] 많이 도와주셨죠.

그리고 가톨릭 정말 뭐라고 해야 되나요. 도와주시는 신부님들은 힘이 없고, 정말 우리를 도와주시는 신부님들은 힘이 없고 또 아웃사이더고 가톨릭 내에서도, 또 목소리를 내주시지 못하는, 내려고 하지도 않는 신부님들이 또 다 잡고 계시고…. 거기다가 또 주교님들이 성향들이 다 틀리시니까, 대전교구나 광주교구 주교님들은 그래도 세월호 참사에 대해서 적극적으로 해주시는데, 수원교구 주교님은 소극적이시고…. 이런 거 보면 '도대체 좀 더 적극적으로 해주셔도 될 텐데' [하는 생각이 들지요]. 그게 또 광주교구도 마찬가지고 대전교구도 마찬가지고, 그게 어찌 보면 가톨릭의 특성 중의 하나일 거 같아요. 보수성을 띤다는 거 자체가 가톨릭의 특성 중의 하나인 거 같고…. 그런데 그전에는 명동성당 그러면 민주화의 성지, 그러니까 정말 쫓겨서 갈데 없는 사람들이 가는 곳이 명동성당이었는데 지금 과연 그럴까요? 쫓아내잖아요. 조계종, 조계종도 쫓아내잖아요, 조계사에서. 종교라는 거 자체가 없는 자들의, 그러니까 맨 마지막에 품어줄 수 있는 그것이 못 되는 거 같아요, 제가 보기에는. 그런데 그 안에는 훌륭하신 분이 되게 많아요. 훌륭한 신부님들도 많고 스님들도 많고, 정말 저희랑 같이 행동도 해주시고 하시는 신부님들이랑 많은데도 그분들은 정작 주교회의나 이런 데서 목소리 못 내시는 거죠.

그리고 [광주대교구] 최민석 신부님이라고 팽목항에서 오래 계셨던 신부님인데, 이분이 이제 빈민사목을 주로 하시던 분인데 이분도 거의 이제 아웃사이더라고 뱅글뱅글 돌리시는 거죠. 그리고 이제 본당, 신부님[들한테서] 본당을 뺏어버린다는 게 좀 그렇잖아요. 어떻게 좀 높은 자리로 [발령받아] 가서 본당이 없으면 몰라도, 본당 없이 그냥 안 식년도 아닌데 "본당 없이 그냥 어디 보좌신부로 가라" 그러면 되게 신부님들도 자존심이 상할 텐데도, 근데도 그 신부님들은 자유롭게 "그래도 뭐 위에 어르신들, 그래 봐야 뭐 나보다 오래 사시겠어요" 그 러면서 하시는데, 그런 신부님들이 또 많이 아프세요. 그런 스님들이 아프시고, 그러니까 저기 누구야 저기 강정마을, 아후, 갑자기 생각이 안 나네[문정현 신부님], 그 동생 신부님[문규현 신부님]도 몸 안 좋으시 고. 아니, 몸이 안 좋을 수밖에 없죠, 길거리에서 그냥 같이해 버리시 니까 몸이 안 좋을 수밖에 없는 건데…. 그래 가지고 최민석 신부님도 이제 원래 이렇게 풍채가 좀 있었는데, 암 때문에 지금 항암치료받고 계시는데, 이런 분들이 많이 아파요. 그런 거 보면 하느님이 '그 밑에 서 있지 말고 빨리 올라와서 일해라' 하는 거 같기도 하고….

9
진보는 생명의 가치를 존중해야

면담자　　　정치적인 성향이랄까, 추상적으로 여쭤봅니다만, 어떠 서요?

준형 아빠　　　그냥 민주당만 찍는 집이었어요. 민주당만 찍는 집이었 고, 제 정치적 성향은 통진당[통합진보당] 맨 처음에 생겼을 때 아, 진 보 정당…. 진보 정당을 좀 목말라하는 쪽이죠, 근데 제 성격이 진보 적인지는 제가 모르겠고. 근데 어찌 보면 진보나 보수나 똑같은 정치인이라고 생각하는데…, 우리나라는 근데 진보가 있어요? 우리는 진보가 없는 거 같아, 우리나라는. 민주당이 무슨 진보야, 민주당은 보수지. 민주당이 내놓고 있는 정책들이 전부 다 보수 정책이지 진보 정책이 아니거든요. 저는 진보라는 패러다임을 어떻게 생각하냐면, 생명의 가치에다가 둬요. 생명의 가치를 존중하는, 얼마만큼 존중하느냐에 따라서 그 진보적인 색채가 더 강해야 된다고 생각하거든요. 그래서 오히려 통일 문제라든지 이런 정치적 이슈 말고, 그냥 진보와 보수를 판가름할 때 생명의 가치를 얼마만큼 더 소중히 여기느냐에 따라서 나는 진보의 척도를 나누거든요, 제 생각은. 그런데 지금 보면 과연 진보라고 칭할 수 있는 당이 몇 개나 될라나, 또 국회의원이, 진보적인 국회의원이 몇 명이나 되려나, 그렇게 생각했을 때…….

면담자　　세월호 참사 이전에도 그렇게 생각하셨어요?

준형 아빠　　아니요. 이전에는 그냥 보통 사람이었어요. 근데 제가 준형이한테 고마운 게 뭐냐면 그 아픔을 보는 눈을 줬어요, 나한테. 그 전에는 아픈 사람들을 몰랐어요. 그러니까 예를 들어서 쌍차[쌍용자동차 해고자 복직 투쟁]나 그다음에 밀양 할머니[밀양 송전탑 반대 투쟁], 그다음에 강정마을[강정마을 해군기지 반대 투쟁] 이런 걸 보면, 그 전에는 어떻게 생각했냐면 '아니 그냥 이직해서 딴 직장 얻어서 살면 되지' 그리고 '보상받아 가지고 아파트 분양받아 가지고 들어가서 편하게 살면 되지' 이렇게 생각을 했었거든요. 그런데 4·16 참사를 겪고 나니까, 내가 아파보니까 그 사람들의 아픔이 보이는 거예요.

　쌍차 같은 경우는 어떻게 되냐면 고등학교를 졸업했든 대학을 졸업했든 바로 거기서 직장생활을 했을 거 아니에요. 거기서 바로 15년,

20년 된 사람들이 명예퇴직으로 강제로 퇴직을 당한 거잖아요. 그러면 이 사람들이, 여태까지 저 같이 뭐 여러 가지 일을 해왔던 사람이면 이직도 쉬울 텐데, 이 사람들은 그거 하나만 배우고 살아왔는데 우선 이 사람들 이직하기도 쉽지 않고, 두 번째는 뭐냐면 그 나이대가 한 15년, 20년 경력 정도 되면 나이대가 보통 집 이제 얻어, 집 이제 융자 끼고 사서, 내지는 전세자금 대출받아서 전세로 하고 아이들, 아이들 키울 때거든요. 그러면 이 사람한테는 그냥 죽으라는 거예요, 이 가족은 그냥 죽으라는 거예요. 대책이 없으면 대책을 세워주고, 자를 대로 자르면 그러면 차후에 잘되면 다시 복직시켜 준다든지, 아니면 "잠깐 나가 있어" 그러면 뭐 "회사 정상화 되면 다시 우리 일해보자", 아니면 아예……. 그때 쌍차에서는 이렇게 했죠, "월급을 반절을 안 받을 테니 퇴직금 반절을, 퇴직금 다 내놔서 퇴직금을 담보 잡혀서 신차 만드는 걸 같이 연구하자"까지 쌍차에서 이렇게 얘기를 했었거든요. 그 일련의 과정들이 눈에 보이는 거죠, 이제 그 뒤에는, 이 4·16 참사 후에는.

밀양 할머니들 삶의 터전이잖아요, 거기가. 내가 평생 거기서 농사짓고 살던 양반들이 아파트 하나 달랑 얻을 돈으로 보상해 주고…. 돈이 다가 [아니잖아요], 그 할머니들 [어떻게] 하고 살아요? 그냥 죽으라는 거예요. 마찬가지로 강정마을도 마찬가지지. 아니, 그 바닷가에서, 그 바다에서 벌어먹고 살았는데, 그 바다를 다 막아가지고 해군기지 만들어버리고 그 사람들 "보상받았으니까 너네 저기 가서……". 아니 바다 일 하던 사람이 아파트 가서 [바다 일] 할 거예요? 도심지로 들어가서 뭘 할 거예요. 그렇게 되어버리는 거잖아요.

그 전에는 그런 걸 상상을 못 했어요. 그리고 아까도 진보나 보수에 대해서 얘기했지만, 진보나 보수 이런 거를 그냥 정치적인 잣대로 생각했어요. 근데 4·16 참사가 터지고 나서 내가 아파보니까 '아, 진보란 도대체 무엇인가' 한번 생각해 보게 돼요, '진보의 가치가…, 도대체 보수라는 건 뭘 뜻하고 진보라는 건 뭘 뜻하고…'. 그런데 내가 생각하는 진보는 그러니까 앨 고어 [전 미국] 부통령이라든지 이런 사람들이 얘기했던 그 생명에 대한, 그러니까 지구 전체 환경문제라든지 이게 생명에 직결되는 거잖아요. 이런 게 진보지 정치적으로 "나는 저기 뭐가 싫어, 뭐가 싫어" 이런 거는 진보가 아니라고 생각해요.

그래서 다시 말을 원점으로 돌리자면, 4·16 이전에는 이걸 아픔을 몰랐던 거예요. 4·16 이후에 내가 실제로 당해보고 아파보니까 '아, 이렇구나. 세상이 이렇게 돌아가는구나. 이런 아픈 사람들이 있구나' [하는 것을 알게 되었어요]. 그래서 제가 자주 강연이라든지 댕기는데, 가면 꼭 마지막으로 하는 얘기가 그거예요. "주위를 둘러봐서, 우리를, 4·16 우리 가족들 도와줄 생각하지 말고, 우선 당신들 주위를 둘러봐서 아픈 사람들 있으면 손 한번 잡아줘라. 그리고 다정하게 말 한마디 해주라"고, "그게 우리를 도와주는 거와 똑같다"고 그렇게 얘기해요. 왜냐면 근본적으로 문제가 좀 있어요. 이 세월호 참사도 마찬가지이고 모든 참사들을 보면 가장 근본적인 문제가 뭐냐면, 뭐 누구는 얘기하지만 신자유주의고 어쩌고저쩌고 얘기하는데 그게 문제가 아니고 생명 경시 사상이거든요.

생명이 값어치가 너무 없는 거예요. 생각해 보세요. 공사장에서 산재로 죽는 사람이 1년에 몇 명이나 되는지…, 3000명이 넘어요. 그러면 이 공사 현장에서 안전관리를 철저하게 하면 산재가 그렇게 많이 날까요? 별로 안 나요. 근데 안전관리를 등한시하기 때문에 산재가 많이 나는 거잖아요. 근데 안전관리를 등한시해서 사람이, 사람 목숨이, 사람이 죽었다, 근데 그러면 사람, 그니까 이런 표현을 써서 좀 그렇지만 사람 목숨값이 한 10억, 20억씩 한다 그러면 과연 안전관리를 등한시할까요? 지금 사람 죽어봐야 2, 3억 원이에요. 너무 싸요, 사람 목숨이. 뭐 호프만 법에 의거해서 어쩌고저쩌고하는데 이거 아주 지랄 같은 법이라는 거죠, 호프만 법이라는 게. 왜 그렇게 사람 목숨을 수학 공식에 대입하고 왜 이래야 되냐고. 그냥 아니 "사람 목숨은 존귀한 거고 고귀한 거니까 이거는 값어치가 따질 수 없다" 해놓고, 사람마다 "야, 너네 잘못했네. 100억" 이래 버리면 안전관리를 등한시할 수 없잖아요. 또 그리고 무조건적으로 폭력을 행사하고 이런 것들 절대 있을 수 없어요. 근데 생명이라는 거 자체가 너무 값어치가 없어요. 그러다 보니까 안전관리하는 것보다 사람 한 명 죽으면 그 돈 주는 게 더 싸니까 안전관리를 더 등한시하죠. 그런 이게 모순이 되는 거예요, 계속. 아니 점점 사회가 발전될수록 사람의 값어치는 계속 올라가야 되고 사람의 능력은, 능력에 대한 보상은 점점 늘어나야 되는데, 점점 사람의 가치는 떨어지고 사람이 발휘할 수 있는 역량, 능력 이런 것들은 등한시되어 버리고 이런 사회가 되는 거죠.

4·16 이전에는 이걸 보지 못했다는 거잖아요. 그게 아, 내가 지은 죄가 많잖아요. 그중에 큰 죄 중에 하나가 그거일 거예요. 그래서 제가 지금 79년생[69년생]이면 마흔아홉인가요, 여덟인가요? 그런데 4·16 이전 마흔다섯 산 45년보다 그 후에 산 4년이 저한테는 더 충실한 삶이고 더 치열한 삶이고…. 물론 이 앞의 삶도 남들, 남들보다도

치열하게 살고 남들보다도 열심히 살았다고 뭐 자부할 수 있어요. 그런데도 그 앞의 삶이 아무것도 아니라는 거예요. 왜냐하면 가장 근본적인 게 들어 있지 않은 삶이라는 거죠, 이 앞의 삶이. 근데 이 4·16 참사 이후의 삶은 가장 근본적인 생각이 들어 있는 삶을 살고 있다는 거예요. 가장 근본적인 게 뭐냐면 제가 아까 말씀드렸다시피 '아, 생명이 왜 소중한지' 이런 것들이 내포되어 있는 삶을 살고 있는 거죠. 그전의 삶은 그런 게 없었어요. 아니, "보상, 보상을 5억 받는대. 많이 받는다"[고 하는 사람들이 있는데], 5억이 많냐구요. 사람 목숨을 사는데 5억, 이거는 말도 안 되는 거죠. 옛날에 노예시, 노예제도 때나 했던 그런 방식이죠, 생각 자체가.

10
처음이자 마지막 수학여행

면담자　이제 세월호 참사 쪽의 얘기를 좀 하겠습니다. 먼저 수학여행 전의 얘기를 좀 여쭙고 싶은데요. 준형이 수학여행 준비는 어떻게 했어요? 준형이 스스로가 옷도 사고 이렇게 했습니까?

준형 아빠　수학여행을 안 보내려고 했었어요. 그러니까 물론 큰돈은 아니지만, 제가 말씀드렸잖아요, 한 1000만 원만 갚으면 빚이 다 갚아지니까 그때 한창 그 돈, 돈, 돈, 돈 할 때였어요. 이제 안 보내려고 했었는데 생각해 보니까 이놈이 수학여행을 간 적이 없는 거예요. 97년생들이 얼마나 불행한 세대인 줄 아세요? 태어나자마자 IMF 터졌죠. 정말 사랑받아야 할 존재들이 이 IMF 때문에 허덕허덕하면서, 금이야 옥이야 키워야 될 애들을 그렇게 못 키웠어요. 초등학교 때 수학여행 가야 되는데 그때 사스[SARS, 중증급성호흡기증후군]가 터졌어요. 중학교 때 수학여행 가야 되는데 그때 신종플루[신종 A형 인플루엔자 바이러스]가 터졌어요. 애들은 수학여행이 없는 거야 인생에, 근데 마지막 수학여행까지 못 가게는 못 하겠더라구, 지 학창 시절에 고등학교 끝날 때까지. 그래서 가게 했는데 이제 허덕허덕하면서 돈 냈고 준비할 때 신경을 못 써줬어요, 제가. 나한테는 "아빠 수학여행 가게 용돈 줘" 소리도 안 했어요 얘가, 집에 고모들한테 가서 말하고 용돈 타가고. 올 때 제주도 가면 사 오는 거 있잖아요, 초콜릿. 그 초콜릿 사 온다고 그래서 수학여행 명목으로 제가 3만 원 줬네요, 3만 원. 참 나쁜 아빠죠. 생각도 말도 안 되는 아빠죠.

　뭐냐면 참사가 딱 났는데, 뉴스에서 봤는데 나는 그게 우리 준형이가 탄 배인 줄 몰랐어요, 맨 처음에. "어, 배가 왜 저러고 있어" 하고 일을 했어요. 근데 좀 있다가 보니까 단원고가 나오는 거예요. 나는 우리 준형이가 벌써 제주도에 가 있는 줄 알았어요. '이건, 이건 뭐지' 그리고 막 그때부터 학교로 달려온 거예요. 달려왔는데 얘가 뭘 입고 나갔는지 무슨 옷을 입었는지 이런 것부터 생각이 하나도 안 나는 거예요, 왜냐면 내가 못 봤으니까. 나는 그냥 새벽 2시에 출근해서 저녁 4시에 퇴근하니까 얘가 학교 갈 때는 내가 못 보잖아요. 못 본 거예요. 전화를 하니 전화 통화도 안 되지, 그래서 전원 구조 얘기가 나왔을 때, 그때 우리가 목포를, 진도를 내려가면서 그냥 애들 흠뻑 젖었을 테니까 내 거 잠바라도, 가을 잠바, 아니 그때 봄 잠바 그거 벗어주고 '야, 수학여행 다음에 가면 돼, 하고 등짝 한 대 때리고 데리고 올라오자' 하는 마음에 내려간 거예요. 내려가다 보니까 이게 개판이 된 거고, 그래서 잊어먹지도 않아요.

진도체육관에 갔는데 앞에 이렇게 화이트보드에 써 있더라구요. 생존자 명단이 있는데 8반에 7반, 8반, 9반, 10반 이쪽이 거의 전멸이에요. 세 명 써 있고 막 세 명 써 있고, 꿈인 줄 알았어요. 준형이 이름이 없는 거야, 나는 '분명히 나왔겠거니' 했거든. 그리고 생각해 보세요, 고등학교 2학년들, 지금 고등학교 2학년들 우리보다 더 빨라요. 후다닥하면 벌써 그냥 했을 애들이라구요. 나는 그냥 그 생각만 한 거예요, '아무리 위험해도 이것들 그냥 나왔겠지'. 생존자 명단에 없는 거예요. 앞에서 진도체육관, 그때 막 멘붕이 왔죠.

멘붕 오기 시작한 거는 차 타고 내려가면서부터예요, 계속 핸드폰을 하고 있는데도 안 나오니까, 안 되니까. 근데 내려가서 봤는데 어둑어둑한데 명단에는 없고, 체육관에 있으라는 거예요. 그 노란 옷 입은 정부 관계자가 "왜 체육관에 있느냐, 팽목항으로 온다"며 그러고 "팽목항 가겠다" [하고] 팽목항으로 간 거예요. 가가지고 그때부터 기다림이 시작된 거죠. 근데 팽목항에 갔는데 아무도 얘기를 안 해주고, 진도체육관도 마찬가지고 팽목항도 마찬가지고, 당시 상황에 대해서 정확하게 얘기해 주는 사람이 없는 거예요. 아니 어떻게 됐든 사고가 어떻게 났고 이걸 설명을 해줘야 이해가 될 거 아니에요. 그 큰 배가 왜 이렇게 빨리 가라앉고 이런 것들을 설명을 안 해주는 거야. 그래서 정말 전쟁부터 했어요. 정말 많이 싸웠어요.

면담자   앞의 얘기를 확인 차원에서 다시 여쭈면, 수학여행 간다고 가정통신문이 왔다든지 또 장소나 교통편에 관한 설문이 있었다 든지 하는 건 알고 계셨나요?

준형 아빠　　그럼요. 그래서 나는 강호동 나오는 '1박 2일'인가요? 저는 그거 거의 저주하는데요. 거기서 제주도 가면서 폭죽 터뜨리고 하는 거 애들한테 환상을 심어놓은 거예요. 물론 폭죽 터뜨리고 얘들 그 선상에서 하긴 했어요. 환상을 심어놓은 거예요. 그래서 비행기로 갔다가 비행기로 오면 되지, [준형이가] "배로 가는 게 재밌대요, 아빠" [그러더라고요]. 그래서 배, 그리고 올 때는 비행기 이렇게 결정이 된 거예요. 근데 그거 모르겠습니다. 저기 사참특위에서 배로 가게 만든 경위 같은 거, 그 당시에 모든 고등학교가 다 배로 가게 하니까, 그 경위 같은 거를 또 조사할 텐데, 물론 강호동 씨나 이런 사람들이 잘못이 있는 거는 아니겠지만, 그 사람도 그런 환상을 심어놨기 때문에 애들이 가면서 밤에 불꽃놀이도 할 수 있고 이런 환상이 있었던 거 같아요. 이런 게 참 나는 아쉬워요, 아직도 그런 부분들이.

11
진도체육관 및 팽목항의 상황

면담자　　출발한 이후에 참사 나기 전에 통화 같은 거는 있었습니까?

준형 아빠　　없었어요. 제가 그렇게 자상한 아빠가 못 되구요, 우선 첫째적으로. 그리고 준형이가 그렇게 자상한, 이렇게 세심한 아이가

못 되구요. 지 고모한테는 출발할 때 전화했다 그러더라구요, 출발한
다고. 그런데 저는 못 받았어요.

면담자   학교에 도착하신 시간이 대체로 몇 시 정도였습니까?

준형 아빠   10시 40분, 50분 정도였을 거예요.

면담자   그리고 점심때쯤 출발하는 버스로 같이 이동하셨구요?
아까 진도체육관에 도착했을 때 얘기를 잠깐 해주셨는데, 공무원 등
눈에 보이는 사람들이 대체로 몇 분 정도 계셨어요?

준형 아빠   저희가 갔을 때는 그래도 조금 있었어요. 한 열댓 명 있
었어요. 열댓 명 있었는데, 군수도 있고 누구도 있고 있었나 보던
데…. 그 있잖아요, 정부에서 뭔 일하면 노란 잠바 입고 나와가지고,
노란 잠바들이 한 열댓 명 되더라구요. 되는데 어느 누구 하나 설명이
없는 거예요. 그러니 웅성웅성할 수밖에 없는 거잖아요. 아니 내 새끼
가 지금 실종자 명단에 있는데 어떻게 된 건지는 알아야 될 거 아니에
요. 정부에서 그 부모들 이렇게 뭐 앉으시라든지 좀 다독거려 놓고
"자 이제 브리핑을 하겠습니다" [하고] 브리핑을 좀 하든지, 브리핑도
우리가 보고 있는 TV 브리핑하고 똑같이 하는 거예요. 우리가 참을
수가 없는 거잖아요. 왜냐면 더 자세한 정보를 듣기 위해서 진도까지
내려온 건데, 똑같아요.

　"안 되겠다" 그래서 "팽목항 가야 되겠다. 살아서도 팽목항으로 올
테고, 죽어서도 [그리로] 올 테니까 팽목항 가겠다" 그래 가지고, 진도
체육관에 일부 남아 계신 부모님들 계셨고 이제 팽목항으로 갔죠. 근
데 그때 진도체육관에 남아 계신 분들, 그분들은 당일 날 거의 못 갔

어요. 저희가 당일 날부터 멱살잡이를 시작해서 당일 날 배 내놓으라고 해서, 그 당시에 아버지 몇 분은 낚싯배를 빌려가지고 먼저 들어갔고, 저는 그때 해경 배를 타고 들어갔고…. 들어갔는데 정말 한 1킬로미터 밖에서 보여주는 거예요, 서치[라이트]로 비춰가지고. "가까이 가라"고 그랬더니 "작업에 방해돼서 안 된다"고 [하더라고요]. "작업 안 하지 않냐"고, "빨리 가라"고 해가지고 배를 붙이긴 했는데 정말 작업 아무것도 안 했어요. 아무것도 안 하고 고무보트만 이렇게 왔다 갔다 하는 거예요. 그때 나는 '내 새끼 놓쳤구나' 했어요, 배에 이렇게 꼭대기만 나와 있을 때. 그러다가 그날 저녁에 와가지고 또 밤새도록 싸우고…. 그때 온갖 그러니까 루머들 엄청났어요, 식당 칸에 살아 있네, 에어포켓이 있어서 살아 있네, 거기서 카톡이 왔네, 어쩌네 하면서.

근데 17일 날, 17일 날 비가 부슬부슬 오기 시작하는데 아직도 지금 가지고 있거든요, 현대삼호에서 준 우비 아직도 가지고 있는데, 지금 차에 실려 있어요. 지금도 저는 항상 그 우비만 입는데, 그 얇은 일회용…. 그러니까 비, 옷을 갈아입고 할 게 없잖아요. 그런데 여기는 정말 따뜻한 봄이었어요. 어우, 어떻게 거기 추운지 모르겠어. 팽목항이 진도가 밑에 쪽이면 따뜻해야 되잖아요. 더 춥더라구요. 오들오들 떨고 있는데 그때 17일 날 거기에 현대삼호 쪽에서 저기가 온 거예요, 우비가. 그래서 그 위아래 같이 있는 건데 밑에 꺼는 못 입고 위에 꺼만 입었는데, 그때 그 기분을 잊을 수가 없어요. '야, 이거 되게 좋네. 너네 다 죽었어, 이제' 그러면서 17일 날도 엄청 싸웠어요. 그때 누가 왔냐면 이용욱이라고 구원파 받았던 해경, 그 국장[1991~1997년간 청해진해운의 모회사인 세모그룹 조선사업부에서 근무함]이 있어요. 그 새끼가 왔어요. 걔 모가지를 잡고 "어떻게 된 거냐"고, 답을 해줄 수가 있어요? 답을 못 해줘요.

이튿날 다행히 거기에 우리 가족 중에 한 명이 있었어요. 그래서 지금 [사건 현장에서 일어나고 있는] 상황 같은 거를 다 얘기를 해줬어요. 이튿날부터 양말하고 담배, 그다음에 수건, 모포 이거 필요하다고 그래서 엄마들 덮고 있는 거 다 뺏어가지고 그 배에다 실어주고 그랬어요, [사건 현장으로] 나가는 배에다가. 근데 민간 잠수사들이 왔는데 안 태우고 나가는 거예요, 해경에서. 제가 "빨리 태우고 나가라" [그랬는데] 해경에서 민간 잠수사들을 배제시키는 거예요. "아니, 도대체 왜 배제시키냐. 태우고 나가라" 그래서 엄청 태워 보냈거든요. 나중에 들어보니까 전부 3009함에 올라갔다가 다시 그냥 와버렸는데, 물론 당시에 그 바다를 모르고 레저 잠수하던 사람, 이런 사람도 갔겠죠. 그런데 전문적인 잠수하는 사람들도 갔다구요. 근데 그 민간 잠수사들을 다 내보냈다구요. 파벌이 있고, 나중에 알게 됐지만.

그때 17일 날, 17일 날 맨 마지막 나가는 배에 제가 따라갔어요. 왜? 갈 사람이 없으니까. 갔는데 그때 3미터 이상 파도였죠. 어떡해요, 3미터 이상 파도에 어떻게 해볼 수 없는 거잖아요. 그래서 갔다가 다시 돌아왔죠. 돌아왔다가 18일 날 아이들이 올라오기 시작하는 거죠, 그때부터. 애들이 올라오기 시작하는데, 팽목항에 부교라고 해야 되나요? 물에 이렇게 떴다 잠겼다 하는, 그 위에서 경비정에 싣고 오면 이렇게 덮어가지고 [수습]하면 앰뷸런스가 대기했다가 싣고 나오는데, 앰뷸런스 봐야 될 거 아니에요, 부모들도 누군지. 근데 거기에 이엔지 카메라[ENG camera, 휴대용으로 제작된 방송 촬영용 소형 카메라] 막 들이 대고…, 기자들 엄청 맞았어요, 그때 말도 안 되는 짓거리 한다고. 그건 기자들이 할 짓이 아닌데 정말로…. "너네 이거 쓸 수 있느냐", "못 쓰지 않느냐", "왜 찍냐" 했는데도 광기처럼 걔네도 번지더라구요.

근데 18일 날, 제가 솔직히 말해서 죽은 자식 얼굴을 한 번이라도 본 적이 있어요? 저, 죽은 준형이 얼굴을 본 적이 없잖아. 그러니까 나는 아닌데 여동생하고 남동생이 맞다는 거야, "준형이 맞다"는 거야. "다리에 있는 점 봐봐" 그랬더니 다리에 있는 점도 똑같이 있어요, 위치도. 근데 (입안을 가리키며) 여기에 크라운치료를 했는데 이걸 못 봤어, 생각을 못 했어. 근데 이제 그때 5반 원석이, 아 6반 원석인가? 6반인가 5반인가 원석이를 제가 준형이인 줄 알고 잘못 데리고 올라왔어요. 올라와서, 그때 앰뷸런스 타고 여기까지, 안산까지 왔죠. 고대병원, 고대병원 제가 1층에 거기 서 있었는데 사람들이 너무 많이 오는 거예요. 그래서 우리는 그때까지만 해도 나머지 아이들은 살아 있을 줄 알았어요. 우리 아이들만 잃은 줄 알았어요.

근데 TV 뉴스는 계속 나오는데, 핸드폰에 연결된 이거는 계속 올라오는데, 다른 게 올라오는데 TV 뉴스는 계속 몇 명의 구조 세력이 어쩌고저쩌고하는 거예요. 그거 아니라고, 다 거짓말이라고 그러는데, 나는 거기서 이제 오는 손님마다 그러고 있고…. 그러다가 너무 많이 오니까 감당이 안 되더라구요, 솔직히 말해서. 그리고 단원고 앞에 이렇게 국화꽃이 쌓이고 그래서 안 되겠어. 그 당시에 교육청, 교육청에서 한 명 있었으니까 교육청하고 안산시를 불렀어요. "아빠들 모이게 해달라" 그래서 20일인가에 처음으로 아빠들이 모여요, 학교에서. 학교 강당은 아니고 조그마한 회의실, 이런 회의실에 모여서, 그때 당시에 교육청, 그다음에 뭐냐 단원고 행정실, 단원고 운영위원장, 그다음에 안산시 시청 쪽하고 모여가지고 회의 아닌 회의를 했어요.

면담자 아빠들은 누구누구 왔습니까?

준형 아빠 그 당시에 아빠들이 직접 온 게 아니구요, 이제 삼촌이라든지 아니면 작은아버지, 외삼촌 이런 사람들이 왔었어요.

면담자 팽목이나 진도 쪽에 많이 내려가 있으니까.

준형 아빠 아니, 아니 올라온, 그때 한 20명 정도 올라왔거든요.

면담자 그러니까 안산으로 이미 올라온 유가족들이군요.

준형 아빠 유가족들이, 유가족들이 되는 거죠. 그래서 맨 처음에 그 회의체가 가족협의회 전신이에요. 제가 그래서 가족협의회가 4월 20일쯤에 만들어졌다고 한 거예요.

면담자 18일부터 아이들이 올라오기 시작했잖습니까. 그러면 누군가 잠수를 했다는 얘기인데, 전광근 잠수사가 언딘 바지에 타고 잠수를 시작한 게 그 뒤 아니에요?

준형 아빠 17일부터 했어요.

면담자 아, 전 잠수사는 17일 날 이미 도착을 해 있던 상태네요? (준형 아빠 : 17일부터 했어요) 그럼 바지가 들어온 게 17일이라는 얘기네요. 사건 일어난 다음 날 바로 바지선이 들어왔단 얘기네요.

준형 아빠 바지가 아니고 작업선이 들어온 거구요. 그 바지 비슷한 게 들어온 거는 18일.

면담자   그럼 전광근 잠수사는 17일부터 잠수를 했는데, 17일
에는 작업선에서, 18일부터는 좀 작은 바지선이 들어와 거기에서 했
다는 이야기네요. 그리고 언딘 바지, 큰 바지로 바뀐 게…….

준형 아빠   22일 날 바꾸려고 했는데 22일 날 못 바꾸고 23일 날
바꿨죠.

면담자   네, 그러면 민간 잠수사 중에 전 잠수사를 중심으로 하
는 사람들이 소규모로 활동을 시작하는 거는 17일부터 시작을 했고,
본격적으로는 이십 며칠 정도부터 스물몇 명의 잠수사들이 들어오기
시작했다는 거네요.

준형 아빠   여덟, 일곱 명이서 했어요. (면담자 : 처음에는) 그러니까
처음에는 잠수하는 사람이 두 명밖에 못 했구요, 그 사람들은 아예 내
려가지도 못했고. 이제 광근이하고 언딘 팀 붙기 시작하고, 언딘 팀도
아니지 언딘에서 해달라고 하니까 그때 공우영 잠수사 팀이 붙어서
한 건데, 공우영 잠수사 팀하고 전광근 팀하고 합쳐서 민간 잠수사 팀
이라고 하는데, 그 팀이 이제 사람들 모아가지고 한 게 스물몇 명 정
도 모은 건데, 정작 물에 들어간 사람들은 열댓 명밖에 안 돼요. 그렇
게 많지 않아요.

면담자   18일, 19일에 아이들 올라온 것을 주로 누가 작업을 했
는지는 혹시 알고 계십니까?

준형 아빠   거의 다 부상이에요, 그냥 뜬 애들.

면담자   아, 들어가서 데려온 것이 아니고? (준형 아빠 : 거의 부

상) 그래서 18, 19, 20일에 많이 나온 거군요.

준형 아빠   거의 부상한 거고, 직접 들어간 건 배가 완전 침몰된 후, 완전 침몰된 게 18일 오후거든요. 19일, 19일부터 이제 유리창 깨고 들어가기 시작해 가지고 한 거고.

면담자   그때는 두 명의 잠수사가 움직이기 시작했고, 여러 잠수사들이 움직이기 시작한 거는 한 22일, 큰 바지선 들어온 이후이겠네요. 알겠습니다. 이것도 저희가 정확하게 확인을 해야 되는데, 그렇게 많이 증언이 나오지 않았어요. 지금 아버님 통해서 제가 정확하게 확인을 했구요. 그러면 이제 안산으로 일찍 올라오셨다가 다시 내려가셨겠네요. 그게 언제시죠?

준형 아빠   22일 날이요, 22일 날.

면담자   원석이는 잘 이제…….

준형 아빠   아니, 그러니까 원석이라고 밝혀지고, 그러니까 제가 DNA 검사를 두 번을 했어요. 했는데 93.8프로인가 이렇게 맞다고 그랬거든요. 그러면 맞다고, 진행하시라고 해가지고 제가 여기까지 나온 거예요. 했는데, 이제 국과수에서 다시 온 거예요. 와가지고 아니라고, 그 밑에 있는 엄마가 더 맞다는 거야. 준형이가 아니래. "그래 관 뚜껑 열어서 기면 너 죽어" [하고], "열으시라"고 열었는데 진짜 아닌 거예요. 그리고 원석이가, 애가 좀 이렇게 조금 쪼뺏쪼뺏하더라구요. 그런데 준형이는 (머리 쪽을 가리키며) 좀 여기가 컸어요, 여기가 부었었어요, 아이가 올라왔을 때는. 여기가 부었었는데 그 부은 얼굴이 준형이하고 비슷했던 거예요. 그래서 거기서 모든 걸 올 스톱, 올

스톱하고…. 근데 어떻게 될지 몰라서 집에 가서 중무장을 하고 나가야 될 거 아니에요. 옷 가지고 바로 내려갔죠.

면담자　　그리고 이제 원석이네는 올라오고, 이렇게 된 거네요.

준형 아빠　　네, 그래서 원석이네하고 좀 오해들도 있었어요. 뭐냐면, 사진 같은 거, 지갑 같은 거, 원석이 엄마는 우리가 어떻게 한 줄 아는데 우리가 그거 할 필요가 없잖아요. 다 병원에 맡기고 왔을 때, 그거밖에 없는데 챙길 여력도 없죠. 근데 그 부분에 대해서는 솔직히 미안하게, 정말 미안하게 생각하는데, 그 당시에는 또 어떤 경우가 있었냐면 빨리 올라오신 부모 중에 벌써 장례를 끝내신 부모들도 있었어요. 근데 저는 장례를 안 치렀어요. 이건 분명히 애들이 나를 말린 거일 거예요. 그러니까 아버지들 한 열다섯 분 모셔놓고 회의를 하는데 "장례 지내시려면 지내시라"고, "나는 안 지낸다"고, "나는 8반 애들이 아무도 안 올라와서 안 지낼 거"라고 그랬더니, 우재가 올라왔고 또 누가 올라왔더라[고요]. 거길 가서 "아, 내가 먼저 올라왔으니 나도 이제 지내야겠다", 그게 이제 일주일째, 6일째예요. 그랬는데 이제 그렇게 딱 터져버린 거예요. 그래서 다시 내려간 거죠, 20일. 5일째네요, 5일째.

　22일 날 저녁에 가서 다시 내 거 DNA 하고 그렇게 내려갔는데, 어떻게 느껴졌냐면 그 카니발 거리 있잖아요, 카니발 할 때. 이건 뭐 내가, 내가 거기 있을 때만 해도 거기 전쟁터였는데, 어? 다시 내려가? 내가 정말 군대 두 번 가는 것도 아니고, 죽은 자식 만나, 데리러 다시 가는 건데 뭐 눈물도 안 나요, 그때는 정말. 근데 내려갔는데 딱 첫 느낌이 '카니발 거리야? 여기 왜 이래?' [하는 거였어요]. 기자들 막 웃고, 유가족들은 그냥 고개 푹 숙이고 댕기고, 그저 멍하니 저것만 쳐다보고 있고, 도대체 정보가 없는 거예요, 정보가. 뭘 어떻게 할 건지 또 어디서 작업을 할 건지 정보가 없는 거예요. 첫날은 그냥 그렇게 밤이 지나갔어요. 밤을 꼴딱 샜어요.

그리고 두 번째 날 23일이죠. 순범이 엄마가 10시에 진도 근처에서 하는 범대본[세월호 범정부사고대책본부] 회의를 갔다 오더니 욕을 하고 난리가 났어요, "저 새끼들 생각도 없고, 할 생각도 없고, 그냥 맨 저기 TV에 나온 대로만 한다"고. 그래서 나하고 8반 건우, 임건우 아빠하고 하여간 높은 놈이 왔다고 그러길래 상황실로 들어갔어요. 들어가서 "지금 상황이 어떻게 되는 거냐. 좀 알려달라"[고 했더니] 얘기를 안 해준다는 거예요, 한꺼번에 모여서 브리핑을 해주겠대. "무슨 말도 안 되는 소리 하고 있냐. 내 새끼가 지금 물속에 있다"고, "어떻게된 거냐"고 그랬더니 "모르겠다"는 거예요. 그 최상환 차장, 해경 본[청] 차장인데, 그래서 뭐 생각할 것도 없어요, 바로 멱살부터 잡았어요. 이제 건우 아빠 그러니까 그때 막 정보관들 달려들고 난리가 난 거죠, 거기서. 거기서 팽목항 그 난리가 난 게 거기가 시작이에요. 그래서 그 전에도 왔는데 뒤잡이질을 하다가 뒤로 도망을 갔다는 거예요. 근데 이제 잡고 있고, 내 여동생들 오고 엄마들 쏟아져 들어오고, 경찰 정보관들 저기서 막고 있고 그러고 했는데, 뒤로 나오는 거 끄집어 댕겨가지고 "너, 이 개새끼 죽여버린다"고 하면서 같이 죽자고, 저쪽 그 앞에 상황실 바로 앞에 있는 천막으로 간 거예요, 거기 우리 가족들 설명해 주던 데. 근데 이제 얘를, 얘를 죽이는 거는 쉬운데 내 새끼 찾아오는 거는 어렵[게 되잖아요]. 지금 그게 더 급하잖아요. "얘를 죽이면 안 된다"고 해놓고, 아빠들이 둘러싸면 진짜 때려죽이게 생겼어요. 그래서 엄마들이 좀 둘러싸라고, "거기 엄마들이 좀 둘러싸 주시고 그 주위를 아빠들이 둘러싸 주세요, 그럼 애 빠져나가지 못할 테니까".

그래 놓고 그 뒤에 해수부 장관하고 해경 본청장이 온다고 하더라고. "넌 여기 있어, 아무튼. 오면 할 테니까" 그랬더니 왔어. 와가지고 "문 열으라"고, "나오라고 당신들", 그러니까 안 나온대. 그래서 "문 부셔버린다"고, 그때 지금 인양분과장인 동수 아빠하고 나하고 막 그 문 부수려고 내려치고 그러니까 이주영 해수부 장관이 "5분만 있다가 가겠다"고 [하더라구요]. "모가지 잡혀서 끌려 나오기 싫으면 빨리 나오라"고, "5분 내가 주겠다"고 [했지요]. 정말 5분 기다렸다가 데려다가 거기다 앉혔어요. 그래서 최상환 차장, 이주영 [해수부] 장관, 해경 본청장[김석균], 이주영 장관이었나? 아무튼 이런 순서로 앉아가지고 엄마들이 둘러쌌어요, 그리고 아빠들이 둘러싸고. 그러고 이제 묻기 시작한 거죠.

그때 나온 게 뭐였냐면 "잠수하는 잠수부들 숫자 여덟 명밖에 안 된다", 그리고 "하루에 네 번밖에 잠수를 못 한다. 네 번도 운이 좋아야 잠수가 가능하다. 물때가 있다", 그리고 "잠수 바지를 바꾸고 있으니" 그래서, 그때가 뭐냐면 소조기 때여 가지고 최대의 구출 작전이 일어나네 어쩌네 연합뉴스에서 떠들고 있을 때였어요. 이런 것들이 나오는 거예요, 우리가 모르는 사실들이. 그런데 물때이긴 했다는 거예요, 자기네들이. 아니 우리도 물때 얘기는 들었지. 그런데 우리가 몇 노트인지 그런 걸 어떻게 아냐고, 부모들이. 그런데 잠수는 1노트 이상 되면 들어가면 안 되는 거래요. 그러냐고, 그걸 알려줬어야지, 그런 걸 안 알려줬거든요. 그래서 그때 아무튼 "잠수사들 와서 지금 어떻게 되고 있는지 설명하라" 그래서 잠수사들이 직접 설명하고, "아니 여러분들 가서 우리 애들 빨리 구해달라"고 그 사람들 박수 쳐서 보내주고.

그다음에 해군, 해군은 그때 '노컷뉴스'에선가 아니, 아니 그때 '고발뉴스'에서인가 찍고 있었어요. 현역 군인은 찍으면 안 된다고, 카메라 내리라고 해서 "군인 여러분 빨리 가서 애들 좀 구해달라"고 박수치면서 보내줬어요. 그 대신 "장관이랑 여기 있어야 된다"고 그랬더니 본청장이 자기도 "저기 가야 자기도 할 수 있다"고 그래서 "너 확실하냐"[고 물으니까] 맞대. 근데 그때 이제 무전기가, 무전이 날라오잖아요. 근데 "우리[한테] 무전기 내놔라" 그랬더니 "무전기 못 주겠다"는 거예요. "그러면 이 실시간으로 이걸 어떻게 듣냐. 우리 실시간으로 들어야겠다" 그랬더니 "상황실을 만들어주겠다"고 하더라고. "오케이, 알았다" [했지요].

근데 그사이에 뭔 일이 있었냐면 이제 한창 질문하고 엄마들 물병 던지고, 엄마들 급하니까 물병 던지고 그럴 때 저쪽에서 저는 TV 카메라에 안 잡혀요, 꼭 카메라 뒤에 있었었기 때문에. 근데 거기서 이제 마이크 잡고 그날 마이크 잡고 하던 게 우리 막내 여동생이에요. 여동생인데, 저기서 보니까 정복 입은 경찰들이 떼거지로 오는 거예요. 딱 보니까 빼낼라고 [하는 것 같더라고요]. 얘기했죠, "야, 경찰들 떼거지로 온다. 얘네 구출 작전 하려나 보다" 그러고, 해수부 장관한테 마이크 들이대는 거예요. "경찰, 우리 지금 당신들하고 대화하고 있는 거 아니냐"고, "우리가 지금 당신들 억압하고 억류하고 있는 거냐"고 그랬더니 이주영 장관이 "우리 지금 대화하고 있는 중입니다. 자, 경찰 병력 여러분, 뒤로 빠지세요" [하더라고요]. 그때 깜짝 놀랐어요. 난 아빠들인 줄 알았어, 엄마들 주위를 싸고 있는 게. 아빠들 몇 명 없어요, 전부 정보관들. 정보관이 그렇게 많은지 몰랐어요. 그니까 여태까지 우리가 '아, 이 사람어 그러니까 뭐 일반인 유가족이라든지 유가족이구나' 이렇게 생각했지 절대 경찰이라고 생각 안 했던 사람들이 다 경찰이야, 거기 있는 사람들이. 그래서 그 사람들 쫙 빠지는 거야. 오잉? 지키는 사람이, 지키는 사람보다 빠지는 사람들이 더 많다니까. 야, 진짜 그거 안 했으면 구출 작전 끝났어요. 근데 그렇게 해가지고 밖으로 하나도 안 나왔잖아.

그래서 그때 뭐라고 했냐면 "너네 모든 매스컴 다 빼라"고, 그때 팽목항에 노란 선 쳐진 데가 있었거든요, "그거 넘어오면, 넘어오면 너네 죽여버릴 거다"라고 그랬더니 그다음부터는 개네가 자원봉사인 척 와가지고 우리가 얘기하고 있으면 여기서 카톡 치는 거야, 우리 얘기들. 그렇게 해가지고 상황실을 만들고 상황실에서 하루 두 번 브리핑하고, 아침, 저녁 브리핑하게 하고, 그다음에 몇 번 라인에서 어디로, 어디로 잠수하고 있고 이런 거 다 거기 적게, 상황 벽을 하나 두게 했어요. 그렇게 해가지고 그게 되니까, 하루에 물때가 네 번인 게 나오니까, 사람들이 부모들이 그때서야 좀 쉬어요. 그 전에는 그걸 모르니까 계속 화이트보드만 바라보고 있는 거야, 왜냐면 언제 붙일지 모르니까. 그러면 인상착의 보고 '아, 비슷하네' 그러면 가서 들쳐봐야 되니까, 애들 나오면. 근데 이게 이제 된다고, 시간이 언제, 언제, 언제 물때 시간표랑 다 나오니까. 그제서야 부모들이 조금 그러니까 마음 놓고 쉬는 건 아니겠지만 조금 한두 시간이라도 눈을 붙일 수가 있는 거예요. 그 전까지만 해도 눈 못 붙였다니까, 왜냐면 화이트보드에 언제 붙일 줄 아냐고.

면담자 정보관들 얘기하셔서 확인차 여쭙는데, 그러면 정보관들이 많이 섞여 있고 심지어는 기자들도 자원봉사자처럼 섞여 있고 이러면, 가족을 식별할 필요가 있었을 텐데 명찰을 단다든지 하는 건 언제부터 하셨습니까?

준형 아빠 그게 18일부터 시작했을 거예요. 18일부터 했는데, 그래도 안 돼서 20일경부터 하기 시작했고, 그때 뭐 가족들 조끼도 따로 맞춰 입고 했었어요. 했는데, 과연 가족이라는 게 법률상 가족은 직계손밖에 법률상 가족이 아니에요. 삼촌이나 고모는 가족인가요? 아닌가요? 가족이잖아요, 우리가 알기로는. 법률상 말고 우리가 알기로는, 통념적으로 알기로는 가족이잖아요. 가족인데 빼자니 [그렇고] 또 넣자니 그렇고 이랬거든요, 이런 그 저기가 있어요. 아무튼 그래도 가족이 "내 가족, 내 동생이야" 그러면 "아 삼촌이구나" 했는데, 더 웃긴 건 뭐냐면 23일부터 우리가 "바지선에 우리가 직접 가겠다. 가서 지켜보겠다" [하고] 바지선에 갔어요. 그때 들어가기 시작했어요, 교대로. 순번 짜고 들어가기 시작했는데, 아니 분명히 자기가 누구 삼촌이라 그랬어. 들어갔는데 아니, 2시간 만에 나오는 거야. "어, 이 자식이 왜 나왔어", "아니 삼촌 왜 나왔어?" 그랬더니 아니 파도가 너무 무서워서 못 견디고 나왔대. 그래서 내가 거기 매제를 보냈거든요, 여동생 남편을. "야, 파도 세다 그러더라" [하니까] "아니, 견딜 만해요, 좀 세긴 한데. 그래도 작업하는 거 봐야죠" [하는 거예요]. 얘는, 얘가 삼촌이 아니었던 거야. 얘도 정보관이었던 거야. 그러니 많이 섞였어요, 그런 인간들이. 사칭하는 인간들도 있었고, 그리고 사기꾼들 얼마나 많았는데요. 1인당 1억씩 주면 찾아주겠다고 하는 파렴치한 잠수사 새끼들도 있었고.

12

준형이를 한 번에 못 알아본 것이 원동력

면담자　나중에 빛나라 아빠가 대표가 돼서 팽목 때부터 이미 일종의 가족들을 대표하는 사람들이 모이기 시작했잖습니까. 그게 언제부터로 기억하시나요?

준형 아빠　저하고 엇갈렸어요. 제가 22일 날 내려갔잖아요. 근데 빛나라 아빠가 22일 날인가 올라왔을 거예요. 22일인가 23일에 올라왔어요. 22일 날일 거예요, 아마. 그래서 엇갈렸어요. 근데 안산에서, 안산에 있을 때 뭘 했냐면 합동분향소를, 임시 합동분향소를 만든 거예요. 아까 말씀드렸다시피 너무 많이 오니까, 준형이를 아는 사람인지 모르겠는데 그냥 일반 시민들이 막 오니까, 그래서 합동분향, 한 10명 이상 되니까 안산시에다가 요구를 했죠, "분향소를 만들어라". 근데 이게 3일, 4일, 5일 지나니까 이 애들 감당이 안 되겠는 거예요. 그래서 "빨리 올림픽기념관에 분향소 만들고, 여기 화랑유원지 분향소 준비해라. 팽목이나 진도체육관에 있는 분들 올라오시면 이거 좁다", 안산시에 그때 그거까지 준비시키고 제가 내려간 거예요. 그래 가지고 그때 회의하고 했던 거를 누굴 줬냐면, 그래서 오현이가 나한테 맨날 그래요 궁시렁궁시렁 하는데, 내가 오현이를 줬거든, "니가 맡아서 하고 있어. 나가서 준형이 찾아가지고 올게" [하고]. 그때까지 창현이 외삼촌, 그다음에 주아 큰할아버지, 그리고 저 이렇게 모여가 지고 우선 이걸 돌리고 있고, 뭐냐 대표를 뽑아야 되니 어쩌니 해서 "아니, 대표가 뭔 필요가 있냐" 했는데 갑자기 내가 대표였어요. "근데 지금 팽목에서 올라오신 분들이 계시면 그분들이 대표하는 게 맞다, 나는 아무것도 모르는데 대표해 봐야 뭔 소용이 있냐. 여기, 여기만 준비해 놓고 있을 뿐이다" 그러고 했는데, 제가 말한 대로 준비해 놓 고 내려간 거예요, 내가. 내려가 가지고 이제 그분들이 올라와서 1기 집행부가 된 거죠.

　　그랬는데 제가 이제 준형이를 30, 4월 30일 날 찾아요. 준형이가 올라와요, 5월 1일 날 올라왔는데, 그사이에 별, 아무튼 별일이 다 있 었죠. 다이빙 벨 뭐 말도 안 되는 다이빙 벨, 이상호 우리한테 거짓말 다 시키고…. 이상호가 다이빙 벨을 우리한테 어떻게 소개한지 아세 요? 다이빙 벨을 수중 엘리베이터식으로 설명을 한 거예요, "고정시 키고 쭉 내려갔다가 올라오니 그러면 물살의 영향을 안 받는 거 아니 냐". 그걸 나중에 봤더니 여기다 추를 매달은 거야. 그러더니 물에다 가 첨벙첨벙하는 거야. 〈비공개〉 다이빙 벨에 대해서 할 얘기 많은데, 지금 우선은 다이빙 벨이 세월호 진실 알리는 데 이바지한 면도 있고 해서 내가 얘기를 안 [하는 거예요]. 〈비공개〉

면담자　　　팽목에 다시 내려가셔서 일주일간 있으실 때, 잠은 진 도체육관에서 주무셨어요? (준형 아빠 : 아니요) 계속 팽목에만 계셨 어요?

준형 아빠　　　우리는 잠도 거의 안 잤지만요. 그 뭐라고 말씀드려야 돼요? 애는 바닷속에 있는데 내가 건물에 들어가서 잠을 잘 수 있[어야죠. 쉬어? 이거는 있을 수 없는 일이에요. 그래서 한때 이렇게 좀 나뉘었어요, 체육관파, 팽목항파. 근데 정말 우연의 일치로 다 찾은 사람은 있잖아요, 팽목항에 있던 사람들이 다 찾았어요. 나중에 은화네, 다윤이네 팽목항 내려왔죠. 늦게나마 찾았어요. 안 내려온 사람들은 못 찾았어요. 뭐 이게 미신 같은데, 우리가 그랬어요. "부모들 고생한 만큼, 싸운 만큼 애들 빨리 데려간다"고, 그런 얘기까지 했었어요, "지랄 떨면 애들이 빨리 나온다"고.

면담자   그러면 이제 23일 날 빛나라 아빠가 올라왔다고 보고, 그때 또 한 10여 명 정도가 같이 팀이 되어서 움직이지 않았습니까?

준형 아빠   그들이 팀이었죠. 그들의 팀이었죠.

면담자   근데 그분들이 그 무렵에 많이 올라오시죠, 안산으로. 그러면 이제 준형 아버님 계셨던 그 일주일간은, 사실은 기존에 운영하셨던 분들 말고 이제 다른 분들이 어쨌든 가족들의 의견을 모으기도 하고 대표성을 가지고 해경이랑 이야기를 하기도 해야 됐을 테니까, 그런 상황에 대해서 경험하신 거를 조금 더 말씀해 주시면 좋을 거 같습니다.

준형 아빠   우선은 빛나라 아빠를 본 게 4월 17일, 그때 이제 페이스북에 뭐가 떴다고 하면서 읽고, 근데 그게 완전히 루머였거든요. 뭐 "저는 누구고 어디 식당 칸에 있는데 누구누구가 어디 몇 반, 몇 번 어디 살아 있고……". 내가 봐도 그거는 있을 수 없는 일이거든요. 어떻게 거기서 그걸 다 해서 올리냐구요. 그런데 그걸 이제 읽고 있는 거예요. 그래서 내가 그때 빛나라 아빠를 맨 처음 봤어요. 봤는데 내가 그 자리에서, 17일 날 그 자리에서 그랬어요. "이거 거짓말이다. 누가 장난치는 거다. 생각해 봐라. 그 깜깜한 배 속에서, 물속에서 지금 애들 손 벌벌 떨 텐데, 살아 있어도 어떻게 이걸 하느냐. 이게 가능하겠냐" 했더니, 그때는 부모들이 팽목항, 부모들이 믿었죠. 그 내막을 믿었죠. 그래 가지고 "빨리 들어가 봐야 한다. 우리 작업 하는지 안 하는지" 그랬는데….

그 뒤에 이제 준형이를 찾고 올라왔더니 집행부가 구성이 되어 있더라구요, 벌써. 그런가 보다 했죠. 뭐냐면 초반에는 좀 피해 댕겼어요. 왜냐면 아무리 그래도 그렇지, 제가 자식 일이라도 해수부 장관 모가지를 끌어내렸는데 잘못하면 여러 사람들 많이 다치게 생겼더라구. 그거 그렇잖아요. 해경 본청장이랑 저거를 했는데 내가 전면에 나서서 잘못하면…, 그래서 내가 뒤로 빠져 있었어요, 많이. 그런데 진도에서 애들 올라오고 그때는 정신이 없었죠.

근데 이제 삼우제 끝나고 준형이, 준형이 얘기를 더 하자면, 좀 더 하자면 준형이는 장례를 치렀단 말이에요, 아무튼 맨 마지막은 못 해서 그렇지. 그래서 저는 준형이 올라오면 장례 안 치른다고 그랬어요. 그랬더니 성당에서 "그럴 순 없다"고 "하룻밤이라도 치러야 된다" 그래서, 거기서 장례식을 한 거예요. 그래서 준형이가 성당에 가지고 이제 그거 뭐야 저거[복사복] 입고 입히고, 그리고 제가 연화장으로 갔거든요. 그래서 이런 말씀드리기, 이런 말하기 좀 미안, 뭐라 그러지, 미안한 것도 아니고 좀 이상한 게 뭐냐면, 내가 원석이한테는 최고로 다 해줬거든요, 그때는. 준형이한테는 오히려 싼 거 해줬어요. 그리고 준형이는 장례도 제대로 못 치렀어요. 근데 이것 때문에 제가 아직까지 이걸 하고 있는 거예요, 이게 너무 미안해서, 자식 얼굴 못 알아본게. 준형이가 207번이에요, 올라온 게 207번째예요. 근데 208번이 준형이의 저기[특징]하고 비슷했어요. 그래서 208번을 보고 207번을 안본 거예요, 또. 그랬더니 전화가 온 거예요, "준형이 나왔다"고. "몇 번이냐" 그랬더니 "207번"이라고. 참, 참 내가 생각해도 내가 참 어이가 없는 게 뭐냐면 자식을, 자식을 우선 못 알아봤다는 게 어이가 없고, 두 번째는 나왔는데도 못 찾은 거야, 나왔는데도. 그래서 그게 억울해서 일을 계속하게 되는 원동력 중의 하나였고…. 〈비공개〉

면담자   준형이 처음에 올라와서, 그 당시에는 안치소로 먼저 와서 확인하고, 확인이 되면 그다음에 안산까지 올라오지 않습니까. 그 안치소에서 안산까지 올라오는 과정에 대해서만 좀 추가로 말씀 부탁드리겠습니다.

준형 아빠   안치소로 가 아이를 직접 확인할 수도 있구요, 그다음에 화면으로 확인할 수도 있고, 찍은 사진으로. 그런데 뭐냐 12시가 넘으면 확인을 안 시켜줘요. 그래서 그다음 날 5월 1일 날 확인을 하는데 준형이가 맞아요. 그때 DNA 검사도 다 끝났고, 근데 많이 상했어요, 준형이가. 그래서 다른 식구들 안 보여줬어요. 이만큼만 보여줬어요, 준형이를. 너무 많이 다쳤더라구요. 제가 보기에는 크게 부딪친거 같아요. 그래서 여기가 부러졌어요. 그리고 앞 이빨이 다 나가서 없어졌고, 준형이 저기 다 맞더라구요, 맞고, 그때 서류 보니까 준형이 맞아요, 그래서 사인하고….

제일 가슴 아픈 게 뭔지 아세요? 가서, 가면 가입관을 시켜요, 떠나기 전에. 관을 이렇게 밀봉을 하잖아요. 거기다 나보고 이름을 쓰라는 거예요. '장준형' 이름을 쓰라는 거예요. 근데 그때는 항의할 뭐 그것도 없구요. 생각도, 아예 생각도 안 나구요. 그냥 그 이름 쓰고 앰뷸런스로 진도체육관에 와서 헬기로 왔어요. 헬기로 와서 안산에서 고대병원 영안실에다가 데려다 놓고 거기서 그냥 "나 다음 날 장례 치르겠소" 얘기를 했죠. 그랬더니 "아니, 빈소를 마련하지" 그래요. "빈소 마련하는 거, 두 번 마련하는 거 솔직히 좀 애한테 미안하고 또 그러는 것도 아닌 거 같다"고 [했어요]. 그리고 그렇게 해서 데리고 올라왔는데, 정말 잔인한 새끼들이 뭐냐면, 그러니까 확인 다 하고 지네가 거기다 이름 써도 되잖아요. 꼭 내가 써야 된다는 거예요. 그래서 올라와서 이거 정말 한이 돼가지고 몇몇 부모들한테 물어봤어요, 부모들한테. "너는 이름이라도 썼다. 야, 나는 번호 썼어" 하는 부모도 있어요. 100번대 부모는 "나는 번호 썼다. 나도 지금 그게 한이 된다" 그런 부모도 있어요. 도대체 왜 그래야 되는지 모르겠어요. 그게 누구의 머리에서 나온 건지는 모르겠지만, 그게 이게 바뀌지 않았다는 걸 확인하기 위한 절차겠지만, 그건 정말 우리한테는……

그래서 올라와서 정말 그때 내가 많이 하는 얘기 중의 하나가, 내가 정말 살면서 나쁜 짓을 많이 짓구요, 내가 지옥에 가잖아요, 그러면 나는 다시 거기 가 있을 거예요, 팽목항에. 거기가 나한테는 지옥이에요. 올라올 때 나 축하한다는 말 듣고 올라왔어요. 내 새끼를 살려서 데리고 간 것도 아니구요. 그리고 온전히 데리고 있는 것도 아니구요. 그 처참한 몰골을 데리고 올라오는데 축하한다고, 나는 남아 있는 가족들한테, 그러니까 그때는 8반 건우네도 안 올라왔지, 동수네도 안 올라왔지, 민경이네도 안 올라왔지, 그다음에 찬호네도 안 올라왔지…, 미안하다 하고 올라왔어요. 내가 그 사람한테 미안할 게 하나도 없는 거잖아요. 근데 미안해서 발길이 안 떨어졌어요. 그리고 잊어먹지도 않는 게, 앰뷸런스에 내가 못 타고 내 여동생을 태우고, 나는 그러니까 교육공무원인가가 누구 하나가 자기 자가용으로 여기까지 진도체육 관까지 오는데, 그때서야 진도 풍광이 보이는 거예요. 그 전까지는 진도에 가 있는지 뭐 진도가 어떻게 생겼는지도 모르겠구요. 그때서야 이제 진도의 풍광이, 어떻게 보면 이게 쪼끄마한 구멍으로 저 앞에만 보고 있다가 쫙 넓어진 느낌 있잖아요. 그때부터 그렇게 되더라구요.

　근데 헬기 타고 올라와서 아이 저 영안실에 넣어놓고 그다음에 성당에서 하는 장례미사 참석하고, 그다음 날 성당까지 데려가서 거기서 진짜 장례미사를 치렀죠. 그때 신부님 네 분이 오셨어요. 그리고 노중호 신부님이 되게 많이 우시고, 그다음에 우리를 입교시킨 신부님도 오셨어요, 많이 우시고. 근데 그렇게 해서 이제 준형이를 연화장에 [데리고] 가서 한 줌 재가 됐잖아요. 재가 돼서 이렇게, 이렇게 유골함을 어떻게 이렇게 들고 가게끔 만들어놨더라고. 정말 뜨거운데 아이 체온 같더라구요. 이거를 안고 서호까지 갔어요, 제가 안고 꼭 안고, 한 번도 안 놓치고. 갈 때 다짐을 한 거죠, '정말 너 이렇게 만든 놈들 아빠가 어떻게 되든지 찾아낼 테니까, 미안하다'고, '얘들, 동생들 뒷바라지한 다음에 너한테 가서 뒷바라지마저 해줄 거'라고. 정말 아쉽더라구요. 그 좁은 유리방에다가 넣는데, 내 아들이 176센티미터인데 저 50센티미터도 안 되는 저 안에 참, 정말 죽겠더라구요.

면담자　　　연화장에서 준형이 육신을 보낸 거죠. 그리고 그 육신의 마지막 체온을 유골함을 통해서 느끼신 건데, 장례를 끝내고 준형이가 이렇게 같이 있는 느낌이 강하셨어요, 아니면 좀 떠나보낸다는 느낌이 강하셨어요?

준형 아빠   항상 같이 있다고 생각을 해요. 지금도 어디 가서 뛰어놀고 있든지 뭘 하든지 하더라도 항상 집, 저녁 들어올 때쯤 되면 들어온다고 생각을 하고, 같이 산다고 생각을 해요. 근데 그러더라구요 남들은, 다른 부모들은 아이 거 간직하고, 근데 저는 우리 아이를 입혀 보낸 게 복사복 하나만 입혀 보내서 난 좀 틀리게 생각을 했어요. 좀 옛날, 옛날 사람 같은 생각인지는 몰라도, '옷 많이 태워서 보내줘야 위에서도 자주 갈아입지' 해가지고 나는, 저는 많이 태웠어요, 얘 꺼, 태워가지고 보내줬고…. 그 부분에 대해서 후회하고 이런 건 없는데, 그런 거죠. 그런 거 많이 했고 보낼 때 쉽지가 않았어요.

그런데 보내고 나서 준형이 생각을 하면 할수록 팽목항이 생각이 더 나는 거예요. 그래서 팽목항 내려간 거예요. 갔는데, 정말 한 명 한 명 올라올 때마다 내 새끼 찾는 느낌으로 계속 팽목항에 있었던 거죠, 올라왔다 내려갔다 하면서. 그래서 진도 쪽에, 그쪽 거는 제가 좀 많이 아는데, 이제 진도 쪽에 오래 있다 보니까 이쪽에서의 투쟁, 그때 2014년도의 투쟁은 제가 많이 못 했죠. 그러다가 이제 2015년도에 인양 건 되고 하면서 준비를 많이 했죠. 준비를 많이 했고 싸움도 많이 했구요. 그리고 2014년도, 2014년도에 정말 후회되는 게 뭐였냐면 딱한 가지예요. 인양이라는 그거를 우리가 못 들은 거예요. 저 뭐냐 해수부 장관한테 "인양하겠다"는 약속을 받았어야 했는데 그 농간에 놀아났죠, 거의 이 인간들 농간에.

13
마무리

면담자   이제 2차 구술에서, 오늘 말씀해 주신 준형이 장례를 끝내고 진도에 내려가 계셨을 때부터, 진도 철수가 공식적으로 11월이니까, 그 11월까지의 이야기, 그리고 주로 진상규명분과장 맡으신 이후의 이야기를 듣도록 하겠습니다. 오늘 시간을 엄청 길게 했어요. 제가 좀 죄송스러운데 너무너무 감사드리고 (준형 아빠 : 아니, 아니에요) 오늘 구술은 마무리하려고 합니다. 혹시 준형이 장례 이전의 과정에 대해서 꼭 덧붙이고 싶은 말씀이 있으면 마지막으로 한 말씀 부탁드리겠습니다.

준형 아빠   순수하게 부모로서 정부가 과연 우리한테 어떻게 했어야 될 건지를 생각을 해봤어요. 순수하게 그냥 내가 아이를 기른 부모로서, 정부가 과연 우리한테 어떻게, 어떤 식의, 어떤 식으로 대해야 될지, 또 어떤 식의 대우를 해야 될지 이런 거를 좀 생각을 해봤는데, 정부라면, 그러니까 어떠한 책임을 지고 있는 사람이라면 그 책임에 대해서 자기 목숨을 걸 만큼, 그러니까 우리가 부모들이 반발하고 반대하고 막 살인 이런 표현을 쓴다고 하더라도, 아닌 건 아니고 또 똑바로 얘기할 건 똑바로 얘기하고 또 정보를 줄 건 주고, 이게 과연 정부가 아닐까···. 우리가 그때 왜 그렇게 혼란스러웠고 그런 일련의 사태들, 그다음에 부모들끼리 믿지 못하고 이런 것들이 도대체 과연 정부에서 공작으로만 이루어진 것인가···. 근데 그게 아니거든요. 가족들끼리 못 믿는 거는 어떻게 공작으로만 이루어졌겠어요. 그건 가족들끼리도 불신이 있었다는 얘긴데, 그렇다면 가족들이 결정 못 낼 문제 같으면 정부에서 결정을 내려서 가족들한테 따라달라고 이야기를 해줘야죠. 나중에 이제 2차 구술 때도 말씀드리겠지만 몇 군데 그 저기가 있어요, 정부에서 결정을 내렸어야 할 부분들이. 근데 그 부분들을 안 냈다는 거예요, 정부에서.

첫 번째가 그 배를 [크레인으로] 잡았어야 돼요. 잡자고 했거든요, 근데 안 잡고…. 그 에어포켓이라는 허망한, 말도 안 되는…, 그 배는 에어포켓이 존재할 수 없는 배예요. 근데 그 에어포켓이라는 허망한 희망을 심어주면서 그걸 안 잡은 거예요. 근데 거기서는 잡자는 얘기가 더 많았어요, 그 당일 회의에서. 왜냐면 그 배를 잡을 수, 잡고 있으면 그게 큰 힘이 필요하지 않아요, 잡고만 있는 건, 완전히 가라앉지 않게. 근데 그 당시에 크레인들도 출동을 했고, 잡고 있었으면 뭐 역사의 이프(if)는 불가능하지만. 근데 이제 정부에서 결단해서 할 부분들이 몇 가지 있다고 말씀드렸잖아요. 그중의 한 가지가 준형이, 그러니까 수습되기 전 가장 중요한 결정을 할 수 있는 자리가 거기였어요. 구조, 자기네 구조 실패라고 하지만, 구조 안 한 거고 그건 자명한 사실인데, 한 가지 더 구조를 안 했으면 수습이라도 빨리해야 되는데 그 수습을 빨리할 수 있는 방법을, 방법도 이게 정부에서 준비하지 않았다는 거죠. 그랬다면, 그 배만 잡고 있었다면, 지금 세월호가 저렇게 저 모양 저 꼴로 저렇게 오랜 기간 저렇게 오래 있을 필요가 없었다는 거죠. 그런, 그러니까 책임감 있는 사람이 누구 하나가 "해야 됩니다. 합시다" 할 수 있는 사람이 정부에는 없었다는 거죠. 지금 정부도 과연 있을까 싶어요.

준형 아빠 장훈

면담자　　　지금 얘기는 상당히 중요한 말씀을 해주신 거 같은데, 그러면 시점으로 봐서는 17일 날 (준형 아빠 : 17일. 잡았어야 해) 의사결정을 하고…….

준형 아빠　　　16일 날 의사결정 회의가 있었어요. 16일 당일에 해양회의가 있었어요, 16일 당일에. 그때 5분 만에 회의가 끝났어요. 청와대에서 전화가 와서, 최 사무관한테 아니 아니다, 저 그때 김석균한테 전화가 와서. 근데 그 회의에서 나온 주제가 뭐였냐면 "저 배 잡자"였어요. 근데 안 잡은 거예요. 안 잡고 에어포켓 있네, 어쩌네 하면서….

면담자　　　그 회의는 해경 주최 회의였고, 유가족들은 회의의 내용을 뒤에 (준형 아빠 : 뒤에 알았죠) 관계자들로부터 전해 들은 그런 내용이겠습니다?

준형 아빠　　　그렇죠. 가장 중요한 시점이에요, 그때가. 그러니까 수습, 수습을 원활하게, 수습을 원활하게라는 말도 이상한데, 수습을 잘하기 위해서는 그때 잡았어야 해요. 근데 그 시점을 놓쳐버린 거예요. 그니까 이 세월호 참사를 보면 시점 놓친 때가 상당히 많아요. 근데 그 시점 놓친 때가 뭐냐면 누구 하나 책임을 지고 결정을 내릴 수 있는 구조가 아니라는 거예요.

면담자　　　지금 말씀은 그러니까 떠 있는 부분을 크레인으로 잡고, 그다음에 가라앉은 부분을 그 이후에 다시 와이어 같은 걸로 잡아서 이제 부력이 작동하니까 수면으로 올려놓고 그 상태에서 아이들을 찾아서 수습을 했으면 (준형 아빠 : 배를 돌려놓을 수도 있어요) 돌릴 수 있겠죠, 물속이니까. 그럼 인양 시간이나 이런 것들이 훨씬 더 빨라질 수 있었고….

준형 아빠 아니, 동거차도 쪽으로 더 붙었으면, 얕은 데로 붙었으면 배 세워놓고, 물 위에다가 띄워놓을 수도 있었다구요. 근데 그걸…….

면담자 유가족들이 그런 걸 주장할 수 있는 상황은 아니었겠죠.

준형 아빠 아니요, 했어요, 배 잡으라고. 화면 보면서 해경들한테 했다구요. (면담자 : 17일 날) 16일 날부터 저 배 잡으라고. 근데 아무도 듣지 않았죠. 그런 결정 사항, 그러니까 과연 그걸 누가 결정을 해야 될까요. 저도 잘 모르겠지만, 아니 뭐 서해청장이 됐든 부청장이 됐든 "내가 옷 벗을 각오할게, 잡자. 잡으면 저기, 확률이 더 높다" 이런 얘기 정도는 나왔어야지.

면담자 그때 그렇게 하지 않은 이유는 유가족, 아니 실종자 가족들이 "배 안에 남아 있는 아이들이 손상될 수 있다"고 한, 그런 이유였습니까?

준형 아빠 두 의견이 있었어요. 한 의견은 뭐냐면 배를 잡자고 했을 때 잡자는 쪽하고 잡지 말자는 쪽이 있었는데, 잡지 말자는 쪽은 뭐였냐면 "에어포켓, 에어포켓이 흔들릴 수 있다, 배를 잡으면". 근데 말도 안 되는 소리예요. 이것도 잘못 알려진 건데 아무튼 그래서 잡지 말자는 쪽도 있었어요. 그럼 결단을 내려야죠. 어느 게 더 효율적이고 어느 게 더 현실적인지 결단을 내려야죠. 그리고 위급한 상황인데 그러면 과연 정부는 뭘 해야 되는 거냐, 그런 상황이 생겼을 때. 우리 유가족들한테 제대로 된 정보도 주지 않고, 가족들한테 사고 당사자들한테…, 당사자들한테 매스컴은 달라들고 있는데 그걸 막아줄 생각도 안 하고 있고…. 배는 그러고 있는데 빨리 조치를 취해야 되는데, 그럼 그 조치라는 게 도대체 잠수해 가지고 가서 창문 두드려보는 게 조치냐? 그게 아니라는 거죠.

정작 중요한 조치는 배를 잡았어야 하는 건데 그 잡자는 이야기들이 많았었어요, 당시에. 많았었는데도 그게 무시가 되어버린 거죠. 그래 가지고 에어포켓, 에어포켓 있다고 그 말도 안 되는, 경운기 같은 거 그 엔진 가져다 놓고 공업용 공기 집어넣고 배에, 홀랑 뒤집어지고 그렇게 해서 배가 넘어간 거예요. 배가 부력이 빠지면서 천천히 가라앉고 있었거든요. 근데 에어포켓을, 가장 불안정한 여기다가 공기를 불어넣으니까 이게 돌아버린 거야, 배가. 그러면서 배가 완전히 가라앉아 버렸죠. 그 에어포켓을, 에어를 주입하더라도 잡고 넣는 거예요, 기술적으로. 이게 기술도 없고 능력도 없고 이런 것들이 높은 데만 있어 가지고 결정은 안 내려주고….

이게 할 얘기는 아니지만 우리나라는 행시, 사시 이게 말아먹어요. 해경청장, 최연소 해경청장이었거든요. 배 한 번 안 타본 사람이에요. 행시 출신이에요, 해경 본청장이. 바다에 대해서 뭘 아냐는 말이죠. 그러면 바다에 대해서 잘 알고 있는 서해청장이나 해경차장이나 이 사람들이 보좌를 해줘야 될 거 아냐. 이 사람들마저 이 얘기를 안 하는 거야. 해경청장이 뭘 알아, 어떻게 결정할 거야. 아니 박근혜가 뭘 안다고 거기다가 에어포켓 소리를 하냐구요. 그럼 박근혜한테 누가 얘기를 해줬을 거 아냐. 박근혜한테 누가 얘기를 해줬으니까 7시간 만에 나타나서 "구명조끼 입고 있는데 그렇게 발견하기 힘드냐"고

91

I회차

그런 소리 했을 거 아니냐고. 똑같은 거지. 그런 부분들이 조목조목 눈에 보이는 거예요. 제가 진상규명분과장이라서가 아니라 정말 한 사람의 개인으로 봐도, 생각해 봐도 '야, 이때는 이래야지. 이때는 이래야지' 이런 게 눈에 보이는데 정부 차원에서는 안 보였겠냐는 거죠. 집단지성 얘기하잖아요. 근데 집단지성이 다 마비가 와버려요. 왜 그런 거에 대해서는, 그때 그 상황에 대해서는 집단지성이 발휘되는 게 아니고 집단보다 막 쇼크 먹은 것처럼 완전히 이래 버리는 거, 말이 안 되는 거죠.

가족들이, 나중에 가서 또 얘기하겠지만 가족들이 인양을 반대를 해요, 열몇 명 남았을 때. 근데 진짜 책임 있는 정부라면 그때 인양을 추진을 해야 돼요. 그렇잖아요. 자 수색해서 한 달에 한 명 찾았습니다. 인양을 하면 1년 걸립니다. 1년 걸리는데 1년 후에는 한꺼번에 다 찾을 수 있습니다. 이거를 미수습자들한테, 실종자 가족들한테 완전히 설명을 하고 인양에 들어가야죠. 인양을 준비하는 기간에도 수색은 해요. 근데 이들이 얼마나 거짓말쟁이냐면요, "인양 준비하고 수색 못 한다" 그랬어요. 그래서 인양을 반대한 거예요. 근데 이걸 결정을 내리는 게 정부의 몫이라는 거죠. 근데 정부의 몫을 하나도 안 했어요. 정부의 몫, 정부의 몫은 우리 폄하한 거, 그건 잘했죠.

면담자　　　여기까지 하겠습니다. 너무 감사드리구요. 지금 뒤에 중요한 몇 가지 이슈들이 나왔는데, 그건 2차 구술 때 상세히, 특히 진도에서 11월까지 경험하신 얘기를 하면서 인양과 관련된 것도 듣도록 하겠습니다. 감사합니다. 마치겠습니다.

2회차

2018년 10월 3일

1
시작 인사말

면담자　　　본 구술증언은 4·16 참사에 대한 참여자들의 경험과 기억을 기록으로 남김으로써 이후 진상 규명 및 역사 기술에 기여하고자 합니다. 지금부터 장훈 씨의 증언을 시작하겠습니다. 오늘은 2018년 10월 3일이며, 장소는 서울시 서대문구 명지대학교 본관 10층 세미나실입니다. 면담자는 김익한이며, 촬영자는 손정미입니다. 지난 1차 구술하시고 잘 보내셨는지요? 근황은 어떠신가요?

2
1차 구술 이후 근황

준형 아빠　　　죽을 뻔했어요, 그날 교통사고 나서. (면담자 : 아, 차 몰고 가시다가) 예, 이런 거예요. 뭐냐면 긴장이, 그 당시에 상황들을 얘기하려다 보면 더 긴장이 되어야 되는데 오히려 긴장이 풀리는, 풀릴 때가 있어요. 그러면 아휴, 졸음운전으로 해서 사고가 났었는데, 차가 튼튼하다 보니까 몸은 괜찮은데 차는 지금 공장에 들어가 있고, 병원에 가 있고 그런데 (면담자 : 아이고, 그러셨어요? 큰일 날 뻔했네요) 예. 그래서 제 짝꿍이 그런 얘기를 해요, 웬만하면 집 가까운 데서 하라고, 구술 같은 거 하고 그러면. 그래서 오늘도 반대가 되게 심했어요.

면담자　　　아, 그러셨겠네요. 사고가 나면 당연히 그러시죠.

준형 아빠　　　왜냐면 제가 그 당시나 아니면 진상 규명 활동하고 다니면서 사람들 만나서 이야기하고 하면 밤에 앓아요, 이렇게 끙끙 앓아요. 그리고 혼자 잠꼬대를 너무 심하게 해요. 혼자 거의 뭐라 그래야 되나, 청문회 수준으로 말을 해요, 내가 질문하고 내가 대답하고 이런 식으로. 저는 거짓말을 못 해요. 왜냐면 거짓말 하게 되잖아요, 그러면 짝꿍이 잠잘 때 "당신 그날 뭐 했어?" 그러면 이게 술술술 나와요. 거짓말을 못 해요. 잠자면서 거짓말을 할 수는 없잖아요, 의식적으로. 무의식적으로 그러니까 나오는 거예요. 그래서 뭐 하면 안 되는 거죠. 뭐 바람을 핀다든지 뭐 어디 가서 안 좋은 술집 같은 데 가서 술을 먹는다든지 절대 못 해요. 제가 하게 되면(웃음), 이게 물으면 바로 나오기 때문에. 그래서 모르겠어요, 저를 어떻게 보시는지는 모르겠지만, 저는 되게 강하다고 생각하는데 이게 어느 순간 딱 지나면 그 강함이 완전히 바뀌어요. 되게 아파요. 몸이 아프던지 정신적으로 좀 멍한 상태가 된다든지 이렇게 되더라구요.

면담자　　　지난번 1차 구술 때, 어렸을 적엔 지금 모습하고 많이 달랐다는 말씀에서 준형 아버님의 내적 특성에 대해 이해하게 되었어요. 이게 저희가 기록을 남기기 위해서 이런 어려운 작업을 하지만, 지금 말씀 들으니까 정말 진심으로 죄송하다는 말씀을 드릴 수밖에 없네요. 이게 되게 힘든 작업이라는 걸 저희가 잘 알고 있으면서도 결국 큰일 나실 뻔하게까지 했으니, 정말 뭐라 용서를 빌어야 할지 모르겠습니다.

준형 아빠　　　그런데 지금 아니면 더 사라질 거란 말이죠. 물론 개개인들의 그 기억들은 제 기억도 마찬가지이고 다 살아 있겠지만, 이게

준형 아빠 장훈

왜곡이 돼요. 왜냐면 제가 이제 가족들하고 여러 미팅도 하고, 그날 그때 나랑 같이 있었던 사람들, 사건 중심으로 하다 보면 없던, 그 당시 없던, 내가 분명히 없던 걸 알고 있는데 그 사람이 그 얘기를 하는 거예요. 그러면 내가 "없었다"고 그러면, "어 없었나?" [그러거든요]. 근데 이게 가족들 사이에서 계속 얘기를 하다 보니까 이게 자기 기억처럼 되는 거예요. 그게 되게 제가 경계하는 것 중에 하나인데, 제가 진상규명분과장을 하고 증거들을 모은다 그럴까 증언들을 모을 때, 또 신청사건을 만들고 할 때 되게 중요하거든요. 그 당시에 뭘 했는지, 이분이 어떤 행동을 했는지, 이 아빠가, 이 엄마가 근데 "어? 내가 분명히 그 장소에 있었는데" [하고] 나는 모르는 얘기를 한단 말이죠. 그러면 내 기억이 왜곡된 건지 그 사람 기억이 왜곡된 건지 우선 파악이 안 되는 거예요. 그럼 이제 그때 같이 있던 사무장한테 물어보는 거죠. 그러면 그때 내 기억이 맞다든지…, 제 기억도 왜곡이 되더라구요. 그래서 이게 중요해요. 지금 안 하면 나중이 되면 아마 유가족들 한 80프로는 똑같은 얘기하지 않을까…, 그렇게 될 거예요.

3
가족대책위원회 진도분과위원회 활동

면담자 　　　오늘 2차 구술에서는 준형이 장례 끝내고, 보내고, 그 직후 활동에서부터 최근까지 주로 유가족들의 활동과 관련된 부분을 구술증언으로 받으려고 합니다. 장례 직후부터 기억나시는 것에 대해 무엇이든 말씀 시작해 주시죠.

준형 아빠   삼우제 끝나고 바로 내려갔어요. 진도에 내려가 가지고, 당시에 '팽목 쌈닭'이라고 불리는 네 명이 있었어요. 저 그리고 8반 임건우 아빠, 7반 정동수 아빠, 그다음에 9반 민경이 아빠, 이 네 명이서 '팽목 쌈닭'이라고 불렸어요. 그 4월 22일, 23일 그 사건을 이 네 명이 주동이 되어서, 그러니까 해경청장하고 해수부 장관, 해경차장까지, [이 네 명이] 주동이 되어서 한 거예요. [같이] 했는데 준형이를 맨 먼저 찾은 거예요, 준형이를. 그러니까 맨 처음에는 준형이가 아닌 아이를 준형이인 줄 알고 데려갔다가 다시 내려간 거잖아요. 그러다가 준형이를 맨 먼저 찾은 거예요, 이 네 명 중에서. 그래서 올라오고 나서도 계속 전화 통화를 했어요. "어 금방 나올 거야. 준형이 나왔으니까 금방 나올 거야" 했는데, 삼우제 끝날 때쯤 건우가 나왔어요. 임건우 나오고 아직 동수하고 민경이가 안 나온 거예요. 그래서 내려갔죠. 내려가서……

면담자   내려가신 날이 며칠 정도 되던가요?

준형 아빠   5월 5일 날 저녁에 내려갔어요. 5월 5일 날 저녁에 내려갔다가 제가 5월 6일 날 올라왔어요. 못 있겠더라구요, 아직까지 내 감정이, 그러니까 그들을 위로해 줄 수 있는 감정이 안 되더라구요. 또 같이 걱정은 해줄 수 있겠지만, 그들한테 나는, 그러니까 그 못 찾은 분들한테 나는 어쩌면 그러니까 시샘의 대상? 이 단어가 맞는지는 모르겠지만 시샘의 대상 아니면 부러움의 대상일지도 모르겠다는 생각에 제가 그다음 날 올라왔어요. 올라와서 안산에서 좀 있었어요. 안산에서, 안산에서 그리고 분향소 나가봐야 되니까.

근데 내려가, 삼우제 끝나고 내려갔는데 잊어먹지도 않아요. 순범이 엄마, [제가] "누나, 누나" 그러는데, 그때 처음 만난 거예요. 팽목항에서 그거 할 때 순범이 엄마도 4월 24일 날 주동을 했고 했는데, 내 멱살을 잡는 거예요, 내려갔는데. 근데 입에서 나도 욕이 나오는 거예요. 근데 욕이 나오는데 이게 어, 칭찬인데 욕을 하는 거예요, 잡으면서. 그것 때문에 다시 올라온 건데, 그 부분을 보고 부럽다는 거예요. 그러면서 나 멘트도 하나도 안 잊어먹어요. "이 의리 있는 새끼야, 뭣하러 내려왔어. 이 지옥 같은 데를 뭣 하러 내려왔어. 그냥 거기서 준형이 보내주고 있지. 이 착하디착한 새끼야" 하면서 모가지 잡고 이렇게 하는 거예요. 그래서 "아, 누나. 순범이 데리러 내가 내려온 거야" 그랬더니 "고맙다"고 하면서 이 양반이 잘하는 게 있어요. "나 죽어버릴래"라고 [하면서] 그 팽목항 배 대는 데 있잖아요, 거기까지 뛰어가는 거예요. 그러면 그때 순범이 삼촌 있었고 순범이 엄마, 그다음에 이제 남의 가정사니까 그때 아버지 사정은 얘기 안 하고, 그리고 순범이 삼촌하고, 순범이 삼촌한테 "삼촌아, 뛰어" 그러면 순범이 엄마는 막 달려가면 저 뛰고 삼촌 뛰고, "해경들 뭐 하냐" 그리고 해경들 같이 뛰고 그래서⋯. 그 아시잖아요. 물이 들어왔다 나갔다 하면 초록색 해가지고 이끼가 있어요. 여기 밟으면 쭉 미끄러져요. 꼭 그 앞에서 주저앉는 거야. 그래서 요즘도 놀려먹어요. "아, 그때 밀어버릴걸. 괜히 안 밀어가지고 지금 내가 고생을 한다"고 하는데, 아, 몇 번을 당한 거예요, 그 하룻밤 사이에.

그래서 밤새 그러니까 그 상황실 만들어놓은 거기서 무전 듣고, "누구, 몇 명 올라오고⋯⋯". 못 듣고 있겠더라구요. 듣고 있는데 정말 못 찾은 분들의 얼굴 표정들이, 내가 그래도 사실은 삼우제까지 지내고 유골함에 넣고 거기다가 해놓고 왔는데, 못 찾은 가족들의 얼굴이 정말 바라볼 수가 없겠더라구요. 내 감정이 주체가 안 되는 거야. 준형이 찾을 때도 약간 에피소드가 있는데, 팽목에 보면 임시 성당이 있었어요. 하루 종일 안 나오니까 그 신부님한테 "고해성사하러 왔다"고, 신부님을 붙들고 한 30분을 울었어요. 그랬더니 그날 한 열몇 명이 올라왔죠. 그 신부님이 찾아왔어요, "울러 가자"고, "준형이 아빠 우니까 많이 올라온다"고. 그래서 제가 웃긴 얘기지만 또 울었어, 또 붙들고 울었어, 고해성사했어. 근데 신부님 붙들고 고해성사하는데, 준형이 얼굴도 기억 안 나죠, 준형이한테 잘해준 것도 기억 안 나죠, 계속 눈물만 나는 거예요. 어렸을 때부터, 그냥 태어났을 때부터 맨 마지막, 그 내가 생각하는 준형이, 그때까지 잘해준 게 하나도 없는 아빠가 된 거예요, 내가. 근데 그 감정 그대로 다시 나오니까 '내가 여기 있어서 찾았는데 이 감정들이 또 폭발을 해버리면 이 사람들한테 뭔 피해냐' 해서 내가 올라왔어요.

올라와서 여기서는 막 부글부글 끓고 있는데, 올라왔는데 당시에는 그 직책 같은 걸 안 맡았어요, 초반에는. 그런데 그때 합동분향소는 새로 생겼고, 그다음에 와스타디움에 사무실이 있을 땐데, 남들보다 좀 냉정했는지는 몰라도 그때 저는 그 생각을 했어요. '우리나라 이혼율이 30프로가 넘는데 특히나 안산은 40프로 가까이 되는데, 야 이거 한부모가정 엄청 많겠는데' [하는 생각이 들더라구요]. 이게 한부모가정, 이 문제가 잘못 야기되면, 그전에 천안함 사건 때 한 엄마가 보상금만 타가지고 가버리고 이런 게 있었어요. '여기도 그러겠다' 해서 당시 집행부들한테 쫓아다니면서 얘기했죠, 학교도 쫓아가고 교육청도 쫓아가고. "한부모가정 리스트 좀 달라. 한부모가정들 좀 모아야 겠다"[고 요구를 했어요]. 근데 전부 아웃당했죠. 자체적으로 한부모가 정들을 모았어요. 모았는데 열몇 가족밖에 안 나오더라구요. 더 안 나와요. 왜냐면 숨기고 싶은, 그런 거 나야 뭐 상관없으니까, 근데 이제 다른 가정을 이루고 있는 분들도 계시고 그러니까 숨기고 싶은 과거 일 수도 있는 거여서 그런가 보다 하고 말았어요. 말았는데, 이제 한 부모가정 모으고…….

그 당시에 1기 집행부가 그러니까 가족들 다수의 의견에 반하는 일들을 몇 개 했어요. 그중에 하나가 박근혜 만나러 가는 거, 그거는 가족들한테 허락을 받고 가야 되는 거거든요. 유가족들한테 전체 의 사를 물어보고 가야 되는데 집행부끼리 결정해서 가버린 거예요. 근 데 그게 우리한테 독으로 다가왔죠, 가족들한테. 그래서 그 부분하고 아무튼 여러 가지, 그니까 1기 집행부에 불만 있는 사람들이 따로 있 었을 거 아니에요, 그분들하고 소통하고 있었고. 어찌 됐든 내가 맨 처음에 아빠들 모으자고 해서 한 거니까, 일말의 좀 이렇게 저 나름대 로의 뭐라고 해야 될까요, 책임감 이런 게 있어서 직접적으로 관여는 안 했지만 그래도 좀 책임 같은 게 느껴져서 많이 지켜보고 있었는 데……. 그때 20명이 안 남을 때예요. 그러니까 5월 말, 5월 중, 5월 말 정도이었을 거예요. 그사이에는 솔직히 날짜가 어떻게 갔는지도 모르게 간 거예요. 그냥 눈뜨면 분향소 나왔다가 해 지면 집에 들어가 서, 그냥 이게 며칠 되니까 준형이 동생들이 어리잖아요. 그럼 웃을 수도 있잖아요, 밥을 잘 먹을 수도 있고. 잘 먹어야죠, 웃어야 되고. 그런데 그게 내 화를…….

그러다가 '아, 나 집에 있으면 안 되겠다. 나 잘못하면 큰일 나겠다' 생각을 해서, 그때 마침 진도에서 SOS가 온 거예요. 그래서 진도에 내려갔죠. SOS가 왔는데, 그때 1기 집행부에서 진도분과라고 하나 만들어줬어요, 진도를 좀 해달라고 해서. 진도에서 SOS가 와가지고, 그래서 저하고 민경이 아빠, 그다음에 동수 아빠가, 민경이 아빠가 진도분과, 그때 다 위원장이라고 불렀으니까 위원장 하고 우리는 간사하고 해서, 내려가서 실질적으로 진도 실종자들, 그다음에 내려온 가족들…, 그다음에 브리핑 시간에 실종자들이 말을 해야 되는데 유가족들이 말을 하기 시작하는 거예요. 거기서 "아니 당신들 왜 이렇게 하냐" 해가면서, 감 놔라 대추 놔라 해가지고, 대추 놔라를 하는 거예요. 그거 다 막고, 그다음에 그때 요청을 한 거예요. "변호사 필요하다", "여기 법률적인 게 있기 때문에, 생길 수 있기 때문에 변호사가 필요하다. 변호사 보내줘" 했더니 그때 배의철 변호사가…….

면담자 그러면 5월 6일 정도에 안산에 올라가셨다가 5월 말경에 진도에 내려가신 거군요?

준형 아빠 아니, 한 25일인가 그 정도일 거예요.

면담자 5월 25일경에 진도에 내려가셔서, 그러면은 1기 가족대책위원회가 만들어진 게 5월 초니까 진도분과 위원회는 좀 뒤에 만들어진 거네요. 5월 25일 전후한 시기에 만들어지고, 거기에 간사로서 진도에 내려가서 5월 말부터 활동을 하셨고. 활동 시작 때 제일 큰 변화 중에 하나가 역시 "변호사가 필요하다" 그래서 배의철 변호사가 합류하게 된 그런 과정이겠네요. 그 배 변호사님을 요청했던 과정을 조금 더 상세하게 말씀해 주실 수 있겠습니까?

준형 아빠 뭐냐면 초반에는 그러니까 전쟁터였어요. 전쟁터였기 때문에, 초반에는 가족들이 많이 있었을 때는 그래도 법률적인 문제라든지 이런 것들이 그냥 넘어갈 수 있겠는데, 나중에 실종자 가족들이 25명, 20명 이렇게 줄어버리니까 이분들이 목소리를 제대로 못 내는 거예요. 그렇다면 그때 생각했던 건 그런 거였어요. '아, 여기에 그러면 법률적으로 지식이 있는 사람이 뒤에서 서포트를 해주고, 이 사람이 그러면 이 사람들이 정부에다가 요구할 수 있는 근거들이, 법률적인 근거든 뭐든 나오겠구나'. 그리고 또 몸싸움을 안 해도 되잖아요. 그래서 이제 대한변협 쪽에, 그때는 대한변협, 민변 같이 들어왔으니까, 그래서 "변호사 누구 있냐. 하나를 내려보내 달라" 그랬더니, 그때 "배의철이가 내려간다" 그래서 내려온 거예요. 그때 잊어먹지도 않아요. 체육관 거기 강당에서 막 울면서 "아버님, 어머님들 제가, 제가 내려와서 저 다 수습할 때까지 있겠습니다" 하면서, 참, 뭐라 그럴까 퍼포먼스는 되게 좋았어요. 감동적이었어요. 근데 나는 솔직히 그렇게 막 울고 그러는 게 '아니 냉정해야 될 사람이 왜 울고 그러지' 그렇게 생각을 했었는데 아무튼 내려와서 초반에는 합류를 못 했었어요, 그 실종자 가족들하고. 실종자 가족들이 "저 사람을 어떻게 믿어" [라고 하면서] 자기네들끼리 회의를 하고 했었어요.

근데 그때 저희가 내려가서 주변 정리 다 하고, 해수부 불러가지고 다 하고…. 그 당시에 지방선거가 있었어요. 지방선거가 있었는데 실종자 가족들하고 유가족들하고 그다음에 버스를 타고 면사무소에 가서 받으라는 거예요, 투표를 하라는 거예요. "우리 못 한다"고, "투표 안 하겠다"고 그랬더니, 아니 정부 시책이 어쩌고… 그래서 "그럼 사무관님 불러달라"고, 지금 생각하면 정말 갑질인데 그때만 해도 선관위한테 요구를 했어요. "체육관에, 팽목항에 투표소 설치해 주세요" 그러니까 "전산망을 따로 깔아야 된다"고 그러더라구요. 투표소를 하려면 그 투표에 필요한 전산망이 따로 있대요. 그 "전산망을 따로 깔아야 된다"고 그러는데, "까시라고, 깔아달라"고 그랬더니 맨 처음에 진도선관위는 어떻게 할 수가 없잖아요. "알았다"고, 그러면 "높은 사람한테 그대로 전하라"고, "우리 세월호 유가족들 다 지방선거 보이콧 할 거고 기자회견할 거라"고, "당신들 이래서 우리 못 했다"고 했더니 중앙선관위에서 허락을 해줘서 한 건데. 지금 생각해 보면 그건 완전 갑질이죠, 갑질인데, 그때만 해도 정부에 대해서 너무 화가 나니까 정부가 뭐 하라는 거 다 반대했어요. 그러니까 "가서 투표하시면 됩니다" [하면] "내가 왜 가? 투표소 설치해 줘. 여기서 할게" 이렇게 되는 거예요. 완전 삐딱선을 탄 거였죠.

그런 거 정리를 하려고 [하는 것을] 보고, 보면서 실종자 가족들이 이제 저희들 가족들, 유가족들이 도와주러 내려왔구나 믿기 시작해서, 그때 변호사 소개하고 "도와줄 겁니다. 같이, 회의 있으면 같이 들어가시고. 그다음에 이 변호사가 자료도 다 모을 겁니다. 회의 자료 같은 거 다 모으고 해서 나중에 이게 다 근거 자료가 되고 기록이 될 겁니다" 했거든요. 했는데, 그때만 해도 배의철 변호사가 뭐라고 해야 돼, 그냥 물에 기름 섞이지 않듯이 겉돌았어요. 직접 끌어다가 앉혀가지고, 그때 정말 사람들 눈 피해서 은화 엄마랑 몇몇 분들한테 "소주 한잔합시다" 그래 가지고, 그때 안산시 자원봉사센터 거기 숨어서 제가 "이 사람 다음부터는 회의 들어가게 해주세요. 그래야 뭘 도와줄 거 아닙니까" 해가지고 그렇게 해서 도와주게 된 거죠. 그래서 배의철 이란 사람을 요구한 건 아니었어요, 그러니까 "변호사가 왔으면 쓰겠 다, 그리고 변호사가 2주 이상 좀 로테이션을 돌아가면 좋겠다" 이렇 게 요구를 했는데 한 사람이 짱박히게 된 거죠. 근데 그 당시에도 많 이 느꼈지만 저는 이걸 유가족화한다고 표현을 하거든요, 너무 오래 있으면요. 그러니까 진도나 팽목항이나 진도체육관이나 너무 오래 있 으면 자원봉사자도, 기자도, 그다음에 우리를 도와준다는 변호사마저 도 유가족화돼요. 우리 감정이 그대로 그들한테 옮겨 가는 거예요. 그 래서 그들이, 우리가 해수부하고 싸워야 되잖아요, 우리가 싸울 자리 를 안 내죠. 이들이 먼저 싸워. 근데 이게 제가 보기에는 되게 위험했 어요, 그 자체가. 왜냐면 우리는 정부하고 대놓고 싸울 수 있는데, 물 론 국민이 싸울 수 있죠. 국민으로서 싸울 수 있지만, 다른 사람들은 그래도 피해당사자가 아니잖아요. 근데 이 사람들 잘못해 가지고 피 해 입을까 봐 계속 떨어뜨려 놨어요.

그래서 팽목항에 제가 내려가면 팽목항에 3일, 체육관에 3일 자 고, 그다음에 안산으로 올라와서 한 이틀 있다가 또 다시 내려가고 이 런 패턴으로 돌아갔어요. 그런데 제가 왜 그렇게 안산을 올라오고 했 냐면, 제가 한 열흘 정도 짱박혀서 3일, 3일, 3일, 3일, 이렇게 열흘 넘 게 한 보름 정도 거기 있었어요. 있었더니 제가 실종자 가족이 된 거 예요. 너무 마음을 잘 아니까 제가 감정적으로 냉정해 지지가 않는 거 예요. 근데 제가, 제가 해야 될 일은 실종자분들의 [아이들이] 빨리 수 습돼 가지고 올려 보내고, 이걸 서포트하는 게 이게 주된 역할로 내가 내려갔는데, 그리고 내가 가드를 해주고, 뭐 공격 같은 게 들어오면 내가 우선적으로 막아주고 이런 거 하려고 내려갔는데, 내가 막 공격을 하고 있는 거야.

그러니까 이게 산탄총이에요. 아무한테나 가게 되는 거예요. 빵 쏘면 해수부나 해경한테만 딱 집어서 가면 되는데, 이게 막 거기 나와 있는 모든 공무원들한테 전부 그냥 날라가는 거죠. 그게 '내가 이러면 안 되는데' 하고 제가 안산을 갔다가 안산 사정도 보고 서울 사정 보고 그러고 다시 내려오면, 돌아가는, 그러니까 진도체육관이나 이쪽 팽목항이나 그다음에 사건 현장, 참사 현장, 수색하고 있는 현장이나, 이 현장들이 제대로 보이더라구. 그래서 그때 느낀 게 뭐였냐면, '당사자지만 좀 빠져 있다가 다시 들어오는 것도 하나의 방법이구나' [하는 거였어요]. 그리고 우리한테 너무 많이 붙는 사람들이 있었어요. '너무 가까이 붙은 사람들, 이 사람들을 좀 떼어내야 되겠다', 그래서 자원봉사하는 사람들 중에 몇몇은 내가 일부러 보냈어. "가서 일주일만 집에서 쉬구 와" [하고] 보냈어요. 왜냐면 너무 감정이입이 [돼서] 너무 빠져드는 거예요. 그래서 하물며 거기 팽목항에 보면 종합상황실 있잖아요. 거기 해수부랑 해경이랑 다 모여 있는데 거기 가서 싸우고 있어요, "왜 애들 빨리 안 구해주냐"고. 그러면 입장이 묘하게 되는 거예요. 내가 가서 싸움을 말려, "너 나와, 나와, 일하세요" 하고, 내 말은 들으니까. "너 [그 상황실에서] 뭐 하고 있냐?" 그랬더니, "아, [구조] 안 하고 있어서, 놀고 있어서 그랬다"고, "너 안 되겠다. 잠깐 올라갔다 내려와. 집에 갔다 와. 집에 가서 짐 다시 챙겨가지고 다시 가져와" 그렇게 해가지고……

장기로 있던 사람들이 많았어요, 팽목항이나 진도체육관에. 그 사람들이 되게 위험했죠, 제 입장에서는. 그 사람들도 커버를 해야 되고, 이 사람들이 또 영향을 미칠 수 있어서, 실종자 가족들[한테]. 아니 애 기다리고 있는데, 아이 기다리고 가족 기다리고 있는데, 여기 조금이라도 위해는 아니지만 마음의 상처라도 받으면 [안 되니까]. 또 상처를 되게 쉽게 받아요. 그래서 그런 걸 좀 많이 저거 했고….

그리고 체육관은 안 되더라구요. 체육관은 그 자체가 너무 터져 있어가지고, 터져 있는데 들어가면 숨이 턱턱 막히는 그런 곳이었어요, 체육관이라는 존재 자체가. 체육관에도 가족, 가족들 회의실 만들고 휴게실 만들고, 그다음에 팽목항은 저쪽 부두 쪽 빼줬거든요. 그리고 이쪽, 그쪽으로 다 옮겨 왔는데, 옮겨 와가지고 이제 실종자 가족들 방 있고, 있는데 팽목항은 기자들 출입 금지를 시켜버렸어요, 제가. 그리고 "가족들도 좀 쉬자. 어디 짱박혀서 쉴 수는 없잖냐" 그래가지고, 지금 그 강당처럼 큰 컨테이너 있는 자리, 그 자리에 벤치, 아니 뭐죠? 이렇게 이런 원탁 놓고 그 슈퍼 가면 플라스틱 의자 있잖아요, 등받이 있는 거. 그거 놓고 거기서 쉬는 자리를 만들었어요. 그니까 이 시기가 되게 오래갔어요. 이런, 이런 거 만들고 이러는 게 하루하루가 되는 게 아니었어요. 그래 가지고 그런 부분들 하고, 근데 나중에는 체육관에 계신 분들도 거기 와서 쉬고….

4
대안 마련이 미흡했던 회의들

면담자　　진도분과가 진도에서 전반적으로 어떤 활동을 하셨는지 말씀을 해주셨는데, 그 활동 중의 핵심의 하나가 아이들을 찾는 방법, 해경이나 잠수사들의 활동에 대한 어떤 요구 사항이라든지 이런 것들을 회의 등을 통해서 논의하셨을 텐데, 그런 논의와 관련해서 기억에 남는 것을 좀 말씀해 주시죠.

준형 아빠　　우선은 잠수 그러니까 기술TF였어요. 기술TF라 그래서 매주 두 번 열었어요, 화요일, 금요일. 그런데 이제 이광욱 잠수사가 돌아가시고[2014년 5월 6일 사망], 거기에 잠수사 안전TF라고 또 하나 생겼구요. 그다음에 기술TF에서는 범대본 회의가 또 따로 있구요. 회의가 겁나게 많았어요. 회의가 되게 많았어요. 범대본 회의, 그다음에 잠수부 기술TF, 잠수사 안전TF, 지금 보면 다 사기꾼들인데 거기 온, 전문가랍시고 온 사람들이 다 사기꾼들인데, 그때는 그 사람들이 '다 전문가구나' 생각을 했었어요. 그래서 제가 제안을 했던 게, 기억나는 게 소나[음파탐지기] 그러니까 휴대용 소나, 영화에서 보면 이렇게 동굴 같은 데 가서 소나 픽 쏘면 여기 화면에 이렇게 초음파가 쭉 뜨듯이 나오는 그 휴대용 소나 그거하고, 그다음에 리브리더 그러니까 재호흡기라 그러죠. 이게 산소통을 메고 들어가서 자기 이산화탄소를 여과시켜서 다시 재호흡하는 리브리더 이거 제안했었고….

근데 그때까지 잠수하고 있던 잠수사들과 가족들 사이를 완전히 갈라놨어요. 잠수사들이 우리 가족들한테 한마디도 못 하게 했어요.

그 상황에 대해서 잠수사들 [스스로]도 얘기 못 했고…. 왜냐면 나중에 들은 얘기지만, 그때 2015년도에 들은 얘기예요, 들은 얘기지만 그 당시에 잠수사들이, 아이들 그렇게 나올 때 그 상황들이 너무 저거 하기 때문에 "가족들한테는 얘기하지 말자", 그래서 "몸 아파도 우리끼리 아프고 말지 저 자식 잃은 사람들한테 뭔 얘기를 하겠냐" 하면서 이야기를 안 한 것도 있고…. 또 하나는 뭐냐면 해경에서 막았어요. 해경에서 비밀 서약 해가지고 [잠수사들이 가족들에게 말을] 못 하게 막았어요. 근데 이제 그렇게 되다 보니 사기꾼들이 붙는 거예요, 초반부터. 첫날부터 사기꾼들은 붙었어요. 하물며 "한 명 구해주면 1억 준다"는, "한 명당 1억", 그 얘기까지 나왔었으니까…. 그래서 맞아 죽을 뻔했어요, 그 사람. 쫓겨났지.

면담자　　　그런 제안이 예를 들어서 기술TF 회의에서 논의되지는 않았을 거 같고 (준형 아빠 : 아니죠) 팽목항에 와서 유가족들에게 그러한 사기적인 얘기를 하는 사람이 있었다는 얘기군요.

준형 아빠　　　기술TF에서는 솔직히 얘기해서 실질적으로 잠수하는 사람이 온 게 아니에요. 잠수하는 팀들은 잠수 계속하고 있고, 눈으로 보여주는 거였어요. 지금 생각해 보면 실질적으로 잠수하는 사람이 와서 "자, 어디가 어떻게 어렵고 어느 부분이 어렵고, 어디가 어떻게 해야 되겠고" 이런 걸 논의하는 자리가 아니고, 그러니까 그 옆에서 지켜보던 사람이 "얘네가 이렇게 이렇게 어렵대. 그러니까 어떻게 할 방법을 찾아봐" 이런 수박 겉핥기식의 그런 TF였지, 이건 실질적인 TF가 아니었어요, 지금 생각해 보면.

　　　그래서 아까도 말씀드렸지만 서울대 이공계 그쪽 [출신] 분들해서

109
·
2회차

잭업 바지[Jack-up barge]까지, 그것도 잠수기술TF 거기에 우리가 얘기한 거예요. 뭐냐면 "겨울 다가오는데 겨울 바다에서 어떻게 잠수할 거냐. 저거 파도치면 무조건 들어와야 하는 바지선, 바지이고 어떻게 계속할 거냐" [하는 이야기가 있었어요]. 근데 그때는 저희가 전문가적인 마인드는 없었어요. 그냥 다 주워듣는 거예요. 근데 습득 속도가 너무 빠른 거예요, 내가 생각해도. 누가 한 소리를 하게 되면 그거에 대해서 인터넷도 찾아보고 전문가라는 사람들 얘기도 들어보고 하다 보니까…. 이제 그들하고 잠수TF 가서 "아니 말도 안 되는 소리 하지 마라. 그러면 지금 조류 때문에 그런다고 하면, 그럼 조류 없을 때 들어가서 조류 있을 때 나오면 되지 않냐" [하니까] 뭐, 끈 때문에 안 된대요. "아니 그럼 리브리더 써라, 있지 않냐" 그랬더니 [그것도 안 된다는 거예요]. 우리나라에 재호흡기가 있어요. 해경도 갖고 있어. 있는데 얘들은 훈련을 안 했어, 안 해본 거야.

그리고 해경은 한 번도 배 안으로 들어가지 않았어요. 그게 사고 전도 안 들어갔고 사고 후에도 안 들어갔어요. 걔네들이 기껏 한 거는 곁에서 줄 잡아준 거밖에 없어요, 해경이 잠수사들. 근데도 이 사람들 때문에 민간 잠수사들 죽을 뻔한 것도 몇 번 있었고, 이광욱 잠수사 돌아가신 날도, 그러니까 그때까지 민간 잠수사들이 하루에 네 번, 다섯 번 들어갔던 사람들이 있었어요. 그런데 이광욱 잠수사가 돌아가시면서부터 해경에서 명령이 내려와요, "잠수 규칙 다 고쳐라". 그래서 잠수 규칙을 버전이, 제가 진상규명분과장이잖아요, 버전이 제가 알기로는 여덟 개가 돼요. 버전이 다 똑같아요, 하루에 한 번 들어가는 걸로. 그런데 아닌 버전이 있어요. 뭐냐면 맨 처음에 그러니까 23일

이전까지의, 23일까지의 언딘 버전, 언딘의 그 외국인인데 걔가 이렇게 했던, 기록했던 버전, 그다음에 황병주 잠수사가 직접 수기로 썼던 버전, 그 버전 두 개가 해경 꺼하고 틀려요, 모든 잠수 저거[규칙]하고.

근데 아까도 말씀드렸는데 계속 말씀드릴 거지만, '전문가란 과연 무엇일까' 저는 그 당시에 전문가라 하면 자기 말에 책임을 질 줄 아는 사람인 줄 알았어요, 자기 그러니까 자기 전문 지식에. 지금은 우리도 생각을 해요. '책임을 질 줄 아는 사람' 내가 뱉은 말이 전문적으로 100프로 맞지는 않겠지만 어느 정도 근사치는 봐야죠. 리브리더 얘기를 하니까 미국에서 리브리더를 부른 거예요, 팀을. 불렀는데 미국 애들은 절대 조류가 1노트 이상 되면 잠수 안 해요. 근데 물 보니 물 탁하지 거기다가 조류 보니 1노트 되는 게 거의 1시간 반, 2시간밖에 안 되지, 발에 물 한 방울 안 묻히고 바로 갔어요. 거기에 ROV[무인잠수정]…, 별게 다 나와요. 잠수 장비는 거기서 다 배웠어요, 난. 솔직히 말해서 그렇게 하는 건지도 몰랐었어.

근데 우리는 맨 처음에 왔을 때 해군 장비가 제일 좋은 건 줄 알았어요. 왜냐면 해군은 머구리식이에요, 헬멧식. 그러니까 되게 삐까번쩍하잖아요. 근데 민간 잠수사들은 풀 베이스 마스크라고 해서 안면만 이렇게 하는 마스크였어요. 그러니까 되게 허접해 보이거든요. 그래서 "해군 거 되게 좋은데 해군이 왜 이렇게 못 하냐" [했더니], 고개가 안 돌아가 해군은, 딱 시야가 고정되어 버려가지고. 그러니까 이 건물이, 지금 이 바닥이 벽이라고 생각하고 이게 바닥이라고 생각하면 이게 수심이 되는 거예요. 여기서 저기까지가 한 5미터 된다고, 그러면 5미터 수심이 되는 거예요. 저기서 여기까지 오는 게, 밑으로 내려가는 게 되는 거예요. 그러니 여기서 다시 갈라져서 해야 되니까, 그러니까 나는 잠수사들한테 '정말 고맙다'고 생각하고 있고, 그 사람들은 나한테 영웅이에요. 우리 가족들한테 영웅이에요. 물론 초반에 너무 얘기를 안 하니까 오해들이 좀 많았었는데, 오해들이 꽤나 있겠죠. 무슨 오해들이 있었냐면 "아이들을 어디 한곳에 몰아놓고 누구 올 때 끄집어낸다. 높은 놈 올 때나 끄집어낸다" 이런 오해들이 있었는데, "그럴 정신도 없었다"고 그러더라구요. 없었다 그러고, 제가 봐도 그럴 정신없을 거 같고, 지금 인양된 세월호 안에 들어가서 추정해 보면 절대 그럴 정신없고. '지금 돌아오지 못한 다섯 분은 초기에 아마 유실되지 않았나', 그 유실펜스를 유실방지망을 하기 전에 초기에, 그러니까 4월 16일, 17일 이 사이에 [유실되지] 않았나 생각이 들고….

초기 얘기가 나와서 그런데, 제가 이제 진도 왔다 갔다 하는데 가을쯤이었을 거예요. 갑자기 반 대표랑 나한테 전화가 오는 거예요. 뭔 전화인가 그랬더니 "준형이 아빠가 국가 상대 소송이 들어갔어?"라고. "내가 무슨 국가 상대 소송 들어가냐"고, "나 진도 와가지고 지금 실종자들하고 있는데" 그랬더니, 웃기지도 않게 애들 생모, 애들 생모가 국가 상대 소송 들어간다는 거예요. 물론 그러리라고 생각했지만, 아 정말 돈 보고 달려드는데……. 그래서 "가처분신청을 좀, 돈을 못 찾아가게 좀 묶어달라. 가처분신청을 좀 해달라"[고 했는데] 다 안 받아들여졌어요, 법원에서. 하물며 성금까지 다 찾아갔어요. 그래서 제가 다시 찾을 수 있는 방법이 없잖아요. 그래서 제가 양육비 소송을 해서, 양육비 소송이 금방 끝났으면 상관이 없는데 양육비 소송이 길잖아요. 거기다 항소 들어가고 상고까지 들어가 버렸으니까, 그러다

보니까 돈 다 찾아가 버리고 배·보상, 그때 "해수부에서 배·보상 안 타 가면 저쪽에서 요구한 대로 줄 수밖에 없다" 해서, 배·보상받기 싫었는데 나는 배·보상받을 수밖에 없었고……. 한부모가정에 예상했던, 초기에 예상했던 게 나한테 발생하는 거예요. 그게 맨 처음 시초예요. 아휴, 아무 생각이 없더라구요, 진짜.

그래서 안산 올라와서 한부모가정들 몇몇 모아서 집행부하고 얘기를 좀 했는데 답이 없는 거죠. 집행부가 뭔 답을 하겠어요. 그래서 그때 특별법 안에 배·보상, 세월호특별법 안에 양육 기간에 대한 설정을 그때 넣은 거예요. "그거라도 넣어야 된다" 그래서 5년, 10년 이렇게 끊었어요. "5년 이하는 6대4, 5년 이상에서 10년 사이는 7대3, 10년 이상은 8대2" 뭐 이런 식으로. 근데 그게 이제, 그때 우리가 담당 변호사를 만나서 얘기하지 않았으면 특별법상의 그게 안 들어갔었을 거예요. 근데 "문제가 커진다. 정말 이거 커지게 생겼으니 이거를 조정안을 넣어달라" 요청을 하고, 또 안산 올라와서 변호사들 만나서 얘기하고 다시 또 진도 내려가고…….

5
바지선 교체 과정에서의 아쉬움

면담자　　아까 잠수 얘기가 잠깐 나와서 두 가지 정도만 확인하고 싶은데요. 그 언딘 바지에서 주로 아이들을 데리고 나왔을 시기에 바지가 그거 하나였습니까? 두 개가 있었다는 얘기가 있어서요.

준형 아빠   원래는 언딘 바지 오기 전에 태평양이라고 해서 바지선, 조그만 바지선이 있었어요. 근데 그거는 잠수할 수 있는 바지가 아니었어요. 그러고 나서 언딘 바지가 21일 저녁인가에 왔어요. 왔는데 21일 저녁에 너무 많이 아이들이 수습이 되니까, 원래 물때에 바꿔야 되는데 바꾸지 못한 거예요. 그러고 나서 22일 날 바꾼 거예요. 그래서 22일 날, 그러니까 23일 날이 기점이 된 이유가 뭐냐면 23일 날 이전까지는 가족들이 이 화이트보드 있잖아요. 거기에 다섯 개인가 있었어요. 네 개인가 다섯 개 있었는데, 그 화이트보드만 쳐다보고 있었다니까. 아이들이 그러니까 수습이 되면 A4 용지에 써[서 화이트보드에] 붙여요. 몇 번 해서 인상착의, 번호를 따따따닥 붙여요. '오늘 그래서 몇 번, 몇 번, 몇 번 해가지고 아, 오늘은 여덟 명 나왔네?' 그중에서 이제, 다 찾아봐야 돼. 다 들쳐봐야 돼요. 어른인 사람은 성인 그러면 안 들쳐보는데, 남자애 그러면 다 들쳐봐야 돼요. 왜냐면 이게 제대로 안 써져 있으니까. 그런데 이제 23일 날 물때가 있고, 하루에 네 번밖에 잠수를 못 하고, 잘해야 되고, 그 물때가 있다는 걸 알고 그 다음에 상황실을 만든 다음부터는 부모들이 좀 쉬었어요. 그 전까지는 정말 쉴 수가 없었어요. 왜냐면 언제 붙일지를 알아? 붙이면 빨리 가가지고 봐야 되는데. 그래서 상황실이 만들어진 다음부터는 좀 괜찮게 됐고.

23일 날 다이빙 벨을, 이종인의 다이빙 벨이 들어와요. 〈비공개〉 다이빙 벨은 그 해역에서 쓸 수 없어요. 그리고 다이빙 벨은 물속에서 그러니까 잠수함이나 이런 격벽이 있는 곳에서 살아 있는 사람이 살아 있다고 하면, 그 사람은 수압을 받고 있을 거 아니에요? 그 수압을

준형 아빠 장훈

유지시켜 가지고 다이빙 벨로 데리고 와서 다이빙 벨 안에서 점점 낮춰서 올려 보내는 거예요. 이렇게 쓰는 게 다이빙 벨인데, 다이빙 벨이 와가지고 그때 이상호 기사가 우리한테 뭐라고 그랬냐면 "고정시켜서 수중 엘리베이터처럼 쓴다"고 그랬어요. 우리가 생각할 때는, 가족들이 생각할 때는 "아니, 지금 물살 때문에 하루에 네 번밖에 못 들어간다는데 그러면 다이빙 벨 쓰면 계속 왔다 갔다 할 수 있겠네"[라고 생각해서] "그러면 다이빙 벨 써" 했는데 알고 봤더니 그럴 수가 없는 구조였던 거죠. 사기를 친 거예요, 그것도. 〈비공개〉 사람들 잘 몰라서 다이빙 벨, 다이빙 벨 하는데 다이빙 벨[보다] 더 좋고 더 신제품도 있어요. 근데 다이빙 벨을 못 쓰는 이유가 뭐냐면 애가 떠내려가, 조류가 쎄서. 거기 4.5노트 나오거든요, 최고로 나올 때는. 4.5노트면 1초에 십몇 미터씩 날라가는 거예요. 12미터, 13미터 날라가. 뚝딱 하면 저만큼 날라가 있는 거예요. 그만큼 조류가 쎄요. 그런데 거기에 크레인으로, 이게 100톤짜리이건 200톤짜리이건 이건 물살이 쎄서 갈 수밖에 없다구요. 세월호 어디에다가 내릴 거냐구요, 이거를. 못 내려요, 그거. 〈비공개〉 그 〈다이빙벨〉 그 영화에 나온 저것들을 다 아는데 안 봤어요. 다이빙 벨은 거기다 쓰는 게 아니에요. 다이빙 벨은 정말 심해나 아니면 사람이 생존자가 있을 때 쓰는 거지. 심해 작업용이에요, 원래 다이빙 벨은. 1000미터, 2000미터 같은 데서 다이빙 벨 써요, 100미터, 200미터도 다이빙 벨 쓰고. 그런데 거기 다이빙 벨, 그건 다이빙 벨도 아니구요. 그래 가지고 같이하라고 했었었어요. 근데 쫓겨났죠. 이틀도 못 했어요. 하루 하고 쫓겨났어요, 실패하고.

그다음에 문화재, 신안 앞바다나 이런 데서 문화재관리 팀, 그 팀이 와가지고 또 언딘 바지 옆에 붙여서 같이 수색하고. 그다음에 또 다른 팀이 하나 왔었어요, 그래도 도저히 안 돼서. 그다음에는 이제 여름이 됐어요. 여름이 되니까 도저히 안 되는 거예요. 그러니까 그때 해수부에서 어떤 얘기가 나왔냐면 "보령 바지라는 바지가 있는데 거기에 있는 88수중이라고 이 팀이 또 언딘만큼 할 줄 아는 팀이다" 해서 "이 팀을 넣자"[고 했어요]. 근데 이제 이쪽 언딘에 있던 잠수사 팀들은 그때까지 6월 달, 5월 말부터 6월 달 이때까지 되게, 그러니까 잠수를 더 이상 하면 안 되는 몸까지 잠수를 하게 된 거예요. 지쳐 있죠. 지쳐 있는 사이에 이광욱 잠수사 돌아가시고. 그다음에 보령 바지가 들어와서 이제 후미를 보령 바지, 보령 88팀이 하게 빼준 거예요. 그래서 언딘 바지에서는 해군하고 민간 잠수사, 해경 이렇게 뛰어내리고, 보령 바지에서는 88팀이 뛰어내리고, 그렇게 해가지고 바지선이 한 척인 적은 며칠 없었어요, 계속 두 척 됐다가 빠져나갔다가. 이게 원래 교대로 해야 돼요. 안 그러면 정말 사람 죽어요. 그런데 7월 초에 그때 "태풍이 온다" 그래서, 그때 전부 천막이었잖아요, 천막을 싹 걷었어요. 걷었는데 가족들 숙소만 컨테이너였어요. 근데 우리보고 "옮겨 가라"는 거예요. 팽목항에 있는데 "못 간다. 우리 차 있고 다 있으니까, 우리 떠내려갈 거 같으면 갈 테니까 당신들도 다 가라" 했는데, 그때 남은 게 해수부, 안산시 이렇게 남았어요, 해경까지. 나머지는 다 피했어요.

태풍이 뭐 그래 놓고 웃긴 게, 더 웃긴 걸 얘기해 줄게요. 자 태풍이 한번 처음 왔잖아요. 몽골 텐트였는데, 몽골 텐트를 다 치웠잖아. 그러면 '태풍이 또 온다'는 생각을 왜 못 하는지 나는 이해를 못 하겠어. 또 몽골 텐트를 세워놓은 거예요. 그래서 "니들 바보 아니냐"고. 몽골 텐트가 되게 비싸요. 하루에, 하루에 빌리는 금액이 되게 비싸요. "차라리 컨테이너로 해" [하고 요구를 했죠]. 컨테이너 한 달 빌리는 건 30만 원, 40만 원이면 되거든요. "컨테이너로 해. 컨테이너가 훨 낫잖아" [했는데도] 해수부에서 끝끝내 말을 안 듣다가 다음에 태풍 온 다니까 그때서야 컨테이너로 한 거예요. 근데 컨테이너를 해놓고 자기네들은 컨테이너 안에서 에어컨 틀고 있고, 이제 병원에서 물리치료사나 의사들 그다음에 약사들이 자원봉사 왔잖아요. 자원봉사하는 사람들 텐트는 놔둔 거야, 밑에 또. 뭔 짓이냐고, "저 사람들도 다 컨테이너 해달라"고 가족들이 다 얘기해서 컨테이너로 바꿔주고…. 아무튼 이 공무원이라는 조직이 정말 생각을 안 하고 하는 거 같아. 돈을 아끼면 좀 포상을 해주면 생각을 할라나….

면담자　　2014년 여름이었던 거 같은데 언딘 바지가 결국은 빠지지 않습니까? 그리고 88수중에서 그 나머지를 하게 되는데 그 경위나 과정에 대해서 아시는 게 있으면 말씀해 주세요.

준형 아빠　　그게 우리가 5월 말부터 계속 요청을 한 게 있어요, 해수부에. "잠수 인원 이거 가지고 턱없이 부족하니, 잠수사들 지쳤으니까 잠수사를 더 불러 모아라. 불러 모아서 로테이션시켜라" 했는데, 해수부에서 노[No]했죠, 해경에서 이 인원이 충분하다고. 잊어먹지도 않아요. 이춘재 그때 당시 경비안전국장이, 우리가 브리핑 시간에, 오후 5시 브리핑에는 꼭 나왔거든요, 이춘재가. 얘기를 했거든요, "잠수사들 저렇게 하다가 다 죽어 자빠진다. 지치니까 제발 잠수사들 더 충원해서 해라" 했는데 말을 안 듣더라구요. 근데 7월 초면 한 15명, 15명

이내로 남았을 때예요. 이제 수색이 장기화되잖아요. 근데 그 표면 공급식 잠수 방법이, 표면에서 공기를 공급해 가지고 하는 잠수 방법은 40미터 정도 내려가면 오래 못 있어요. 한 10분 정도밖에 못 있어요. 그리고 다시 올라와야 돼요. 올라오면서 자연스럽게 또 감압하면서 올라가야 돼요.

근데 88수중이라는 데가 자기네들은 1시간씩 한다는 거예요, "들어가서 1시간씩 할 수 있다". 근데 그게 뭐냐면 좀 기술적인 얘기인데 공기 중에 제일 많은 게 질소이고 그다음에 산소이고 나머지 가스들이잖아요. 근데 이 질소가 물속에 들어가면 피 속에 녹아요, 압력이 높으면. 피 속에 녹았다가 압력이 낮아지면 피 속에서 빠져나오려고 기포가 생기는 거예요. 잠수병이 그래서 생기는 건데, 그게 혈관을 막거나 아니면 뼈에 달라붙어 가지고 뼈를 괴사시키거나, 이게 잠수병이거든요. 근데 88방식은 뭐였냐면, 헬리오스 방식이라 그래서 산소 농도를 더 높이는 거예요, 그래서 질소 양을 빼고. 그러니까 대신에 이 잠수사는 한 번 들어가면 그날은 더 못 들어가게 되는 거거든요. 근데 이게 공인된 잠수 기법이 아니에요. 오히려 헬륨 가스를 넣어가지고, 아, 이게 헬륨 가스를 넣는 게 헬리오스 방식이고, 저기 산소를 넣는 거는 뭐 아무튼 산소 포화 방식인데 영어로도 있어요[나이트록스 방식]. 근데 헬륨 가스를 넣으면 헬륨은 그래도 덜한데 산소는 취해요. 산소 농도가 높으면 취하는데 그때는 그걸 몰랐죠, 저희도 몰랐죠.

근데 이제 "1시간씩 할 수 있다"니까…, 생각해 보세요. 나머지는 해군 말로 해경, 해군 말로 "싹 뒤졌는데 안 나온다, 싹 뒤졌는데", 그러면 우리가 생각할 때는 자 이 방이, 4번 방이 있으면 이거를 1시간 동안에 세 명이 왔다 갔다 하면서 4번 방을 뒤지는 게 더 빠르겠어요, 아니면 한 사람이 차근차근 1시간 안에 돌면서 하는 게 빠르겠어요? 가장 상식적으로 그냥 한 사람이 하는 게 빠르잖아요, 상식선에서. "아니, 그러면 그거 해라", 우리는 가족들이 거기에 대해서 잘 모르니까. 왜냐면 해수부가 얘기하면 "좋은 방법이 있으면 그걸로 해야지" 해서 88수중이 들어오게 된 거예요. 88수중이 들어올 때 뭐라고 장담을 하고 들어왔냐면 "SP1 부분이 지금 무너지게 생겼으니까 그걸 옆에를 절개를 하고, 선 뭐야 저기 객실 부분 옆에를 절개를 하고 거기로 큰 짐들을 빼내고 하면, 일주일 안에, 늦어도 보름 안에 거기를 깨끗이 다 할 수 있다" 하고 들어온 거예요. 들어왔는데 그런 사고가 났죠. 그래서 한 명이 돌아가시고 한 분은 갈비뼈 나가시고.

그래서 돌아가신 분이, 이게 몰랐는데 물속에서의 폭발은 조그만 폭발이라도 그 압력이 엄청나게 강하다고 그러더라구요. 그 워터제트라고 그래서, 천안함은 어떻게 됐는지 모르겠지만, "원래 어뢰가 배를 명중시켜서 폭파시키는 게 아니라"고 하더라구요. 배 밑에서 폭발해서 이 기포로, 워터제트로 배를 두 동강 내는 거예요. 어뢰가 그 주 임무라고 하더라구요. 근데 절단을 하는데, 우리 거기 [88수중 바지선에] 있었어요. 절단이 잘돼요. 그래서 이 칠판만 한 크기의 절단물이면 한 1시간 내려갔다 오더니 벌써 3분의 1 땄다는 거예요. 3분의 1 넘게 했다는 거예요. "그러면 두 번만 더 내려가면……" [했는데], 근데 바로 다음, 다음 잠수사가 좀 길었어요, 그때가. 그다음 잠수사가 내려가서 나머지 또 반절 이상 땄다는 거예요. "다음 물때 때는 다 따내겠네. 다 따내면 올리는 것만 하면 되겠구나" 하고, 우리 이제 그때 은화 아빠

하고 세희 아빠하고 둘만 남겨놨나? 그 88바지에 남겨놓고. 그리고 저쪽 저 언딘 바지에는 저거 하고 우리 빠져나왔어요.

빠져나와서 "아, 이제 희망이 좀 보인다" 그러고 밥 먹고 있는데, 저녁 물때 때 돌아가신 거예요, 그 안에서. 그게 아주 간단한 이치예요. 물을 아크로, 아니 쇠를 아크[전기용접, 절단기의 일종]로 잘라요. 아크면 전기잖아요. 물을 전기분해 하면 산소하고 수소가 나오잖아요. 이게 어디 한구석에 쌓여 있던 거예요. 근데 거기에 불꽃이 튄 거예요. 이게 뻥 터져버린 거지. 근데 뻥 터져버리니까, 이렇게 길게, 얇게 잘랐을 거 아니에요. 이 압력이 그냥 오는 것도 아니고 얇은 틈을, 틈에 따라서 거의 이 정도 두께로 여기를 맞아버리니 돌아가신 거죠. 그래서 그다음 날, 잠수사들 돌아가시면 그다음 날 작업 우리가 못 하게 했어요, 작업하다가 큰일 난다고. 잠수사들 쉬게 하라고 작업 못 하게 했는데, 허탈한 마음으로 완전 희망 고문이었죠. 했는데 그때 그 폭발 사고 때문에 4층에 있는 후미 거기 다 무너졌어요. 그래서 일반인 희생자 중에 이영숙 씨가 3층에 있는 걸로 추정이 되는데, 4층이 그 모양 그 꼴이 되어버리니까 4층에 매달리느라고 3층을 좀 못 했죠.

근데 이제 태풍 얘기…. 태풍이, 태풍 때 그때 바지가 빠졌거든요[바지선을 항구로 피항시켰거든요]. 처음으로 바지가 빠진 거였어요. 그 전까지만 해도 뭐 물살 3미터 해도 바지는 안 빠졌었는데 태풍 온다니까 빠졌는데, 그때 솔직히 말해서 언딘, 언딘 바지는 희생양이에요. 그게 어떻게 된 거냐면 304명 중에 그러니까 10명 그니까 15명 이내니까, 해군 그때 그 중령이 뭐라고 얘기했냐면 "인양을 해서 찾든, 유실을 생각해야 된다", 이걸 실종자 가족한테 얘기를 한 거예요. 근데

준형 아빠 장훈

실종자 가족 입장에서는 "왜 유실 얘기를 하냐?" 방방 뛰었죠. 그런데 그때까지 그 언딘 바지에 있던 잠수사들이 말을 안 들었어요, 해수부 말을. 그러니까 시키는 대로 안 했어. 그러니까 불똥이 해군한테 튀었는데, 그때 이주영 장관이 해군참모총장한테 전화까지 해가면서 데려가라고 하고 그럴 땐데, 해군이 빠져야지, 언딘 바지가 빠지는 거예요, 그리고 88[수중], 그 보령 바지만 남고. 그게 7월 10일이에요. 7월 10일 때 내가 그 영상을 봤거든요.

그때 제일 억울했던 애가 관홍[김관홍 잠수사]이에요, "왜 우리가 이렇게 빠져야 되는 건지" 막 울고 제일 비분강개하고. 그때 이춘재 막 안아주고 정말, 정말 나쁜 놈들이에요. 왜냐면 이광욱 잠수사가 돌아가셨잖아요. 이 사람 책임 소재가, 책임이, 이 사람이 88 잠수사가 돌아가신 거는 별개의 건이고, 먼저 돌아가신 이분의 책임 소재가 "어, 누구 때문에 돌아가신 거지?" 그러면 거기를 관할하고 있던 해경, 그 수뇌부가 책임이 있는 거잖아요. 근데 이거를 자기 책임을 없게 하려고 공우영[언딘 바지선에서 잠수하던 민간 잠수부들의 리더], 그때 공우영 이사한테 다 들려 씌운 거예요. 씌워놓고 나중에 나갈 때 문자로 "수고했다"고 하면서, 해단식 하면서 안아주고…, 가증스러운 인간들이에요. 그 사람들이 그 공우영 이사를 고발해 놓고, 그리고 수사는 들어가 있고, 그 뒤로부터 공우영 이사는 수사받으러 다녔고, 그리고 그 뒤에는 이제 88 바지 하나로 했죠, 88에 있는 그 보령 바지 하나로. 보령 바지가 언딘 바지보다 더 커요, 더 큰데…….

언딘 바지는 그러니까 GPS 기능이 있어 가지고 여기다 위도, 경도 딱 찍어놓으면 지가 자동으로, 물살이 이렇게 하면 지가 이쪽에 있는 저걸 감아서 움직이구요, 옆으로 밀면 또 가가지고 움직이고, 지가 그 자리에 있으려고 해요. 그 기능이 있어요. 그리고 그 GPS 포인터를 갖고 있는 유일한 바지였어요. 그리고 높낮이가, 그러니까 이 잠수할 때는 잠수사들이 가장 피로도를 느끼는 때가 뛰어들 때예요, 그리고 물에서 올라올 때. 근데 언딘 바지는 낮출 수가 있었어요, 바지 높이를. 그래서 언딘 바지가 잠수에 최적화된 바지예요. 바지선이기는 한데 보령 바지가 더 크고, 언딘 바지가 50미터짜리면 보령 바지는 한 70미터짜리니까 더 크고 그런데….

인양한다고 상하이샐비지에서 바지선이 하나 와요. 그때 특조위 이석태 위원장님이랑 같이 가족 대표로 해서 그 배를 타는 순간 얼굴은 웃고 있는데 속으로는 욕을 했어요. 그때 혹시 아실랑가 모르겠지만 중국에서 도와주겠다고, 보내주겠다고 한 바지가 그 바지예요. 바지선이 그게 1만 4000톤짜리예요. 그 바지선은, 그 바지선이었으면 수색 두 달 안에 다 끝났어요. 그 바지선 하나를 띄워놓고 다 내리고, 잠수사들 내리고, 거기에 보면 나는 이 정부 도대체 이해를 못 하겠는 거야, 도대체 아니 도와준다는 거 받으면 되잖아요. 받아가지고, 해주는 건, 아니 인도적인 차원에서 할 수 있잖아. 도대체 기술도 없고 뭣도 없는 인간들이 왜 우리가 해야 된다고 하는지, "우리 기술로 충분하다"고 해가지고 끝끝내 못 찾았잖아요. 88수중에서 찾은 건 세 명인가밖에 안 돼요.

면담자　　결국은 11월 11일인가 종료할 때까지 88수중이 계속했던 거죠? 중간에 말씀하신 것은, 나중에 상하이샐비지에서 인양을 위해서 들어온 바지를 타보니까 그 바지였다면 언딘이나 88수중 바지보다 성능이 좋고 사이즈도 크고 해서 수색에 훨씬 더 도움이 됐을 거라는 말씀을 해주신 걸로 이해를 하겠습니다. 저희 잠깐 쉬겠습니다.

준형 아빠　　예, 예.

(잠시 중단)

6
공작과 사찰

면담자　　쉬면서 잠깐 진도체육관 철수 이야기를 하셨는데, 구술 증언으로 남기는 것이 좋을 듯하네요. 죄송하지만 다시 한번 간략하게 말씀해 주시지요.

준형 아빠　　[진도군 범국민대책위원회라는 사람들이] 여기서 와서 "체육관을 빼달라"는 거예요, 체육관은 공사 들어가야 되고 여기 국민체육대회[2015년 4월 개최, 전라남도체육대회(전남 체전)] 한다고. 그래서 저희 너무 어이가 없었죠. 근데 "알겠다. 그러면 우리도 옮길 자리를 만들어주고 좀 빼라고 해라. 이런 식으로 강압적으로 하지 말고" [라고 답했죠]. 어떨 때는 술 먹고 와가지고 행패도 부리고 그랬었어요. 근데 이제 8월 달부터 소문이 돌기 시작했어요. 어떤 소문이냐면 "실종자 가족들이 포기를 하고, 수색 포기를 하고 인양해 달라고 요청하게끔 공작이 들어온다" 이런 소문이 돌았었어요. 근데 솔직히 말씀드려서 그렇게까지는 생각을 안 했었거든요. 근데 지금 뭐죠, 저 문서에 보면 그 공작이 들어왔던 게 나오더라구요. 그래서 그 당시에 실종자 가족들과 유가족과 무지하게 갈라버렸어요, 정부 측에서. 그게 해경이 됐든, 해경 정보관이 됐든 뭐 기무사가 됐든 갈라놨어요. 갈라치기를 하면서 여러 가지, 그러니까 팽목항에 와서 팽목항에서도 행패도 부리고, "그만하라"고.

그런데 우리도 그만하고 싶죠, 거기 있고 싶지 않죠. 아이들만, 그러니까 실종자들만 찾으면 거기 있으라 그래도 안 있죠. 다 집이 있고 있는 사람들인데 누가 거기서, 체육관에서 먹고 자고 하면서 또 팽목항 컨테이너에서 먹고 자고 하겠어요. 근데 그런 공작들이 있었어요. 있었고, 그때부터 이상하게 그러니까 우리 측 변호인인 배의철 변호사가 계속 정부 편을 드는 거예요. 정부가 얘기한 방법, 정부가 얘기한 그쪽으로 계속 가는 거예요. 싸움도 많이 했어요 배의철 변호사하고, "너 도대체 왜 이러냐?" [그러면서]. 유가족들이 보기에, 그러니까 제가 아까 말씀드렸다시피 거기만 계속 있으면 상황을 제대로 파악을 할 수가 없어요. 근데 거기에 있다가 안산이라든지 서울 잠깐 갔다가 내려오면 냉정하게 파악이 돼요. 근데 배의철이, 배의철 변호사가 하고 있던 행동들은 '어, 이 사람 이렇게 하면 안 되는데' 하는 행동들을 하고 있었단 말이죠.

그래서 수색을 계속 요청을 하려고, 동절기 수색까지 요청하려고 이쪽, 그러니까 전명선 그 당시에는 진상규명분과장이었죠, 분과 위원장이었죠, 전명선 위원장한테 동절기 수색 방안을 좀 부탁을 했고, 그리고 우리 가족들은, "빨리 수색해 달라. 수색 중단은 있을 수 없다" 해수부에, 해수부 장관 이주영 장관의 한결같은 얘기예요. "수색 중단은 있을 수 없다. 계속 수색한다. 다 찾아낼 때까지 한다"예요. 우린 그걸 믿고만 있었죠. 그런데 압력들이, 정부는 가만히 있는데 압력들이 이상한 곳에서 들어오는 거예요. 그것도 민간인, 민민 갈등을 만드는 거예요. 조장을 해버렸더라구요.

그래서 나중에는 "그래, 체육관 빼줄게", 체육관 빼주고 팽목항으로 다 옮겨 오는 것도 [받아들이려고 했어요]. 체육관 빼준다고 했을 때 거의 11월 달이었어요. 그때 우리가 전명선, 우리 가족들 한참 내려갔죠, 내려가 가지고 실종자들 기자회견하는 거 막으려고. 왜냐면 계속 요청 사항이었어요, 실종자들이. "유가족들이 내려와서 계속 수색하게 해달라" 그래서 갔는데, 내려갔는데 우리가 기자회견문이랑 다 써 가지고 내려갔거든요. 그런데 그 기자회견문하고 반대되는 기자회견문이 나온 거예요. "이제 수색 그만해 주시고 인양해 달라"고. 근데 그때 모종의 약간의 거래가 있었어요. 거래라고 하긴 좀 그렇지만 배의철 변호사가 우리 가족, 그러니까 그때 유가족들 무조건 배제했어요. 실종자 가족들하고만 회의를 했어요, 그래서 저는 들어가지도 못했고, 그 현장에. 그리고 그 전에 또 배의철 변호사하고 유가족들하고 한바탕 뒤잡이질한 일도 있고 했는데, 그때 배의철 변호사가 기자회견문이라고, 이게 이주영 장관의 기자회견문이라고 보여준 그 기자회견문에는 '인양'이라고 있었어요. 딱 명시되어 있었어요, "인양하겠다, 수색의 일환으로". 그런데 제가 그걸 안 갖고 있는 게 천추의 한인데, 그걸 다시 가져가서 이주영 장관이 기자회견할 때는 "공론화 과정을 거쳐서 인양을 하겠다"는 거였어요. 나는 그 공론화라는 뜻을 몰랐었어요. 그래서 나는 '여론을 모아 오라는 건가' 이렇게 생각을 했죠. 그랬더니 알고 보니까 공론화가 그거더라구요. 그러니까 이해관계가 있는 각 부처마다 얘기를 해서 "아, 인양합시다" 그러면 하고 "아, 인양하지 맙시다" 그러면 안 하는 게 공론화라는 거예요. 몰랐었어요, 나는 맨 처음에 여론이라는 줄 알았어요. '어, 여론 모아 오라고 그러나' 그래서 저희 그러니까 지난 다음에, 그다음 해에 2월 달에 저희 도보 했잖아요. 저기 인양해 달라고 [안산에서] 팽목항까지 가족 도보했잖아요. 우리는 그걸 잘못 알아들은 거예요, 그 저거를[공론화의 의미를].

그래서 이 공작 자체가 중요한 점은 우리가 7월 달부터 공작이 있었다는 게 소문이 돌기 시작하는 거예요. 누구한테서 나왔냐면 기자들한테 소문이 돌기 시작하는 거예요, "아, 이러 이렇게 해서 분명히 방법은 이렇게 될 것이다". 근데 그 방법대로 그대로 갔어요. 근데 그게 지금 보니까 기무사 사건이더라구요. 그리고 진짜 중요한 것 중에 하나가 뭐냐면 가족들 사찰 문제가 좀 여러 가지가 있는데, 제가 확인해 본 바로는 50명 이상이 4월 18일 이전에 통화 기록이 싹 사라졌어요. 전부 사라졌어요. 그래서 그게 참 바보 같았죠. 아이폰으로 바로 바꾸면 되는데 삼성폰을 계속 쓴 거예요. 그래서 스샷을 다 찍어놓은 거예요. 그래서 이 스샷 찍은 거까지 이쪽 삼성폰에다가 옮겼는데 어느 날 보니까 그 스샷 찍은 것도 다 없어진 거야. 그니까 그 부분에 대한 거 그래서 포기를 했었죠, 특조위 나오기 전까지는. 특조위 때는 제가 이제 신청사건으로 넣었는데 맨 처음에 알게 된 게 5월 달이에요. 5월 중순쯤에 알았어요.

어떻게 이제 우리 아들하고 나하고 통화한 내역이라든가 좀 이런거 보려고 했는데, 어? 4월 18일 이전의 통화 내역이 하나도 없는 거예요. 생각해 보세요, 내가 4월 16일 날 우리 아들한테 얼마나 전화를 하면서 내려갔겠어요. 밧데리[배터리] 두 개였는데 하나를 다 쓴, 그 아침부터 저녁까지 계속 전화 통화를 하면서 가서 밧데리 하나가 다 닳았으니까. 100통도 넘게 했는데 그게 하나도 없는 거예요. '어? 뭐야 이거. 나만 그러나?' 그리고 그때 이제 몇몇들한테 물어봤죠. "핸드폰 봐봐, 그렇게 됐던지" 했더니 아니나 달라요? 전부 다, 다 없어진 거예요. 그니까 그 당시에 목소리 좀 내고 했던 부모들 건 다 없어진 거예요, 핸드폰에서. 나는 공식적으로 처음 얘기하는 거예요. 나는 원래 진상 규명 포기했었어요. 생각해 보세요. 누가 내 폰에 들어와서, 내 디바이스에 들어와서, 개인이 이걸 할 수 있을 거 같아요? 나는 이건 무조건 조직이 했다고 생각을 해요. 근데 그 조직이 보통 조직이 아니라고 생각해요. 그러면 '야 이거 진상 규명 물 건너갔다. 그러면 빨리 딴거나 해야겠다' 해서 [진상 규명을 포기하려 했었어요].

제가 그래서 인양 쪽에, 원래는 인양TF였어요. 진도분과가 있잖아요. 진도분과는 원래 저기 투표로 뽑은 거였어요. 근데 분과장은 바꿀 수가 없으니까 인양TF로 하고, 그 TF장을 그때 진도분과 위원장이 지금 인양분과장, 그 인양분과장하고 제가 인양분과 팀장으로 하면서 그렇게 인양TF를 만든 거죠. 그래서 저는 인양만 하려고 했었어요. 인양해서 안에 있는 미수습자만 다 찾으면 '아, 나는 더 이상 바랄 게 없어'가 제 저거였었는데, 11월 달에 그렇게 되고 나서 보니까, 이거는 지금 그 문건들 나오는 걸 보면 완전히 그들 손에 놀아난 거예요. 뭐냐면 제 일거수일투족이 다 거기에 나와요. 그러니까 팽목항에 있던, 그러니까 그 실종자 가족들과 이 가족들의 일거수일투족이 거기 다 나오는데, 그 당시에 우리한테 계속 있었던 게 누구냐면 해경 정보관, 계속 우리하고 얘기하고 그 정도의 정보를 알 수 있는 거는 해경 정보관, 그다음에 심리치료사, 그리고 병원 간호사들, 의사들, 약사, 그다음에 물리치료사 정도밖에 없어요. 근데 이 중에 하나가 그러면 기무사가 있었다는 얘기잖아요, 이 중에. 해경 정보관으로 하고 기무사가 들어와 있었다는 얘기잖아요. 아니면 이들 중의 하나가 정보관으로 들어와 있었다는 거잖아요. 아니면 저거죠, 자원봉사자.

면담자　　　근데 해경 정보관 하니까 제가 생각이 나서 말씀을 드립니다만, 그 실종자 가족하고 내려와 있던 유가족들하고 엄청 가까웠잖아요. 거의 친구처럼 담배도 같이 피우고 이런저런 얘기하고 항상 옆에 같이 붙어 있었고. 그럴 때는 어떤 좀 이상한 느낌이나 이런 거는 없으셨어요? (준형 아빠 : 그런 거는 없었어요) 그러니까 이제 이런 부분에 관한 진상이 밝혀져야 되는 대목이겠습니다만.

준형 아빠　　　뭐냐면 개인 마크가 들어갔어요. 개인, 개인적으로 개별 마크가 들어와서, 좀 그러니까 저나 은화 엄마처럼 좀 괄괄하다 그러면, 그 당시에 거기 내려와 있던, 실명을 얘기하긴 좀 그렇지만 김××과장, 덩치 좋고 이렇게 팽목 이장이라고, 별명이 팽목 이장이에요, 그 양반이 담당…….. 그다음에 저 혼자 쭉, 저쪽 등대 쪽으로 걸어가면 ××경위라고 지금 해경, 해경도 무슨 학교가 있나 보더라구요, 거기 지금 교감으로 가 있는데 걔가 쫓아오고. "야 안 죽어, 애들 다 찾을 때까지는" 그러면은 "아니에요. 형이 뭐 그래요?" 그러면서 형, 동생처럼 했어요. 그리고 툭 하면 그러니까 그리스에 어떤 철학자가 그런 말을 했죠, 뭐냐 "배부른 돼지보다 배고픈 늑대가 낫다"고. 우리 사육시켰어요, 사육. 삼시 세끼 고기반찬이 나오고, 아니 그게 밥이

들어가냐구요, 근데 어거지로 찾으러 와요. 어디 나가 있으면 또 내거 냄겨놔, 와서 먹으라고. 뭐 소고기, 돼지고기, 아 징그럽게 먹었네. 근데 정말 사람이 4월 16일부터 정말 깨진 유리병 같았거든요. 근데 사람들을 좀 잘 먹여놓으니까 무뎌져. 사람들이 날카롭지가 않아요. 나도 그렇게 되더라구요. '아, 이 인간들이 우리를 사육시키는구나' 그 생각이 들더라구요.

7
인양 시점과 작업 방식에 대한 의문점

면담자   조금 다른 얘기를 했으면 하는데요. 이제 11월 11일 날 수색 중단을 결정하고 다 철수를 했단 말이죠. 근데 그때 아주 특이한 움직임 중 하나가, 그래도 가족들이 많이 믿고 있었다고나 할까 직접적으로 욕을 덜 먹은 분이 이주영 장관인데 이주영 장관은 그 직후에 정치 복귀를 바로 하죠. 그거를 보시고는 어떠셨어요? 한때는 이주영 장관이 팽목의 영웅이라고 기사가 나가기도 했습니다.

준형 아빠   쇼죠, 정치적인 쇼라고 다 생각하고 있었어요, 가족들도. 쇼인데 자식을, 그러니까 자식이 지금 40미터 물속에 있는데, 누구한테 안 웃을 수 있고 누구한테, 그러니까 어떤 사람이 나한테 저걸 요구를 해도 그 사람한테 가서 무릎 꿇고 빌 수도 있어요. 근데 이주영 장관한테 얘기를 하면 좀 일이 풀려요. 그러니 이주영 장관한테 계속 의지하게 되고, 그다음에 본청장, 서해청장, 직접적으로 얘기하게 되는 거죠, 얘기해서 해달라고 요청하고. 그러니 가족들이 친해질 수밖에 없는 거예요. 매일 오고 그러니까 얼굴 보고, 그런다고 맨날 모가지 잡고 싸울 수 없는 거고, 그러면 일이 되게 해야 되니까 그래서 했는데, 솔직히 말씀드려서 그 사람 나쁜 사람이에요. 그 사람 그렇게 하면 안 돼요.

면담자 그 직후에 수염 깎고 원내대표로 아마 출마를 하죠?

준형 아빠 그 인양, 지금 인양 문제가 나와서 말씀드리고 싶은 게 있는데, 물론 우리는 극렬히 반대를 했을 거예요. 그러면 정말 맨 마지막으로 지현이가 나왔는데 지현이가 10월 말인가 11월 1일 날 나왔어요. 나왔는데, 솔직히 말씀드려서 나오기 전에 인양 준비가 들어갔어야 돼요. 인양을 발표하고 올바른 정부면 이제 한 15명 정도 남았다, 아니면 20명 정도 남았다 그랬을 때 "자, 수색을 계속하되, 인양을 준비하겠다" 발표를 하고, 인양 준비 그게 한두 달 걸리는 게 아니거든요. 그러면 그사이에는 계속 수색을 하고 어느 순간에 [준비가] 돼서 "자, 인양에 들어갑니다. 대신 수색은 인양된 다음에 하시죠" 해가지고 정부에서 미리 발표를 해줬어야 돼요. 근데 그 내용이 하나도 없어요. 원래 인양을 정부는 준비를 했었어요, 5월 17일부터, 아니 4월 17일부터 인양을 준비를 했었어요. 그래서 5월 17일 날 인양하는 모든 시스템까지 다 준비가 돼요. 그리고 어디 가서 무슨 크레인을 빌려오고 어디 가서 바지선 빌려오고 이게 다, 어디, 어떤 기업하고 저거 뭐냐 계약하고가 다 되는데, 언딘이 빠져버리니까 이게 사그러들더니 인양이라는 거 자체를 언급도 못 하게 했어요.

그래서 우리가 잭업 바지를 그때 넣는다고 했잖아요. 그때 서해청장이 뭐라고 얘기했냐면 나한테, "잭업 바지를 넣는다"고 하니까 그러면 "인양까지 생각하고 있냐"고, "인양해야죠" 그랬더니 "아 그러시냐"고까지 얘기했어요. 왜냐면 잭업 바지가 하루에 박히면 그건 끝까지, 인양 준비까지 한다는 얘기니까…. 그래서 그날 전부 준비해 가지고 서울대 이공계 이쪽 분들께서 준비 다 하셔가지고, 잭업 바지 준비는 어디 업체 준비까지 다 하고 어떤 방법으로 잠수해서 하면 된다[고 했어요]. 그날 갔는데 한국해양과학기술원, 나는 이분이 나쁘다고 생각하지는 않아요, 근데 이용국 박사가 뭐라고 그러냐면 그 "기술TF 날, 그 결정하는 기술TF 날 갑자기 세월호가 6미터 움직였다"는 거예요. "언제 움직였는지 모르겠는데 초반에 찍었던 소나[음파탐지]와 지금 소나하고 위치가 틀리다. 후에 찍은 소나 위치가 6미터 정도 움직였다. 6미터 정도 움직였다. 태풍이 움직였는지 어떻게 했는지는 모르겠지만 움직였다"[고 하더라구요]. 그럼 잭업 바지 못 놔요. 잭업 바지 다리 내려서 놓는데 거기다가 세월호가 내리치면 더 큰 참사 나죠, 또. 바지선 뒤집어지고 잭업 바지 불가능하게 된 거예요, 그래서.

면담자　　　근데 어쨌든 지금 말씀하신 내용을 결과적으로 놓고 보면, 2014년 11월에 수색을 먼저 중단해 버리고, 인양업체가 상하이샐비지로 결정이 되고 나서 인양을 위해 움직이기 시작한 시점이 다음 해인 2015년 8월 이후거든요. 적어도 인양에 착수한 시점까지 시간이 꽤 있었는데 실제 인양은 하지 않으면서 오랜 기간 동안 수색을 하지 않은 것은 상식적으로 이해가 안 되었을 텐데요?

준형 아빠　　　그게 11월 10일 날 완전히 철수를 하고, 범대본 철수를 하고 팽목항을 비울 수가 없겠더라구요. 그래서 팽목항을 유지를 시

컸어요. 팽목항을 유지시키는데 진도군에서 "다 빼간다" 그랬거든요. 근데 "몇몇 개는 빼지 말라, 우리가 인양되면 빼줄게" 해가지고 거기에 분향소를, 아이들 분향소하고 그다음에 대강당하고 식당 그거를 우리 가족들, 가족들이 후원받고 우리 가족들 돈으로 한 거예요. 그래서 분향소, 분향소 자리가 아이들 검안하던 자리예요, 아이들 맨 처음에 올라오면 검안하던 자리이기 때문에 그 자리를 그냥 없애버린다는 게 그래서 이렇게 했고, 그 전에 팽목, 팽목성당이, 팽목에 있던 그 천막 성당이 있던 자리가 저쪽 건너편 그러니까 지금 아이들 분향소 뒤쪽으로 저 뒤쪽에 팽목성당이 있었는데, 그 천막 자리가 어떤 자리냐면 아이들 입관하던 자리예요. 다 의미가 있는 자리들이었어요. 이제 가입관하던 자리죠. 근데 팽목을 그냥 뺄 수가 없겠더라구요, 왜냐면 인양이 결정이 안 됐으니까.

인양이 결정이 됐으면 "아, 그러면 우리가 수색하는 거 좀 더 해달라"고 하고, "인양할 때 그 절차 같은 거 우리한테 좀 알려달라"고 하고 넘어가면 되는데, 인양이 결정이 안 되어버리니까 나머지 가족들을 버릴 수가 없는 거잖아요. 그래서 팽목을 유지시킨 거거든요. 그리고 순진한 생각이죠. '정말 여론을 좀 만들어보자. 만드는 방법이 뭐가 있겠냐' 했는데 그때 정말 생각나는 거는 그거밖에 없었어요, 도보. "도보로 해서 내려가자. 가족들이 내려가서, 내려가면 시민들이 하루 이틀은 걸어줄 것이 아니냐. 그 동네 시민들이 같이 걸어줄 것 아니냐. 우리 힘 날 테고 그러면 우리 가는 곳마다 조그마한 간담회라도 열어서 인양의 당위성을 설명을 하자", 그래서 출발하게 됐고 그 인양에 대해서, 그사이에도 그러니까 11월 11일, 11월 끝나는 다음부터 가만히 있었던 게 아니에요. 저희는 인양업체들, 국내에 있는 인양 업체들 찾아다녔어요. 그래서 "과연 당신들이 인양할 수 있는 기술이 있느냐, 없느냐" 이것부터 따졌고, 있다면 "과연 얼마면 인양이 가능하느냐"[에 대해서도 알아보고 했어요]. 왜냐면 그때 코리아샐비지 사장이 2014년도에 1000억 얘기를 했던 거예요. 그래서 코리아샐비지부터 갔어요. "당신 왜 1000억 얘기를 했냐" 그랬더니 코리아샐비지 사장 답변이 걸작이죠. "아니 나도 사업하는 사람인데 실패할 수도 있는 거고 리스크가 있는 거 아니냐. 리스크를 안고 한 번 실패하고 두 번째, 세 번째 성공하면 본전치기할 정도의 리스크를 안고 한다면 1000억이면 가능하겠다" 얘기를 하는 거예요. 그래서 "그러면 실제로는 반 가격이면 되겠네요" 그랬더니 "뭐, 하는 얘기지만 반 가격이면 돼요" [하고] 얘기를 하는 거예요. 근데 맨 처음에는 그 생각도 했었어요. 정부에서 안 해준다고 그래서 '모금을 할까? 아예 국민 성금으로 모금을 할까, 인양에 대해서', 그런 생각, 그게 4월 달 그때까지 줄다리기가 되는 거죠.

근데 인양이라는 부분과 아까 인양의 프로세스는 어떻게 가야 하는지 말씀드렸잖아요. 수색 기간 중에 인양이 결정되고 "이게 해야 된다"고, 근데 인양이라는 부분과 특별법, 특조위 있잖아요, 이 부분이 떨어질 수 없는 사이이거든요. 그런데 특조위가 생기지도 않았는데 시행령이 나온 거죠. 이제 특조위가 준비하고 있는 시행령이 나온 거죠. 시행령이 완전히 이거는 말도 안 되는 시행령이 나온 거예요. 그 시행령 싸움이 붙어요, 저희가. 삭발하고 말도 안 되는 시행령이라고 하면서 시행령 싸움이 붙는데 그때 정부에서 인양을 도구화했어요.

뭐냐면 시행령을 개정해서, 시행령을 개정하지도 솔직히 안 하면서 "개정을 해서 이거 받을래, 인양 받을래? 이거 안 받으면 인양도 안 줘" 이런 식으로 도구화시켜 버린 거예요. 그래서 인양 발표를 하게 되죠.

"인양을 하겠다"고 발표문이 나왔는데, 그것도 원래는 박근혜가 4월 16일, 1주기에 팽목항에 와서 발표할 거였어요, 아마. 근데 우리가 팽목항에서 아이들을 못 보게 다 걸어 잠궈버렸어요. 그리고 우리 유가족들, 미수습자, 실종자 가족들 전부 다 빠져버렸어요. 왜? 그 일 만들어주기 싫어서. 우리가 박근혜 대통령한테 그랬거든요, "안산으로 와달라", 안산에 와서 중요한 걸, 안산에 그 저기가 있으니까 아이들 합동분향소. 그거 정부합동분향소예요. 민간이 한 게 아니에요, 정부에서 한 거예요, 정부합동분향소니까. 근데 안산에는 안 오고 팽목으로 내려간 거예요. 팽목에 제가 있었거든요, 그날. 제가 숨어 있었어요. 왜냐면 제가 얼굴 아는 사람이 너무 많아서 밖에 나가면 인사시킬까 봐 저 버스 뒤에 숨어 있었어요. 그게 그 국민TV 버스였나? 아마 그럴 거예요. 그 버스 뒤로 숨어가지고 박근혜 대통령 와가지고 이렇게 이상한 노란 리본, 이렇게 머플러 비슷하게 매고 이런 거까지 다 보구요. 거기서 인사하고 우리 애들 저기 분향소 들어가려는데 문 못 열어가지고 낑낑대고 이거 다 보고 있었어요. 그러고 나서 저희 빨간 등대 있는 쪽으로 걸어가더라구요. 걸어가면서 거기서 기자회견하고 그리고 바로 갔다고 하는데 거기서 인양 발표를 했어야죠. 해수부 인양 팀은, 해수부에서 인양을 하려고 준비했던 팀은 2014년 11월부터 가동하고 있었어요. 그 이전부터도 가동되고 있었어요, 인양을 준비하던 팀들은.

그런데 발표를 안 하니 이 사이에 시간을 때워야 되잖아요. 그래서 뭘 만드냐면 '세월호 선체처리 기술검토TF'라는 걸 만들어요. 그래서 TF장이 누구였냐면 공동 장인데, 공동 의장인데 한 분은 서울대학교 이규열 교수님, 조선공학과 명예교수님으로 계시는, 그리고 한 사람은 지금 해수부 항만국장일 거예요, 박준권. 다시 항만국장으로 갔을 거예요. 근데 그때 정말 말도 안 되는 "구멍 95개 뚫어가지고 줄 걸어가지고 이렇게 하면 인양할 수 있다" 그런 보고서가 나온 거예요. "구멍을 왜 뚫냐, 안 뚫어도 인양 가능한데" 그 방법을 우리가 알고 있었어요, 가족들은. 인양, 인양이 어떻게 되는 거고 배를 어떻게 움직이는 거고 알고 있었거든요. 근데 완전히 우리를 가족들을, 그러니까 해수부는 가족들을 배제시켜 버렸구요. 가족들이 "왜 그 방법으로 하냐"고 따지니까 "기술자들이, 전문 기술자들이 [그렇게 한다고] 하니까 [그대로] 한다"고 이렇게 말을 해버리고, 그래서 인양을 발표할 때도 그렇고 이게 특조위를, 특조위하고 완전히 쪼개놓으려고 정부에서는 고의적으로…. 그리고 공교롭게도 인양업체가 8월 7일 날 선정이 돼서 계약을 해요. 그런데 8월 7일 날 특조위에 예산이 나와요. 그럼 우리 가족들은 이건 뭐 인양도 봐야지, 특조위도 봐야지…, 왜냐면 인양이 결정되니까 "이제 그러면 무슨 짓을 할지 모른다" 그래서 동거차도 꼭대기에 움막 치고 거기서 교대로 지키고 인양 다 끝날 때까지. 또 저는 저 나름대로 특조위 움직이고…. 시행령 할 때 이석태 위원장님께서 받아버리셨죠 특조위 차원에서, "이 시행령으로라도 하겠다"[고 받아들이신 거지요]. 근데 그 시행령으로 해가지고 이 모양 이 꼴이 된 거죠, 1기 특조위가.

면담자   지금 인양 얘기 조금 더 마무리하고 그다음에 특조위 얘기 들어가면서 진상분과장으로 활동한 얘기를 본격적으로 하려 하는데요. 결국은 2015년 9월에 인양이 시작이 되는데, 8월에 상하이샐비지가 인양업체로 선정되는 과정 등에 대해서 유가족들은 전혀 개입할 수 없는 상황이었나요? (준형 아빠 : 그렇죠) 그럼 그때는 어떤 활동들을 하셨어요?

준형 아빠   그러니까 인양, 인양업체 선정에 대해서 거의 극비였어요. 그렇지만 몇몇 업체는 알고 있었어요. 거기에 참여한 업체들, 입찰 참여한 업체들을 알고 있었는데 그 업체들이 내놓은 방식들을 다 알고 있었어요. 상하이샐비지는 몰랐어요. 근데 상하이샐비지가 들고 나온 방법은 정말 얼토당토않은 방법을 들고 나온 거죠. 들고 나왔는데 인양에 대해서 좀 미스터리한 점들이 많아요.

2014년 4월 17일부터 인양 사무실은 해경에서, 해수부에서 그 목포, 그 서해 뭐냐 서해청 건너편 오피스텔을 하나 얻어가지고 인양 사무실을 만들거든요. 만들어서 그때 언딘이 활동할 땐데, 언딘과 같이 중국을 갔다 와요. 차이나샐비지, 그 차이나샐비지가 상하이샐비지, 광저우 그다음에 옌타이를 합쳐서, 세 업체를 합쳐서 차이나샐비지라고 하는 거예요. 국영기업이에요. 근데 여기 그러니까 옌타이가 됐든 광저우가 됐든 상하이가 됐든 이 업체들을 만나고 와요, 그 해수부에서 해경하고 언딘하고. 그런데 1000억 얘기를 흘렸잖아요. 우선 코리아샐비지가 흘렸어요. 1000억 얘기를 흘렸는데 세월호 선체처리기술 TF 여기서도 1000억 플러스알파 얘기를 해요. "1000억에서 플러스알파 할 것이다" 얘기를 해요, 내가 알기로는 1000억이 아닌데. 그래서 전부 업체들이 1000억 그 언저리를 써 내는 거예요. 근데 상하이만 855억, 신공법으로.

상하이 공법 나왔을 때 우리가 "불가능하다" 그랬어요, 가족들이. 왜냐면 그건 불가능해요. 왜냐면 1만 4000톤짜리 크레인이 중국에 있어요. 지금 우리 저기 배 이렇게 직립할 때 보면 1만 톤짜리 크레인이거든요, 그게. 그게 국내에서 가장 큰 크레인이고, 중국에는 1만 4000톤짜리 크레인이 있어요. 근데 그걸로 한 번에 들겠다는 건데 그 들…, 한 번에 이렇게 작업을 하려면 크레인 본작업이 들어가려면 5일 이상, 적어도 5일 이상 파도가 1미터 이하여야 되구요, 그다음에 붐대라 그러죠? 이 꼭대기 그러니까 그 크레인 꼭대기에 거기 바람이 초속, 그것도 우리는 또 아닌데 초속 5미터 이하의 바람이 불어야 돼요. 그런데 우리가 저 동거차도나 거기를 자주 가봐서 아는데 1년에 그런 날은 이틀도 안 돼요. 그러면 불가능한 공법이라는 걸 분명히 알고 있었거든요, 해수부도 알고 있었고 우리 가족들도 알고 있었고. 우리가 선체 들기 할 때, 선체 이렇게 선수 들기 할 때, 저는 여러 가지가 아이들이 도와준다고 생각하는데 선수 들기 할 때 지금 크게 찢어진 데 있잖아요. 그거 안 찢어졌으면 배 부러졌어요. 보통 전문용어로 '세그 난다' 그러는데 V자 형태로 뚝 부러지거든요. 왜냐면 아니 가운데가 무겁고 뒤에가 무거우니까 여기가 들어가 버리면 여기가 뚝 분질러지죠. 배 잘 부러져요, 배가. 배가 용골[배 밑을 선수에서 선미까지 꿰뚫은 부재]이 있는데, 그니까 배 밑바닥은 강하지만 옆은 되게 약해요. 그래서 잘못하면 부러지는데 이게 파고들어 가가지고 안 부러진 거예요.

그래서 나는 '참, 세월호는 아이들이 도와주는 일이 많다' 생각을 한 거예요, 진상 규명할 때.

면담자 지금 말씀 중에서 '상하이샐비지의 선정 과정에도 미심쩍은 대목이 (준형 아빠 : 그건 무조건, 무조건) 있다' 이렇게 보시는 거고, 심지어는 '2014년 초기부터 해수부에서 준비했던 TF 활동의 연장 선상에 있다' 이렇게 보시는 거고, 그리고 사실은 상하이샐비지가 초기에 제안했던 방법대로 인양을 하지도 않았고, 결과적으로는 다른 뭔가의 목적이 있었을 수도 있다고 생각하시는 것 같아서 제가 다시 여쭙습니다.

준형 아빠 무조건, 좀 저속한 표현이지만 빨대 꽂은 놈 있구요, 누군지도 알아요. 대전에 있는 모 업체인데 1인 기업이에요. 근데 이 사람이 오션CNA라는 업체와 상하이샐비지 컨소시엄을 묶어줘요. 그래서 상하이샐비지 컨소시엄이 들어오거든요. 근데 그때는 7대3이었어요. 70프로, 30프로, 그러니까 외국 업체가 70프로의 저걸 가져가고 30프로는 국내 업체가 가져가는 거였는데 나중에는 이게 또 바뀌어요. 92프로 대 8프로로 바뀌는데, 이 바뀌는 과정도 되게 웃기고 우선 액수가 1400억이 넘게 들었어요. 지금 그래서 340억인가가 해수부에서는 결제 도장이 다 떨어져 가지고 은행에 있어요. 근데 선조위에서 "잠깐 점검 좀 해보고" 해가지고 그게 묶여 있고, 선조위에서 감사청구를 했어요, 인양 과정에서. 감사청구한 게 아마 저기 사참특위로 결과가 넘어올 건데 이건 무조건 비리 있구요. 빨대 꽂아서 저거 하는 인간들 있구요, 이 비리 무조건 나올 수밖에 없는 거구요. 이 업체로 갈 수밖에 없는 환경을 조성한 거예요. 1등이 상하이, 2등이 옌타이

같은 기업이에요. 상하이 855억, 옌타이 999억, 3위가 타이탄이에요, 1000억. 이 둘이 싸우면 모르겠지만 얘하고는 현격한 차이가 나잖아요. 가격 점수예요, 이거는. 정부가 발표할 때는 "기술 점수 90에 가격 점수 10으로 준다"고 그랬어요. 근데 기재부에서 뭐라고 했는데요, "여기 가격 싸서 얘네 준 거예요" 그러는데요, 뭐.

이 정부 공사라는 게 참 뭐 어떻게 표현해야 될지 모르겠지만 웃기지도 않은 게 뭐냐면, 자 내가 이런 공사를 하나 정부 관급공사를 하나 따잖아요. 원래는 내가 이거 1억에 수주를 받잖아? 받는데 한 반절 지원을 받더니 1억을 벌써 다 썼어요. 그러면 더 청구하는 거예요. "아니, 이거 반절밖에 못 했는데 1억 다 썼는데요" [하고] 사유서 써가지고, 그러더니 이게 855억짜리가 1400억이 된 거예요. 거기다 배도 뉘여서 올라오고…. 근데 제일 비싼 게 스미스[네덜란드 인양업체]였어요. 스미스가 1400억이었어요, 스미스 컨소시엄이. 근데 스미스 컨소시엄이 "배를 세워가지고, 배 세우기까지 다 해서 온전하게 올려준다" 그랬거든요. 상하이도 세우는 방법이 있었어요. 세우는 방법을 안 썼어요. 근데 1400억이었다구요. 그런데 이들이 지금 저기 보면, 인양 그 전반적인 상황을 보면 배를 부수려고 생각을 한 거예요. 인양하고 싶지 않았던 거예요.

그런데 참 나 애들이 도와줬다고 하는 게 뭐냐면, 촛불혁명이 불 같이 일어났죠. 정부는 정권은 바뀌게 생겼는데, 해수부 공무원들 입장에서는 정권은 바뀌게 생겼는데 인양은 안 하고, 안 하면 이건 완전히 큰일 나게 생겼거든요. 그러니까 [2017년] 3월 말쯤에 우리한테 통보가 와요, 시험 인양을 하겠대. 근데 잘 아서야 될 게 뭐냐면 인양이

139

2회차

제일 힘들 때가 언제냐면 땅에서 뗄 때예요. 1센티미터 뗄 때 이때 힘이 가장 많이 들어가요. 그다음부터는 힘 별로 안 들어가요. 왜냐면 중성부력[중력과 부력이 동일한 상태] 때문에 그 힘 그대로 올라오는 거예요. 근데 시험 인양을 하겠다는 거예요. 10미터 떼고 다시 내려놓겠대. "미친 거 아니냐"고, "떼었으면 들어가지고 들어 올려야지 왜 내려놓느냐"고 했더니, 그날 들어 올린 거예요, 진짜로. 들어 올리는데 뭐라고 하냐면 전화가 와요 담당자한테, "좌현 앰프가 열렸는데 안 잘라 내면 반잠수식 선박에 못 올려놓는다"고, "잘라야 된다"고. 그럼 우리 가족들이 어떻게 얘기하겠어요. 자르라고 해야죠, 자르지 말라고 할 수는 없잖아요, 다시 내려놓을 수는 없으니까. 방식도 바뀌었잖아요, 맨 마지막에. 아까 교수님 말씀하시다시피 크레인 방식이 아니에요.

탠덤 리프팅 방식이라고 해서 이건 몇 톤까지 들 수 있냐면, 날씨에 상관없이 2만 5000톤까지 들 수 있어요. 그리고 배도 똑바로 세울 수 있어요. 어떻게? 양쪽에서 드는 거잖아요. 한쪽은 풀고 한쪽은 댕기면 배가 서요. 이렇게 배를 세우는 거예요. 원래 배를 세워서 인양을 하는 거예요. 샐비지라는 단어가 뭐냐면 자력으로 배가 뜨게 만드는 거예요. 배를 이렇게 끌어올려서 물을 다 빼낸 다음에 뭐냐 때울 데 다 때우고 자력으로 배가 뜨면 샐비지가 성공된 거예요. 그게 샐비지예요. 그건 턴키방식은 안 써요, 그 샐비지 업체들이. 그래서 한 번에 성공하면 대박이 나는 거예요. 보통 뭐 그러니까 해외 사고들이 심심치 않게 나요, 화물선들. 나는데 이 화물선들이 안에 뭐 유독 물질이라든지 기름이 있다든지 그러면 빼내고 이 배를 인양을 하거든요.

그때 인양할 때 돈 한 푼도 안 줘요. 보험사에서 대부분 하거든요. 그런데 인양이 성공하면 대박이 나는 거예요. 왜냐면 한 번에 성공하면 별로 한 거 없다니까요. 들어가지고 물만 안 새면 돼요. 배가 자력으로 뜨기만 하면 되는 거예요. 그러면 예인선으로 끌고 가는 거예요. 이게 샐비지예요. 근데 지금 저 세월호 어떻게 되어 있냐면 완전히 다 박살 내어놓은 거야. 박살 내서 밑에 받치고 끌어 올린 거야. 그러니 우리가 보기에 "저게 인양이냐" 하는 거예요. 말도 안 되는 짓거리들을 하는 거예요.

면담자   상하이샐비지에서 최종적으로 인양을 했는데 아까 잠깐 말씀 나오셨습니다만, 인양이 된 시점이 일반적인 관점에서는 '늦어도 너무 늦었다. 이렇게 시간이 많이 걸릴 이유가 없다'는 의문점 하나하고, 그다음에 실제로 물속에서 작업을 하니까 그 물속에서 왜 그런 작업을 했는지에 대한 의문점, 두 가지 의문점을 많은 사람들이 가지고 있을 거 같아요. 그래서 물속에서 한 작업들에 대한 추정들, 그리고 인양 시점이 그렇게 늦어진 이유들, 그런 언저리를 조금 더 말씀해 주시죠.

준형 아빠   인양을, 그들의 방법은, 저 핸드폰 잠깐만 줘보세요, 이게 세월호면 (핸드폰을 들며) 리프팅 빔을 넣고 리프팅 빔을 들어서 세월호를 그대로 옮기는, 올리는 거였어요. 근데 리프팅 빔을 넣으려니 배가 땅에 붙어 있으니까 배를 들어야 될 거 아니에요? 이게 선수 들기예요. 선수 들기가 가장 고난이도예요. 그 선수 들기를 해서 얘를 얹히는 거예요. 얹은 다음에 그러면 여기가 자연스럽게 뜬다고 생각을 한 거죠, 이 사람들은. 그래서 여기다가 그냥 빔만 넣으면 된다고 생각한 거예요. 그런데 이 사람들이 잘못 생각한 게 뭐냐면 배 구조에 대해서 전혀 모르는 거야. 배가요 휘어요, 자체가 휘어요. 그래서 배가 가장 무거운 데는 후미 쪽이거든요, 엔진이 거기 있기 때문에 여기가 축 처진 거예요. 그러니 "어, 높이가 안 나오네" 그리고 여기 밑에를 계속 파요. 파면 이게 다음 날 빔을 넣으려고 보면 또 처져 있고, 또 처져 있고 이런 거예요. 이걸 6개월 한 거예요. 그들 말에 의하면 "이 바닥 성질이 해수부가 준 자료와 틀리다, 틀렸다, 너무 이게 단단했다" 이런 말도 안 되는 [이야기를] 국회 인양 발표 때 하는데, 이게 우리, 이건 우리 가족들도 알고 있는 지질이라구요.

거기는 땅이 뭐냐면 자갈하고 모래가 콘크리트처럼 뭉쳐 있는데 이게 성기게 뭉쳐 있는 거예요. 그래서 겉은 딱딱하지만 안으로 팔수록 물러져요. 근데 이게 참 작업하기가 좀 쉽지 않은 게 뭐냐면 흙으로, 모래로만 되어 있거나 자갈로만 되어 있으면 삽이 잘 들어가요. 그런데 이게 섞여 있으면 삽이 안 들어가는 거예요, 원래. 근데 그 성질의 땅이에요. 그런데 여기를 쟁기질을 한 거예요, 그리고 여기다 나머지 리프팅 빔을 넣는다고. 그런데 자꾸 처지니까 얘네 입장에서 못 넣는 거예요. 그러니까 나중에는 어떻게 되냐면 여기를 받쳐요, 잡아요. 그리고 여기다 하나를 넣어요, 맨 뒤에다가. 지금 여기 후미 들기를 했는지 안 했는지가 확실치 않아요. 왜냐면 지금 선조위에서 조사를 했는데도 후미 들기는 안 했다고 나오는데 후미 들기 한 흔적들이 있거든요. 그런데 후미 들기는 안 했다는 거예요. 아무튼 그래서 여기다 리프팅 빔을 넣고, 마지막 리프팅 빔을 받치고 가운데다가 넣은 거예요. 넣었는데 완전히 다 찢어졌죠, 배가. 근데 우리는 이게 이 계산

142
준형 아빠 장훈

이 됐다구요, 가족들은. "분명히 저거 다 찢어먹는다. 리프팅 빔으로 다 긁어먹는다" 했는데 해수부만 "원형 그대로 인양할 수 있다"고 주장한 거죠, 해수부와 상하이샐비지만. 그런데 결국은 뭐였어요? 들어 올려보니 배가 그렇게 많이 상해 있을지는 몰랐죠. 저는 딱 보는 순간 '아, 배 증거적인 가치, 이건 거의 없겠구나. 있어 봐야 아주 사소한 것들만 찾을 수 있고 정말 중요한 증거적인 가치[는 거의 없겠구나' 하는 생각이 들었죠].

그러니까 이런 얘기도 있었잖아요. 잠수함 설도 있고 여러 가지 설이 있는데 '그런 증거적인 가치가 전부 훼손당했구나. 그러면 저기서 나올 수 있는 자료, 증거적인 자료는 최우선적으로 잡아야 될 게 디지털 자료겠구나' 생각을 했어요. 그니까 되게 웃기죠. 가족이 유가족인데, 이거는 보통 조사관이라든지 아니면 해경 아니면 이런 수상 업무에 종사하는 사람들이 생각해야 될 문제거든요. 근데 가족이 먼저 생각해서 가족이 먼저 챙기는 거예요. 핸드폰이 나왔는데 핸드폰을 그냥 지퍼 백에다가 넣어가지고 보관하고 있는 거예요. 가져오라고, 내놓으라고 해서 싹 닦고, 닦아내고 그 극초순수액이라고 있어요, 물을 네 번 증발시킨대요, 한 번 증발시킨 물을 한 번 또 증발시키고 순수한 물, H_2O 그 극초순수액에다가 담그는 거예요. 그래서 염분을 빼는 거예요. 빼야 이걸 살릴 수가 있거든요. 그 과정을 가족들이 배 인양하고 나서 한 거죠.

인양에 전반적인, 아까 시기상조도 그렇고 인양의 프로세스라든지 인양 후 프로세스들이, [정부에서] 하나도 준비 안 했었던 거예요. 그러다가 배를 끌어 올려보니 이제 준비할 게 되게 많잖아요. 이제 범대본 같은 기구를 목포 신항에서 차린 거죠. 차렸는데, 국과수가 왔는데 신원확인 팀만 보낸 거예요. 그 증거적인 가치를 아무것도 보지를 않는 거예요 세월호에 대해서, 우리는 세월호 자체가 증거인데…. 그런데 이들이 정말로 핸드폰은 개인정보라서 저희가 개입, 그 선조위 사람만 볼 수 있고 저희는 볼 수 없었어요. 핸드폰에 아직 유의미한 자료가 안 나왔나 보더라구요. 근데 유의미한 자료가 나와버렸잖아요, 블랙박스 영상. 자, 누가 저를, 제가 "2014년 4월 16일 사고 당일 그 시간에 10분만 아니 1분만 보여줘"라고 했으면, [그걸 볼 수만 있다면] 내 전 재산을 줄 수도 있어요. 그런데 못 하잖아요. 그걸 할 수 있는 게 있어요, 블랙박스. CCTV도 나갔죠. CCTV도 꺼져버렸잖아요. CCTV도 나갔죠, 그다음에 밖에서 볼 수 있는 영상들은 넘어져 있는 영상들밖에 없죠.

넘어질 때 상황을 알 수 있는 방법은 블랙박스 영상밖에 없는 거예요. 우리 차 나올 때 있잖아요. 차가 이렇게 크레인으로 끌려 나오잖아요. 그러면은 가족들 물통 딱 들고 대기해요. "나온다, 가자" [하고] 가서 선조위, 해경, 코살[코리아샐비지], 해수부, 그다음에 우리 가족 입회하에 블랙박스 회수[하고], 사진 다 찍고, 다 씻은 다음에 다 증거, 증거화해 가지고…. 우리 손은 안 댔어요. 가족이 손대면 또 증거가 안 될 거 같아서 "선조위, 니가 해", 선조위 없으면 "경찰, 당신이 하라"고 해가지고 그것도 저거 보내고, 포렌식 보내고…. 이런 일련의 노력이 없었으면 아마 하나도 안 나왔을 거예요, 증거가.

근데 정말 얘기하고 싶은 게 그거예요. 왜 저 방식으로 해서 저렇게 파손시켜 가면서 세월호를 인양을 했어야 했는가. 그것 말고도 스미스 방식이에요, 그게. 탠덤 리프팅 방식, 이거는 스미스에서 오픈을 한 방식이에요. 그게 어떤 방식이냐면 러시아 핵잠수함이 어뢰가 터져가지고 북해 심해에 가라앉았을 때가 있었어요. 그때 뭐냐 푸틴이 대통령이었는데, 푸틴이 구조잠수정을 늦게 보내가지고 거기는 그 밀폐된 공간에 살아 있던 사람들이 질식해서 죽어간 그런 배인데, 나중에 그 사람들이 쓴 유서도 나오고 하던 배인데, 그 "잠수함 앞에, 앞에만 자르고 통째로 들어 인양을 해달라" 그래서 앞에만 비밀스럽게 잘라가지고 비밀스럽게 갖다주고 나머지를 통째로 들어 올린 방식이 그 탠덤 리프팅 방식이에요. 이건 공개적으로 스미스가 "우리 기술이야" 하고 오픈을 해버린 거예요. 그러니까 거기에 영상도 CD로 만들어서 각 업체마다 돌려놓고 그래서 우리는 그 방법을 알았죠. 어떻게 하는 건지, 배를 어떻게 자르는 건지도 알고.

맨 처음에는 세월호 자른다는 소리가 나와가지고 그걸 못 자르게 막느라고 [무진 애를 썼는데], 그래서 인양이 됐는데 와 정말 처참하게, 과연 세월호가 맞나 싶을 정도로 처참하게 인양을 시키고…. 그런데 '과연 저기서 증거가 나올까' 했는데, 그래도 맨 처음에 발견한 것도 우연찮게, 박종필 감독 돌아가셨잖아요, 박종필 감독이 한 한 달인가 두 달 정도, 아니 한 달 정도 이렇게 가만히 앉아서 수습하는 것만 찍으니까 좀이 쑤신 거야. 이 사람은 들고 뛰면서 찍는 피디인데, 그니까 나한테 하소연을 하는 거야, "아니 좀 중요 부위 좀 찍게 해달라"고. "좋다"고, "찍게 해준다"고 그래서 선조위, 그때 마침 선조위가 될 때니까, 해수부 가가지고 "배 밑에, 그러니까 리프팅 빔 그 사이 거기서 촬영하겠다"고 그랬더니 "그거 촬영해서 뭐 하려고 그러냐"고 [하더라고요]. 그래서 "다 기록으로 남겨놓으려고 한다"고, 그리고 "이거 선조위 걔네 줘야 된다"고, 선조위 그 뭐냐 저 "백서 만들 때 이런 거 다 필요하다"고 했더니 순수하게 그냥 오케이하더라구요. 그래서 배 밑에다가, 되게 많이 터졌어요. 좌현 밑에 다 되게 많이 터졌잖아요. 거기 막 다 찍고, 안에다 찍고 그다음에 이렇게 쓱 돌아오는데 그 스태빌라이저 그게 돌아갔더라구요. 그래서 "종필아, 이거 찍어 빨리" 그랬더니 "이거 왜?" 그래서 "돌아갔잖아. 이거 증거야. 찍어" 그러니까 찍고, 위에 올라와서 사진 찍고···. 그래서 그걸로 인해서 외력설이 나온 거예요. 스태빌라이저가 돌아갔잖아. 스태빌라이저는 그렇게 돌면 안 되거든요. 근데 역으로 돌아갔어. 그래서 지금 뭐 "추정상으로는 배가 이렇게 땅에 박힐 때 박혀가지고 배가 움직였다" 그랬거든요. 그때 움직였나 싶기도 한데 그걸 "외력으로 뭐 했다" 그러면 어쩔 수 없는 거고···. 그래서 선조위가 좀 애증이에요, 애증, 저한테는 그것 때문에.

8
선체조사위원회 활동의 공과

면담자   그럼 이야기 나온 김에 선조위 얘기도 조금 하고 싶은 데요. 진상규명분과장으로서는 인양 후의 선조위의 활동이 진상 규명에 가장 핵심적인 작업 중에 하나라서, 시간적으로는 훨씬 최근의 일이기는 합니다만, 먼저 지금 인양과 맞물려서 여쭈려고 하는데, 선조위 출범할 때 우선 인선이라든지 등등에는 유가족들이 관여가 가능했습니까?

준형 아빠　　가족 추천 위원이 세 명이었구요. 그중에 한 명이 상임
위원, 그다음에 민주당 추천, 그다음에 그때 국민의당 추천, 자한당
추천해 가지고 여덟 명으로 구성이 되게 되어 있었어요. 그런데 선조
위가 되게, 만들기 전까지만 해도 정말 그분들이 그런 분들인지는 몰
랐었어요, 나는 해피아가…. 내가 일부러 서울대를 **뺐**거든요. 서울대
를 많이 **뺐**어요, 서울대 조선학과를. 근데 두 분이 들어왔어요, 이동
권 위원하고 장범선 위원이. 서울대 조선학과 출신인데 두 분이 들어
오고, 나머지는 다 해양대 출신이에요. 그래서 그다음에 위원장님이,
김창준 위원장님이 서울대 법학과 변호사 출신이시고, 이분[의 전문
영역]이 재재보험이에요. 재재보험이 뭐냐면 배를 우리나라 보험사에
다가 배를 보험을 들면 이 배가 너무 부담이 되니까 우리나라 보험사
가 외국 보험사한테 또 재보험을 들어요. 이걸 재재보험이라고 그러
는 거예요. 이 재재보험 전문 변호사예요. 그러니까 '아, 많이 알겠구
나'라는 생각에 오케이를 했죠, 민주당 추천 인사. 그리고 가족 추천
은, 가족 추천 상임은 권영빈 상임, 특조위 하시던. 아, 정말 1년 넘게
싸움하는데, 둘이 싸움을 하는데 미쳐버리는 줄 알았어요.

면담자　　1년 넘게라는 건, 선조위를 시작한 게 2017년 3월인데,
"최근 2018년 선조위 작업이 마무리될 때까지 계속 여러 문제가 있었
다" 이런 말씀이시네요.

준형 아빠　　그렇죠. 제가 서울대를 배제한 이유 중의 하나가, 서울
대를 많이 넣지 않은 이유 중의 하나가, 위원 중에 그러니까 이규열

교수님이 했던 그 선체처리기술TF의 영향이 컸어요. 왜냐면 그 얼토
당토않은 보고서거든요. 그거 50억짜리 보고서예요, 보고서가. 근데
"뼈대에 구멍 뚫어서, 뼈대에다가 걸어가지고 들어 올리면 인양 가능
하다" 이거는 나도 해요, 그거는. 근데 그 보고서가 나왔으니 "이게 서
울대를 좀 뺍시다" 해가지고 인사할 때 그 위원에 서울대를 좀 줄인
거예요. 줄여놓고 해양대 출신들을 하다 보니 '야, 해피아가 여기네'
이렇게 되는 거예요.

이게 선조위라고, 선조위 조사관을 뽑는데 항해를 둘 뽑으면 구조
역학을 하나 뽑아야 돼요. 근데 구조역학은 안 뽑아요, 항해만 다 뽑
아, 항해사 출신들, 해기사[운항, 엔진, 통신 등의 선박 전문가로 국가 면
허를 취득한 사람], 해기사 출신들. 그래서 "아니, 차량 거래를 하는데
운전기사를 왜 이렇게 많이 뽑아" 내가 이런 식으로까지 얘기했다니
까요. 그랬더니 배는 몰아본 사람이 안다는 거지, 그 사람들의 지론
은. 아니 내가 저번에 경미한 사고가 나긴 했지만 저도 무사고 20년이
거든요. 차에 대해서 하나도 몰라요, 잘 끌고 다녀도. 근데 어떻게 아
냐고, 내 얘기는. 구조, 엔진 이런 사람들을 골고루 뽑아야 되는데 해
기사 출신들이 주를 이루다 보니까 '해피아가 여기구나' [하는 생각이
들더라고요]. 그래서 어디로 가는지 아세요? 해양대를 졸업하면 대부
분 해양 관련 업종으로 가잖아요. 거기에 해경도 있고 해수부도 있는
거예요. 〈비공개〉

조사하라고 뽑았는데, 정말 공도 있고 과도 있고. 모든 일에는 [공
과가] 있겠지만 과라고 한다면 너무 많고, 여러 가지로 참 할 말이 많
은데, 공이라고 한다면 세월호에 관한 독립적인 조사 기구가 처음으

로 보고서를 썼다는 거예요. 물론 이게 종합 보고서, 개별 사건 보고서도 있지만 종합 보고서 자체가 하나의 결론이 난 건 아니지만, 열린안과 내인설 이렇게 둘로 나뉘었지만, 그래도 보고서가 나왔다는 게 중요한 거예요, 저한테는. 왜냐면 1기 특조위에서 강제로 해산당하고 보고서 하나도 못 나왔어요. 특조위 끝난 다음에 우리도 몰랐어요. 뭐가 나왔냐면 특조위 청산 보고서가 나와요. 이걸 누가 쓰냐면 해수부 애들이 써요. 그리고 여태까지 독립적인 기구에서 해수부를, 뭐냐 저걸 조사한 게 세월호를, 세월호 선체를 조사한 게 아무것도 없잖아요. 근데 처음으로 만들어졌다는 거, 처음으로 [보고서가], 그게 의미하는 바가 되게 크죠, 저희 입장에서는. 왜냐면 기준선을 만들어줬다는 거잖아요. 기준선이 없으면 어디다 대고 비빌 데가 없는 거예요. 그래서 여기서는 지금 내인설과 열린안이니까, '안에 있는 그 원인으로 인해서 침몰할 수 있다'는 내인설, 그리고 '안에 있는 원인 갖고는 도저히 침몰이 안 되니 밖에 있는 다른 것까지 찾아봐야 된다'가 열린안이거든요. 그 두 가지, 그러니까 안을 만들어놓은 것만 해도 나는 얘네한테 잘했다고 한 거예요. 그 싸움에서, 치열하게 싸웠거든요, 정말.

면담자   최종 보고서의 내용과 관련된 증거, 사진이라든지 개별적인 조사 분석에 대한 문건, 이런 건 다 확보가 되어 있겠죠? (준형 아빠 : 예, 그렇죠) 그리고 그것들도 앞으로 활동할 사참특위에 굉장히 중요한 기준선이 될 수 있다고 보시는 거겠네요?

준형 아빠   그렇죠. 그리고 이런 게 있어요. 보고서 하나 못 쓰는 위원회를 두 개를 연거푸 지나온다면 '과연 사참특위가 왜 있어야 하지?' 하는 무용론이 나올 수 있단 말이죠. 근데 꼭 여기서 보고서가 나와야 돼요, 중간 다리 역할을 하는 이곳에서. 그래야 사참특위에서 이 보고서를 바탕으로 뭘 할 거 아니에요. 이 보고서조차도 없으면 또 새로 시작해야 되는 거잖아요.

면담자　　두 개의 안이 나온 보고서에 대해서 여러 가지 논란이 있었는데, 진상규명분과장의 입장에서 말씀은 잘 들었어요. 그러면 이제 거기에서 정말 의도적으로, 아까 '해피아'라는 용어를 쓰셨습니다만, 의도적으로 조사를 방해한 움직임과 그래도 객관적이고 과학적인 결과를 내려고 하는 움직임의 대립이 있었을 텐데, 그것에 대해서 아시는 걸 간단하게 좀 소개해 주시죠.

준형 아빠　　우선은 수밀문하고 맨홀 문제예요. 수밀문은 물이 못 들어오게 하는 일차적인 방어막이라는 거, 맨홀은 문을 닫고 댕겨야 되는 거, 근데 세월호는 다 열려 있었어요. 근데 이 얘기를 왜 꺼내냐면 조사하는 사람들이 과연 어떤 의지로 선원 조사를 했냐는 거예요. "이걸 언제 열었냐?" 늘상 열고 다녔다고 하는데 "그럼 검사를 어떻게 합격을 하나. 검사받았을 때는 닫았을 거 아니냐" 이런 얘기를 안 물어봤다구요. 이걸 의도적으로 피한 거예요. 조사 방해예요, 이거는. 방해 행위인데 조사관이 조사 방해를 한 거야, 자기 자신이. 아니, 조타실에 올라가 보면, 이 뒤에 조타실이 얼마만 하냐면 저 책장부터 이 정도예요, 이 정도 공간이에요. 여기서 조금 더 들어가면 안쪽 공간이 있구요, 안쪽에 보면 수밀문 스위치가 있구요, 방화문 스위치가 있어요. 그리고 거기에 비상벨이 있구요. "1시간 동안, 1시간 넘게, 123정 타기 전까지 애들[선원들이] 여기서 뭐 했냐"고, 이런 거를 하나도 못 물어본 거예요. "그냥 가만히 있었어요" 이게 다예요. 경황이 없어서,

어떻게 1시간 동안 경황이 없어서, 아니 저 같으면, 아니 배는 47도 이상 기울었지, 똑바로 서 있지도 못하잖아요. 그러면 어떻게든지 뭘 해야 된다는 생각을 할 거 아니에요. 얘네는 아무 생각이 없었다는 거예요. 근데 그게 당연히 통용이 돼요. 그럼 선원 조사를 하려면 기본적인 배의 상태라든지 그 당시의 상황이라든지 이걸 다 숙지를 하고, 배에 대해서 그렇게 잘 아는 사람들이면 물어봐서 틀린 답이 나오면 "야, 배가 그렇게 움직이는 배가 아닌데 무슨 말을 그렇게 해" 이렇게 질문을 해야 되는데, 이런 질문조차도 안 했다는 거예요.

면담자   저희가 구술을 할 때 의도적인 질문은 안 하게 되어 있어서 제가 억제를 합니다만, 지금 말씀대로면 조타실에 있었던 선원들이, 예를 들자면 수밀문조차 닫지 않았다는 것은 일반적으로 생각하면 어떤 의도나 또는 어떤 닫지 않아야만 할 이유가 있다든지 그런 것들을 상정하지 않으면 지금 그렇게 말씀하시기가 좀 어려운 대목이거든요.

준형 아빠   아, 이런 거예요. 범죄성을, 의도성을 밝히는 건, 의도성을 맨 처음부터 밝히지는 않아요. 어떠한 범죄 수사도 의도성이 들어갔는지는 맨 마지막에 나오는 거잖아요. 그러니까 살인을 했는데 의도적인 살인이냐 아니냐는 증거를 다 나열하고 그 사람의 자백을 받고 그다음에 의도성이 있는지 아닌지를 재판장이 하는 거잖아요. 근데 증거가 나왔단 말이죠. 뭐냐면 '맨홀과 모든 수밀문이 열려 있다'는 이 증거가 나왔다는 말이죠. 그러면 가서 확인을 해야죠, 선원들한테. "야, 이거 원래부터 열고 다녔던 거야? 왜, 니네 왜 열고 다녀? 이거 열고 다니면 안 되는 건데. 그거 언제부터 열었어?" 이런 것조차

151

2회차

[확인을] 안 했다는 거예요. 제 얘기는 뭐냐면 범죄성이 있을 수 있는데, 의도성이 있을 수가 있는데 이거조차 확인을 안 했다는 거죠. 그리고 네덜란드 마린 실험에 가서 수밀문하고 맨홀 그걸 다 닫았어요. 닫고 배를 47도 이상 기울여 봤어요. 안 가라앉아요. 물론 실제 리얼하고는 틀리겠죠, 실험이니까. 배가 50도 이상 더 기울지를 않아요. 근데 저 배는 C데크, 더블데크 부분에 천으로, 천막으로 한 부분도 있고 해서 가라앉는 시간이 10분이 될지 20분이 될지 더 늘어날 수 있었다는 거죠, 내 희망은. '그랬다면 과연 304명이라는 무고한 생명이 다 죽었을까', 그런 것조차도 확인을 안 했다는 게 과예요, 선조위의 과.

9
인양을 위한 도보 행진

면담자   마지막으로 한 가지만 더 여쭙고 쉬었다가 진상규명분과장으로서의 활동에 대한 질문으로 들어가겠습니다. 아까 제가 잊어버려서 지금 말씀드리는 건데, 이제 벌써 2018년 얘기까지 와버려서요. 2014년 11월 11일 날 성명이 발표되고 중순에 완전히 철수를 해버리지 않습니까, 그리고 1월 말부터 시작해서 도보 행진이 시작되고. 그것은 제가 생각하기에는 "이미 인양이 결정이 된 것이기 때문에 인양을 제대로 조기에 진행하라"는 요구 하나하고, 인양이 본격적으로 진행되기 전까지는 수색이 이루어질 수 있었기 때문에 수색 중단에 대한 어떤 항의랄까, 이런 의지는 없었는지 확인하고 싶어서요.

준형 아빠   우선 수색 중단에 대한 항의는 우리가 할 수 없는 거라고 생각했었어요. 그거는 실종자 가족들 본인의 몫이라고 생각했었어요. 그래서 그 부분은 함부로 입 밖으로 낼 수 없었던 부분이고. 첫 번째로 물으신 인양을 제대로 해라, 이게 아니구요. 인양을 발표해라, 인양을 해달라고. 정권 차원에서 인양을 발표해라는 거예요 "결정해라". 왜냐면 인양을 결정을 안 하고 있어요. 안 하고 그게 4월 달까지 간 거거든요. 6개월이 그냥 흘러버린 거예요. 인양을, 그러니까 2014년 11월에 인양을 결정하고 그때 업체 선정이 들어가서 시작을 했으면 2014년 아니 2015년 1주기 즈음에는 벌써 인양 팀이 들어와서 인양을 기술적으로 하고 있었을 거란 말이죠. 그렇다면 그 6개월이 허송세월이 아니[었을 거]구요, 이 6개월 때문에 1년이 그냥 날라가 버린 거예요. 그래서 우리가 계속 1월 달부터 그러니까 1월 달이 아니죠. 11월, 11월 달부터 요구를 했던 거예요, 해수부 공무원 만나면 "왜 인양 결정 안 하냐. 결정해라, 빨리". 근데 그들의 한결같은 답변은 그거였어요, "높은 데서 결정을 안 내준다".

면담자   그래서 결과적으로는 2015년 9월에 인양 작업이 시작되는, 그리고 인양이 시작된 이후에도 어마어마한 시간을 소비해서 어처구니없는 방식의 인양을 하는 결과가 되었다, 이렇게 정리를 할 수 있겠네요. 근데 어쨌든 9월까지 인양이 늦어졌었기 때문에, 그러면 11월부터 8월까지면 거의 10개월 정도 수색이 중단된 상태였잖습니까?

준형 아빠   그 상태일 때도 저희가 강하게 어필한 부분이 있어요. 뭐냐면 "니들 유실방지망 했다며", 우리한테 분명히 했다고 그랬거든요. 그리고 실종자 가족들한테도 했다고 그랬어요. 그런데 저희가 해수부한테 받은 자료에는 유실방지망이 없어요, 창문마다. '있어도 거의 무용지물 같은 유실방지망이었겠다', 그래서 저희가 인양을 요구하기 전에 "유실방지망부터 좀 제대로 해라, 해가지고 인양 준비해라", 이 요구를 했던 거예요. 근데 그걸 안 했어요. 그리고 인양이 들어간 다음에 유실방지망을 한 거예요. 그러니까 난 도저히 이해가 안되는 게 인양을 하는 업체한테 유실방지망을 다 씌우라고 할 그 돈이면 그 전에 하면 되잖아요. 그럼 그 전에는 안 했다는 거죠. 그래서 우리가, 저희가 요구했던 거는 그거예요, "있는 그대로 인양은 해주되 인양을 할 때 유실방지망을 좀 해서 [해라]". 정말 그대로 인양한 이유도 뭐냐면 유실 때문에 그런 거예요. 해수부에서 저희한테 어떻게 설명을 했냐면 "배가 이렇게 누워 있는데 배를 이렇게 세우면 이 안에서 뒤죽박죽돼서 유실될 수 있다", 이게 해수부의 답변이었어요. 그런데 물에서 저 145미터짜리 배를 세울 수 있냐구요. 그 지금 뭍에서 세울 때도 거의 1분에 1도씩 넘어갔어요, 세웠어요. 그러면 물속도 마찬가지라는 얘기예요, 천천히 세운다는 거예요. 그러면 빠져나갈 수도 없어요. 그대로 그냥 서는 거예요. 세워서 양쪽에다 유실방지망하고 건져 올리면 되는 거거든요. 근데 그거를 안 하다가 정작 정권이 바뀔 거 같으니까 그때 휙 들어 올린 거예요, 훨씬 전부터 들어 올릴 수 있었는데….

원래는 [2017년] 6월 달에 뭐냐 저거 한다 그랬었어요, 인양한다 그랬었어요. 아 그래? 그러면 우리, 저희도 스케줄을 잡을 때 그랬잖아요, 6월 달인가 보다 했어요. 근데 갑자기 3월 이십 며칠날 "시험 인양을 한다" 그래서 "아니 무슨 시험 인양이야, 들면 끝나지" 그랬더니 홀랑 들어버린 거예요. 그렇다면 역으로 들 수 있는데 안 들었단 얘기잖아요. 이건 작년, 인양한 그해에 말고 그 전해[인 2016년]에도 들어 올릴 수 있는 걸 안 들어 올렸단 얘기잖아요. 이건 일부러 시간 끌게 하고 저거 한 거라구요, 무조건. 그러면 '도대체 저 세월호에서 나오면 안 되는 게 뭐가 있길래 저럴까' 맨 처음에는 되게 궁금했어요, '화물칸 뭐 빵꾸 내났다는데 어떻게 할까'. 그런데 거기에 뭐가 있었던 간에 그 바다가 오염되고 미수습자 수습을 해야 될 거 아니에요. 그럼 인양을 빨리했었어야 되는 거예요. 최고로 악질적인 게 그거예요, 인양 결정을 늦게 한 거. 이거는 미수습자 가족들도 마찬가지이구요, 우리 가슴에도 완전히 타들어 가게 만든 거예요. 그래 놓고 그 인양 결정을 또 목적에 맞게 수단화한 거예요. 그 시행령을 정말 말도 안 되는 시행령을 고쳐주는 척하면서, 그것도 말이 안 되는 거거든요. "이거 받아, 그럼 인양해 줄게" 이런 식이었어요.

면담자   그렇게 해석이 된다는 겁니까? 아니면 (준형 아빠 : 해석이 그렇게 되는 거예요. 그리고 시기에 딱딱 맞게 그렇게 해요) 실제로 이석태 위원장이 [시행령을] 최종적으로 받아들인 직후에 인양이 결정이 되고 상하이샐비지가 작업을 시작한 꼴이 된 거죠. 잠시 쉬겠습니다.

(잠시 중단)

세월호 관련 자료실 구축

면담자　2015년에 진상분과장을 맡게 되시는 과정부터 이야기를 여쭙겠습니다만, 진상분과장으로 전임자가 누구셨죠?

준형 아빠　수현이 아빠.

면담자　박종대 씨가 하고 계시다가 (준형 아빠 : 그만두고 나가셨죠) 스스로 사표를 내신 건가요? 특별한 이유나 이런 게 있으셨나요?

준형 아빠　뭐 나중에 들은 얘긴데, 그분한테 들은 얘긴데, 뭐냐면 그때 진실의 힘 쪽하고 목요포럼인가? 목요모임인가 해서 두 군데 조직이라고 하기 그렇지만 '연구 모임 같은 모임들하고 하는 게 차라리 낫겠다'는 생각에 하셨다고 하더라구요. [그래서] 그만두셨다고 하더라구요. "여기서는 그러니까 거쳐야 할 단계들이 너무 많다", 그러니까 가족협의회라는 단체가 내가 하고 싶다고 무조건 다 할 수 있는 게 아니거든요. 내가 하고 싶더라도 정확한 사유를, 그러니까 집행위라든지 아니면 확대운영위에 밝히고 그게 통과가 되어야만이 가능한 건데 그런 절차가 그분한테는 좀 부담이 됐나 봐요. 그래서 그만두셨다고 하더라구요.

면담자　사실은 회의도 엄청 많고, 진상분과장이 핵심 위치에 있기 때문에 여러 가지 그러한 어려움은 있었을 거 같습니다. 그러면 총회를 거쳐서 분과장을 하시게 된 거겠네요.

준형 아빠　그렇죠. 임시총회를 열게 됐고, 그때가 공석인 자리가 사무처장 그다음에 총무분과장, 심리분과장 그리고 저기가 없었죠, 진상분과장이. 다 공석이었어요. 하시던 분들이 그냥 부담 느끼시고 다 그만두셨더라구요. 근데 이제 좀 에피소드가 있다면 "저 진상분과장 안 한다"고 했었거든요. 진상분과장 그거 할 때가 언제냐면 인양이 발표 날 때였어요. 인양이 발표 나고 난 다음이었어요. 나는 인양 발표 났으니까 "인양은 인양분과장이 하면 되고 나는 추모로 해서 내가 추모공원 저기 하겠다"[고 했었어요]. 안산시장하고 모르는 사이도 아니고 해서 "내가 오히려 내가 안산시하고 싸우는 게 낫지 않겠냐" 했는데, 그때 추모분과장으로 나오신 분들이 두 분이 더 계셨어요. 그러니까 이제 다른 임원들이 "그냥 여태까지 했던 거니까 진상분과장으로 하면 어떻겠느냐" 해서 '아니 내가 뭘 진상 규명에 대해서 아는 것도 없는데'[라고 생각했어요].

그때만 해도 진상 규명이라고 하면 그때 한창 재판들 이루어지고 있고 그래서 재판 과정에 대한 모니터링이라든지 재판 과정, 재판에 개입하고 이런 거인 줄 알았어요. 그런데 이제 진상분과장을 어떻게 해서 맡게 됐어요, 총회를 열어서. "열심히 하겠다"는 말밖에는 못 하죠. 아, 정말 그러니까 알고 있는 거라고는 그 상황들, 그때의 상황들 이런 것들만 알고 있지 뭐 그 당시에, 지금도 저는 세세하게 그걸 다 몰라요. 그러니까 이게 자랑은 아니지만, 지금도 당시 선원들이 어떻게 했고 [하는] 시간대별로 타임라인이 있잖아요. 저 그거 다 못 외워요. 도대체 그걸 왜 외워야 되는지 이해를 못 하겠어요. 근데 그건 뭐 제 변명 같지만 다 못 외워요, 저 그런 거. 그래서 개인적인 [생각으로는] 막막하더라구요. 뭘 가지고 싸울지도 모르겠더라구요.

1심 재판은, 그 123정 1심 재판은 끝났는데, 이제 항소심이 결심 공판만, 결심공판하고 마지막 변론하고 두 번 남았든가 그랬을 거예요. 근데 1심 재판에서는 48명의 목숨하고 시간도 30분 정도밖에 123정 한테 책임을 안 물었거든요. 도저히 어떻게 진상 규명을 해야 될지를 모르겠더라구요. 우선은 부탁을 했어요. 그러니까 그 전에 진상규명 분과에 있던 모든 분들에게 같이하자고 얘기를 했는데, 제 성격이 워낙 독특해서 그런지 몰라도 전부 다 안 하겠다고 그러시더라구요. 알 겠다고, 그래서 '나 혼자 하는 방법밖에 없겠다' 싶어서 막막했죠. 막 막했는데, 우선은 자료를 좀 봐야 되겠는데 자료가 다 흩어져 있어요. 그래서 '안 되겠다. 자료실을 만들어야 되겠다' 생각이 들더라구요. 그래서 우선 계획을 세웠어요. 자료실을 어떻게 만들 건지, 그리고 어떤 식으로 운영할 건지, 그리고 자료실을 어떻게 만들 건지 이런 것들을 계획을 세우고, 광석이하고 한광석하고 둘이서 이것저것 생각을 하면서 세팅을 하면서 원래는 되게 조그마한 사이즈의 자료실을 생각을 했었죠. 그러니까 재판 기록이나 좀 빼서 보고 이렇게 하려고.

그런데 생각해 보니 저희가 기록이 생각 외로 많더라구요. 그래서 시청각 자료도 되게 많고. '그러면 자료실을 그러니까 시청각 자료까지 같이하는 자료실을 만들어보자' 했는데, 그때 마침 [(주)]GCSC 그러니까 진도 VTS[해상교통관제시스템], 그러니까 뭐라고 하죠? 기기가 고장 나면 가서 수리해 주고 하는 그 업체의 사장한테 우리가 그 VTS, 세월호 이렇게 당시에 VTS, AIS[선박자동식별장치]하고 있어서, 그 기록을 거기서 보게 해달라 했더니 거기서 구동을 하더라구요. 구동기를 틀어주더라구요. 근데 거기서 그때 〈그날, 바다〉 [만든] 김지영 감독, 박주민 의원, 수현 아빠도 같이 갔었고, 다 같이 갔어요. 가가지고 구동하는 거 5, 6시간 했는데 그걸 빌려주겠다는 거예요, 구동기를. 잘됐다고, 그러면 "우리 자료실에 놓으면 되겠다" 그래서 자료실을 원칙을 세웠죠. "자료실에 들어오는 자료는 우선 내 허락 없이는 아무데도 못 나간다", "무조건 여기서만 열람 가능하다", "열람할 때 꼭 열람, 그러니까 도서관에 가면 열람 프로세스가 있듯이 프로세스를 짜고 출입할 때도 그 프로세스에 맞춰서 출입하게 하고 또 서가는 어떻게 꾸미고 그다음에 인터넷은 실무관이 쓸 수 있는 컴퓨터 한 대만 [둔다]". 그리고 자료실에 실무관을 배치를 하고 그다음에 컴퓨터들은 사양을 그때 최고급 사양으로 다 했으니까요. 그러고 나서 이제 우리가 틀 수 있는 자료들을, 시청각 자료들을 모아봤더니 세월호 CCTV도 있고, 그다음에 세월호를 3차원으로 스캔한 3D, 그러니까 초음파로 스캔한 게 있어요, 한국해양과학기술원에서, 그 자료도 있고 그다음에 각종 영상들 있고, 그다음에 VTS 자료 있고, 그러니까 한쪽에 시청각실이 자연스럽게 만들어지고 그다음에 거기 VTS를 가지고 구동도 하면서 많이 활용했죠, 여러 팀들이.

그리고 나머지 자료들은 차곡차곡 다 쌓아서 목록 정리하고 도저히 실무관 한 명 가지고는 안 되겠더라구요. 그래서 그때 이현정 선생님께 손을 벌렸죠. 와서 도와주십사 해서 이현정 선생님이 자료실 총책임자로 해서 이현정 선생님이 하시고, 가족들한테는 무조건 오픈, 대신 "제3자 그러니까 일반 국민이 와도 보여준다. 자료는 보여준다. 대신 못 갖고 나간다. 가지고 나갈 때는 무조건 진상분과장의 허락이 있어야 한다. 진상분과장 부재 시에는 인양분과장 아니면 운영위원

159
·
2회차

장, 집행위원장 셋 중의 한 명의 허락이 있어야만 가능하다" 그런 원칙을 세우고 자료를 이렇게 계속 모았죠. 모았는데 모으다 보니까 어느덧 30TB, 40TB 넘어가는 거예요. 그래서 특조위가 6월 30일부로 마감이, 조사 마감이 되잖아요. 9월 30일이면 끝나는 거잖아요. 그때 확운위에 제가 얘기를 했죠. "자료실을 지킬 수가 없다, 저렇게 함부로 해서는. 그래서 나는 자료실에 있는 자료 백업을 받아야 되겠다. 그래서 적어도 세 벌은, 자료실에 한 벌, 모르는 비밀 장소에 두 벌은 갖다 놔야 되겠다" 허락받고. 그때 6TB짜리 하드만, 6TB, 10TB짜리 하드 산 것만 해도 한 2000만 원어치 샀을 거예요. 그래 가지고 다 나눴죠, 나눠놓고.

이제 정권이 바뀌었으니까 지금은 다시 합쳐가지고 이제 나스 [NAS, 네트워크 결합 데이터저장 시스템] 체제로 들어가고 하는데, 그때까지만 해도 가족협의회가 없어져도 자료실은 남아 있을 수 있는, 그런 체계를 만들고 싶었어요. 그래서 가족협의회 산하에 자료실이 있는 게 아니고 진상규명분과 산하에 있었어요. 그래서 투명 조직이에요. 근데 요즘 와서 이게 좀 애매해졌어요, 위상이. 왜냐면 정관에 우리 가족협의회 정관에 없어요, 이 자료실이. 제일 중요한 건데 여태까지 비밀스럽게 한 면이 있어요. 왜냐면 그리고 옛날 자료집 있던 자리 아시죠? 그 자리, 왜 그 자리에 했냐면 거기에 경찰이 항상 와 있었어요, 그 앞에. 그래서 그 자리에다가 해놓은 거예요. 그래서 일부러 그러니까 자전거 체인 있잖아요, 일부러 그걸로 채워놨어요. 그리고 경찰들한테 "털리면 니네 알아서 하라"고 해가면서 항상 경찰이 그 앞에 있었어요. 그래서 이런 얘기까지 했어요. "합동분향소가 불이 났으면

낳지, 여기 불나면 너네 다 죽는다"고, "다 죽여버릴 거다"라고, 그 정
도로 자료를 아무튼 되게 애지중지했어요.

왜 그랬냐면 이유가 있어요. 초반에 말씀드렸던 배의철 변호사가
우리 체육관에, 우리 가족협의회 가족들 사무실에 컴퓨터에다가 그날
그날의 모든 상황들을 다 저장을 했거든요. 그 저장을 하고 가져가 버
렸어요. 그러니까 범대본 회의 자료도 없지, 해수부 자료도 없지, 없
는 거예요. 그런데 자료는 모을 생각을 안 하는 거예요, 전 분과장들
이. 전임 분과장이라고 해봐야 지금 운영위원장인 전명선 위원장하고
수현 아빠인데, 자료를 이렇게 한꺼번에 모을 생각을 안 하더라구요.
나는 자료가 따로 분산되어서 다 있는 줄 알았어요. 내가 보고 싶은
자료가 안 보이는 거예요, 뭐냐면 1심 공판 자료라든지 이런 걸 좀 봐
야 되겠는데, 그래서 자료실을 만들기 시작했죠.

자료실을 만들고 123정 2심 판결이 났는데, 그때 판결문이 여태까
지 저를 있게 만든 거죠. 뭐였냐면 시간도 대폭 늘리고 304명의 목숨
을 책임지게 만든 판결문이거든요. 그런데 형량을 줄여줬어요. 줄여
주면서 그 이유를 '혼자만의 책임으로 하기에는 너무 크고, 혼자만의
잘못이 아니라 그 상관들, 명령체계 상관들한테 공동책임이 있으며
그리고 또 구조를 방해한 흔적이 보인다'가 판결문에 들어가 있어요.
그 판결문을 읽는 순간 아, 뭐라도 있어야 싸울 거 아니에요. 대법원
가서 이게 뒤집어지지는 않을 거고 '아 이제 싸울 수 있겠구나. 이제
정부를 향해서 싸울 수 있겠구나' [싶었어요]. 뭐냐면, 정말 중요한 것
중에 하나가 뭐냐면 구호예요, 맨 처음으로 내뱉을 수 있는 말. 우리
가족들은 지금 대부분 물어보면 "뭐가 제일 알고 싶어" 그러면 "왜 안

구했는데" 이거일 거예요. 이거 만들어진 게 1년 걸렸어요. 제가 이제 분과장 맡고 나서 이게 만들어진 건데, 아젠다가 필요하단 말이죠. 근데 그 아젠다가 흩어져 있었어요. 어떤 사람들은 왜 침몰했는지 알고 싶고, 왜 출발했는지 알고 싶고, 근데 그게 다 부수적인 거잖아요. "'왜 안 구했어'가 가장 중요하다", 우리는 이걸로 밀고 나간 거예요. 그래 가지고 시작을 한 거죠. 그래서 그 아젠다에 맞는 판결문도 나왔고, 그래서 그 아젠다를 만들어서 밀어붙이기 시작한 거예요.

그래서 특조위로 가기 시작한 거죠, 특조위가 그때 만들어지기 시작해서. 특조위 맨 처음 만들어져 가지고 그땐 합동분향소가 있으니까 분향소에 왔었어요. 왔을 때 제가, 우리 운영위원장도 인사하고 했는데 제가 한마디 했어요, "여기 불 지르러, 특조위 불 지르러 갈 사람도 나고 특조위 칭찬하러 갈 사람도 난다"라고. 잘하라고, "잘못하면 진짜 불 지르러 갈 거다"라고, "신나[시너] 통 들고" 했는데, 정말 박근혜 정부 때는요 조사를 못 했어요. 조사 자체가 안 됐어요. 뭐냐면 자료를 제가 봐요. 자료를 요구하잖아요. 한 세 번 공문을 [보내도] 답을 안 해요. 그러면 한 2주 지나가요. 그리고 여기다 실질 조사 나가네 그러면 공문이 와요. 답변이 그러면 찾아보고 뭐 하겠다, 이게 한 달 걸려요. 그래 놓고 이제 무슨 목록 보내라 하면 목록 오면, 목록 뭐 해서 이거 아니고 더 보내고, 왔다 갔다 하는데 자료 하나 받으려고 3개월 걸려버리는 거예요. 무슨 조사를 하겠냐고. 이게 그래서 똘똘한 조사관 하나 있다고 해서 조사가 되는 게 아니더라구요. 협조를 안 해주면 조사가 안 돼. 수사권이 있으면 차라리 가서 그냥 뺏어 오면 되는데, 조사가 안 되더라구.

그래서 그때 1과, 2과, 3과가 있었잖아요. 그다음에 안전소위, 지원소위 있었는데 안전소위, 지원소위는 솔직히 저는 관심 없었어요. '나는 내 자식 죽은 거 밝히고 싶은데, 내가 전 국민의 안전을 어떻게 책임져. 내가 우리 가족들 지원받는 거 어떻게 책임져. 나는 이거 죽음 밝히는 거, 원인 밝히는 것도 힘들어 죽겠는데' 이 생각으로 갔어요. 가가지고 1과, 2과, 3과 중에 1과는 침몰 원인, 2과는 구조 방기, 3과는 그 후의 사찰 이런 거[를 담당했는데], 2과장을 들들 볶고 온 거예요. 2과장은 그러니까 지금 이석태 위원장님 사무실에 있던 변호사예요. 죽으려고 해, 내 얼굴만 보면. 전부 1기 특조위 사람들은 저한테 트라우마 있어요. 위원장이 가도 안 일어나요. 그냥 지 일 해요. 제가 문 열고 들어가면요, 다 벌떡벌떡 일어나요.

11
1기 특조위의 실상

면담자　　진상분과장으로 결정이 난 게 2015년 몇 월쯤이죠? 계절로 그때 여름이었죠? (준형 아빠 : 여름이에요, 여름) 7월 정도죠? (준형 아빠 : 늦여름) 아, 늦여름, 그럼 한 8월 정도. 그 시기가 한창 상하이 샐비지 선정되고 이런 시기, 그리고 이제 특조위 시행령을 받아들이고 특조위가 막 구성되는 그런 시기잖습니까? 분과장 초기에 장기 운영 체계를 위해서 자료실을 안착시킨 얘기를 해주셨고, 특조위가 출범하는 과정에 유가족들의 요구나 이런 것들이 받아들여질 수 있는 통로나 이런 것들이 좀 있었습니까? 인선이라든지 이런 사항들 포함해서요.

준형 아빠　　　인선은 가족[이] 추천[한 분이] 상임위 위원장이 되셨죠,
이석태 위원장님이. 이제 인선은 뭐 그때 너무 많았어요. 솔직히 대법
원도 저기 하고 대한변협도 하고 너무 많았는데, 여당, 야당 다 하고
너무 많았는데, 위원들이 너무 많았죠, 솔직히. 근데 결국은 반쪽짜리
위원회로 전락이 되어버리잖아요. 야당이, 여당은 그때 여당이 나가
버렸으니까, 그런데 자초한 면이 없지 않아요, 위원회에서. 왜냐면 특
별법상 신청사건 위주로 한다고 얘기는, 그 특별법상 나오지만 직권
사건을 똘똘한 걸 만들어놓으면 거기다 신청사건을 만들어놓으면 돼
요. 근데 직권사건을 포기를 했어요, 1기 특조위에서 직권[사건을]. 잘
생각해 보세요. 이건 단일 사건이에요. 단일 사건이고, 단일 사건에
대량의 사람들이 죽은 원인도 잘 모르는, 그러면 여기에 대한 직권사
건은 만들기 되게 쉬워요. 여기에 우리가 신청사건을 넣으면 그 직권
사건에 합치면 돼요. 근데 직권사건을 안 만든다고 하니 신청사건을
넣어야 되겠더라구요. 근데 신청사건을 매일 넣기도 그렇고 맨 처음
에 20개를 넣었어요, 신청사건을. 자료를, 이제 자료를, 우리가 갖고
있는 자료를 주면서, 저희가 구원파 자료까지 다 줬어요, 구원파에서
입수한 자료까지.

면담자　　　그건 진상규명분과장 되고 좀 안착이 되어서 연말부터
그렇게 작업을 하셨죠? 그래서 실제로 신청사건을 접수시키고 하는
거는 해를 바꿔서 진행하셨나요? (준형 아빠 : 아니요, 그해부터) 그랬습
니까? 2015년 겨울부터 (준형 아빠 : 겨울부터 했으니까, 3월까지) 그게
한 이백몇 건의 신청사건을 넣은 것을 말씀하시는 거죠?

준형 아빠   정말 우리 가족들을 비하하거나 그런 건 아니지만, 제가 제 자랑도 아니에요. 제가 혼자 150건 만들었어요. 맨날 이거 쓰는 거예요. 써서 그걸로 신청사건 넣는 거예요. 그러면 신청사건 왜 넣냐고 취지를 물어보잖아요, 이거 다 답변해 주면 되는 거고. 맨 처음에 불러가지고, 내가 한 줄짜리 신청사건을 넣었는데 신청사건 취지를, 그거 한다고 나 인터뷰를 3시간을 하더라구요. 어이가 없어 가지고 "간단간단하게 넘어가자, 다음부터는" [하고 요구했어요]. 그래서 (면담자 : 그때 변호사들이 와서 조사 사건 신청서 같이 쓰고 하지 않았어요?) 아니요. 거기 뭐냐 청구인 진술, 신청인 진술, 그걸로 해서, 어이가 없어 가지고……. 그리고 할 때마다 내 저거 인적 사항을 적는 거예요. 그래 가지고 그 1과, 2과, 3과 지원소위, 안전소위에 공히 제가 제 인적 사항 적혀 있는 그 서류 있잖아요? 신청 서류 다 돌리라고 그랬어요, "이게 내 신청인이니까 이걸로 그냥 쓰라"고. 그거 원래 그러면 안 되는 거거든요. 원래 그러면 안 되잖아요. 진짜 가가지고 다 증인 발의하고 해야 되잖아요. 근데 그렇게 했어요. 그리고 도장 달라고 그러면 이거 인감도장 줄 테니까 그렇게 하라고 귀찮게 좀 하지 말고, 150건을 어떻게 내가 다 저거 [인적 사항 쓰고] 할 거냐고. 근데 그 사람들한테 그게 폭탄이에요. 왜냐면 한 건, 한 건을 병합시켜 줄 국장이 없어요, 병합을 못 시켜. 그럼 소위원장이 병합을 시켜야 하는데 자, 소위원장이 이 건, 이 건은 눈에 보여요. 제가 넣은 사건들을 보면 종류는 많은데 딱 타고 올라가게 되어 있어요. 다 피라미드로 타고 올라가게 되어 있어요. 나중에는 이걸 다 합치면 10건도 안 돼요. 많아 봐야 10건 정도예요. 그런데 이걸 펼쳐놓으면 쫙 펼쳐놓으면 150건, 200건

이 된다는 거죠. "정무적으로 좀 판단을 하자" 그랬어요, 내가. "이러면 안 되지만 우리 그 BH[청와대] 조사는 예산안 좀 받고 하자. 그러니까 "2016년 예산을 좀 받고 그때 내가 신청사건을 넣겠다" 했는데, 2015년에 수현 아빠께서 넣어버렸죠. 근데 그거 위원회에서 정무적으로 판단하면 돼요, "이건 좀 있다 넣어주십쇼" 몇 번 하면.

그때 새누리당 추천, 그다음에 공무원들 얼마나 저거 했어요, 득실득실했어요. 그거 그냥 돌려보냈단 소리만 나와도 부드럽게 예산안으로 넘어갔을 거예요. 그리고 그때 유기준이 장관이었을 땐데, 유기준이 특조위에 그러니까 기산점, 기산일을 언제로 잡았냐면 시행령 공포일로 잡은 거예요, 유기준 해수부 장관이. 그랬는데 박근혜 저 청와대를 뭐 조사한다는 둥 어쩐다는 둥 해가지고 [특조위 위원] 이헌이랑 기자회견하고, [그래서 결국] 황전원이랑 나갔잖아요. 그 이후로 예산이 딱 동결되어 버린 거예요. 예산안이 뭐냐 2016년 6월까지로 딱 끊어진 거예요, 6월 30일로. 그래서 설마 했어요, 그래도, 그래도 설마……. 근데 정말로 6월 30일에 종료를 시켜버리더라구요. 6월 30일 이전에 뭐가 있었냐면 6월 한 10, 20일경에 해경 TRS[해상 공동이용 무선통신 시스템] 그게 새로 발견된 거예요. 해경 TRS 그 채널이 여덟 개 채널이 있더라구요. 여덟 개 채널 중에 우리한테 지금 보여준 건 1채널, 2채널밖에 없어요. 나머지 채널들은 어디하고 하는 채널이냐고, 해경이. 국방부하고 할 수도 있고, 해군하고 직접 할 수도 있고, 아니면 국정원하고 할 수도 있고, 이런 채널들인 거예요. 안 주는 거예요. 거기서 또 드잡이질이 나게 생겼어. 가족들이 또 가가지고 그러지 말고, 해경한테 "그러지 말고 넘겨라. 그리고 특조위도 봐서 세월호 있는 것만 갖고 와라 우선" 했는데 그게 이렇게 합의가 됐어요. 그런데 솔직히 말씀드리면 그때 누구 하나 용기 있었으면, 누굴 지칭해서 하는 말은 아니지만 따고 들어갔어야 해. 따고 들어가서 실질 조사 명목으로 빼냈어야 해요. 근데 그 용기가 없었죠, 그때 진상소위원장이.

면담자   결국은 그 자료는 아직도 확보가 안 된 겁니까? (준형 아빠 : 이제 확보돼요) 현재는 확보되지 않았고 앞으로 확보될 가능성이 높다고 보시는 거네요? (준형 아빠 : 예) 지금 채널이 어디랑 연결이 되어 있었고 내용이 뭔가가 밝혀지면 진상 규명에 중요한 자료라고 판단하시는 거네요.

준형 아빠   상당히 중요한 자료라고 생각하죠.

면담자   실제로 그 조사 대상 사건 176건이 나온 것은 가협에서 충분한 논의를 거쳐서 이루어졌다기보다는 오히려 결과적으로는 진상규명분과장의 역할이 훨씬 컸던 겁니까?

준형 아빠   아니요. 진상 규명 과제 정리할 때 제가 일주일에 한 번씩 했어요, 목요일 날 저녁에. 그래서 "모여주십시오" 했는데 많이는 안 모였어요, 솔직히. 근데 진상 규명에 열의가 있는 부모님들이 모였어요. 모여서 "자 오늘은 서해청 합시다. 이번 주는 서해청, 다음 주는 목포청[목포서], 다음 주는 그때 당시에 그 구조 세력들, 그다음에 지원소위 합시다. 안전소위 합시다", [이런 식으로] 해가지고 주제만 제가 정하는 거예요. 그래 가지고 맨 처음에는 말씀들이 없었어요. 맨 처음에는 제가 막 적고 하면 "그것보다는 좀 같은 말이라도 다듬어서 이렇게 적으면 어때" 이런 식으로 나오시다가 나중에는 그냥 한 두 개씩

적으시더라구요. 그래서 이게 절대 저 혼자 했다고 하는 게 아니고 같이했어요.

면담자   주로 누가 함께했는지 기억나십니까?

준형 아빠   성호 아빠, 그다음에 재욱이 어머니, 그리고 작은 건우 아빠, 큰 건우 아빠, 그다음에 그때 변호사들. 그러니까 조영신 변호사, 김성주 변호사 그리고 몇몇이 돼요. 그 멤버들이 좀 있었어요.

면담자   그 변호사분들은 민변에서 협조한 변호사들입니까, 아니면?

준형 아빠   그러니까 이제 로스쿨을 졸업을 하고, 법률지원단이라고 저희 가족협의회에 있었어요. 그 법률지원단 변호사들이었는데 이제 법률지원단 기간이 거의 끝나갈 무렵에 특조위에 입사 원서를 썼죠. 그 당시에 변호사들인데 그 변호사들이 여기 참석하길 되게 희망하더라구요. "와라, 와서 같이하자" 그래 가지고 신청사건을 같이 만들었어요.

면담자   2014년 참사 직후에 세월호 참사에 관해 밝혀야 될 과제들에 대해서 몇 개 조직에서 내부 보고서 같은 것들이 나왔었죠. 그런 것들은 좀 도움이 됐습니까? 대표적으로 민변 보고서가 있었구요.

준형 아빠   민변 보고서도 있었고 저희 가족협의회랑 4·16연대랑 해서 했던 88개 과제도 있었고 있었는데, 저는 좀 다르게, 방식을 다르게 가져갔어요. 너무 거창해, 그런 밝혀야 될 이런 것들이 너무 거창해서.

면담자   조사 결정 과제로서는 사이즈가 너무 크다고 보신 거죠?

준형 아빠   그래서 오히려 그냥 작은 사이즈의 것을 조사하다 보면……. 이런 거죠, 공문서 위조 혐의가 있어요. 공문서 위조를 했어. 이걸 조사를 했는데 공문서 위조야. "너 왜 공문서 위조했어? 고발 들어간다" 그러면 "아니요, 제가 하고 싶어서 한 게 아니구요, 여기서 시켰어요" 그러면 여기도 조사하는 거죠. 이런 식으로 타고 올라가게 만들었어요 저는, 신청사건을. 그래서 결국은 그 88개 과제, 그다음에 민변에서 밝히고 싶은 과제, 다 합쳐진 거예요. 합쳐져, 합쳐지면서 그 과제들도 솔직히 병합되는 거거든요. 병합을 시키면 10개 정도밖에 안 되는 거예요. 그렇게 만들었죠.

면담자   근데 그렇게 해서 조사 결정이 나서 움직이기 시작한 게 3월, 2016년 3월이 돼서야 움직이기 시작한 거니까 좀 답답한 일이기는 하죠. 그러면 실제로 조사한 기간이 얼마 안 되는 거거든요. 몇 개월 정도 실제로 조사를 했습니까?

준형 아빠   두 달? 그리고 그때, 이제 인양을 놓고 갈 수가 없잖아요, 또. 인양에 대해서 또 특조위에서 관여해야죠, 관여하는 게 맞다고 보고. 근데 철저하게 숨겼죠 해수부에서, 인양에 관해서. 그러니까 해수부가 의지만 있으면 다 주는 거였어요. 지금은 해수부한테 뭐 달라고 하면 잘 줘요, 정권 바뀌어서. 근데 그 전에는 정말 이빨도 안 들어갔어요.

12

구조 및 조사 과정에 대한 분노

면담자　　　그러면 결과적으로는 176건 조사 결정이 난 사안은 앞으로 제2특조위에서 중요한 자료로 활용이 가능하다고 의미 부여는 할 수 있을 텐데, 어쨌든 특조위에서 조사가 부분적으로 진행된 것들, 그런 것들에 대해서는 의미 부여가 가능할지요?

준형 아빠　　　그런데 시선이 좀 틀리더라구요, 사건을 보는 시선이. 우리 그러니까 부모들이 생각할 때 무리한 주장이라고 하는 부분과 조사관들과 보통 사람들이 볼 때 무리한 주장은 좀 틀려요. 뭐냐면 조사관들과 그냥 일반 조사하는 사람들이 볼 때 무리한 주장은 "시정(視程)이 좋지 않고 안개 꼈고 근데 무리한 출항을 했어" 이건데, 우리가 볼 땐 그게 아니거든요, 우리 가족들은. 부모들이 볼 때는 그 무리한 출항이 어디를 타깃으로 잡냐면 학교예요, 학교의 여행사예요. 그 위험을 무릅쓰고 왜 거기를, 배를 타게 했냐는 거예요. 그때 버스도 다 대절해 있었고 거기서 그냥 스톱하고 오면 되는 거였는데, 다른 학교는 스톱하고 다 갔는데, 왜 단원고만 태워가지고 밥 먹여가지고 "너네 밥 먹었으니까 못 내려", 또 반장들 모아놓고 "야 너네 여기서 수학여행 오늘 못 가면 평생 너네 없어" 그러면 반장들이 거기서 "안 갈래요" 할 반장이 누가 있냐구요. 그런데 그걸 교감이 시켰단 말이죠, 그 투표를. 97년생들이요, 정말 불행한 애들이에요. 낳자마자 IMF 터졌죠. 얘네 초등학교 수학여행 사스[SARS] 때문에 못 갔어요. 중학교 수학여행 신종플루 때문에 못 갔어요. 처음 가는 거였어요, 처음. 그런데 이 참사가 난 거예요.

우리가 말하는 무리한 출항은 다른 게 아니에요. 돈이 손해가 나더라도 그때 왔어야지, 오고 완전히 안전하다 할 때 가면 되는 거, 또 가면 되는 건데…. 근데 우리가 얘기하는 건 뭐냐면, 그 무리한 출항을 해서 그러면 아이들을 다 지켰냐는 거예요, 선생들이. 못 지켰잖아. 그거를 무리한 출항이라고 하는 거예요. 근데 그 결이 좀 틀리더라구. 무리한 출항에 대해서 신청사건을 넣었는데 거의 답은 나왔어요, 그쪽에서 얘기하는, 조사관들이 얘기하는. 왜? 시정 1킬로가 나왔어요. 그래서 출항을 했어요. 근데 인천 앞바다 저기만 지나가면 안개 없어요. 그냥 날씨도 맑아요. 그래서 출항했다는 거예요. 그 시간에 왜 그 배만 출항할 수 있었냐? 그 시간에 나가는 배가 없으니까, 외항선 아니면 그 시간에 나갈 수가 없어요. 내항 여객선이라도 시간이 잡혀 있으니까 나가는 거예요. 그런데 답을 그렇게 나한테 해주면 내가 한 의도와, 내가 우리 가족이 넣은 의도와 틀린 답이 나온 거잖아요. "이렇게 왜 나오냐" 내가 원하는 건 이건데 그러면 여기서부터 혼란이 오는 거야, 이 사람들은. "어? 그럼 여기 지원소위로 와야 하나, 학교니까? 이거는 안전소위로 가야 되나? 여행사하고 학교 그쪽 운영위원회하고 비리 이런 거까지 하려면 어디서 해야 맞는 거지?" 이래 버리더라구요. 이래서 그러니까 사건에 대한 이해도가 내가 신청사건을 넣더라도 그 신청사건에 대해서 똑바로 이해를 할 수 있으면 그냥 한 줄만 넣으면 돼요.

예를 들어서 "왜 123정이 그 시간에 조타실에 댔어? 더 일찍 댈 수도 있는데". 긍께 이게 뭘 의미하냐면 조타실에 123정이 딱 댔을 때는

3층, 4층이 물에 잠기고 있을 때예요. 탈출구가 없다구요, 좌현 쪽에. 좌현 쪽에 탈출구가 없고 우현으로 60도 이상 기운 배를, 그 미끄러운 데를 기어올라 가야 탈출할 수 있는 그런 상태란 말이죠. 그렇다면 나는 여기서도 의도성이라는 이야기를 해요. "이 새끼들 탈출할 구멍 다 막아놓고 배 댄 거 아니냐?" 아니 나는, 아니지 피해자라서 그런 말을 하는 게 아니고 정황이 그렇단 말이죠, 정황이. 더 일찍 대면 되지, 그렇다고 조타실에 있는 애들이 이렇게 돌아서 못 내려오냐구요. 다 내려와요, 계단 다 연결되어 있는데 뭘. 근데 다 넘어가서 조타실 딱 대는 거예요, 그때 옆에서 아이들 창문 막 두드리고 있는데 그걸 보지도 않고. '이거는 도대체 뭐지? 왜 이런 허무맹랑한 짓을 하고 있지, 애들이?', 이게 더 우리 가족들이 화내는 지점 중에 하나예요. 그런 걸 밝혀달라는 거예요. 그러니까 의도성이라 그래서 제가 의도성 얘기를 하게 되면 전부 그런 식으로 말씀하시더라구요, "일부러 배를 넘어뜨려 가지고 막 저거 했다". 아니 구조 당시 상황만 봐도 의도성이 너무 보이는데 이걸 내가 어떻게 가만히 놔두느냐 이거예요.

아니 배가 다 넘어가게 생겼는데 단정 내려서 쪼로록 가가지고 거기에 선원이 어떻게 있는 줄 알고 선원만 쭉 싣고 와요. 이건 연락 안 하면 도저히 모르는 거예요. 미리 연락했으니까 아는 거예요. 근데 연락한 증거가 없어. 세월호에서 SOS를 쳤어요. 구조 세력이 이렇게, 자 CN-235 [항공]기 있죠, 그다음에 한문식함, 군함이에요, 이게 유명한 그 신형 초계함이에요, 한문식함 있죠, 뭐냐 123정 있죠, 511, 512, 513 헬기 있죠. 어떻게 세월호하고 아무도 교신을 안 할 수 있냐는 거예요. 교신 안 하고 구하러 가요? 그게 말이 되냐는 거예요? 아니 119 신고하면 112 신고하면 "아, 네 알겠습니다. 지금 출발합니다" 하고 딱 끊어버려요? 안 그러잖아요. 사정이 어떻게 됐는지 물어보고 일일이 다 하잖아요. 그런 걸 아예 안 해요, 여기는. 내가 그래서 의도성이라는 거예요. '야 이거 어떻게 된 거야? 도대체 어떻게 그렇게 가?' CN-235기이라는 비행기는 있잖아요, 구명벌[안전핀을 빼면 자동으로 펴지는 구명보트]이 다섯 개가 실려 있는 비행기예요. 구명벌이라 해서 떨어뜨리면 팡 터져가지고 뗏목이 되는……. 그리고 지가 천천히 이렇게 수면 가까이 날 수 있고, 저공으로 천천히 갈 수 있으면서 방송도 할 수 있는 비행기라구요. 근데 얘는 사진만 찍어. 얘가 관제를, 모든 관제를 다 해야 되는데 관제도 안 해. 123정 왔는데, 123정 쪼로로 가가지고 선원만 달랑 구해. 이건 뭐 의도성 없으면 어떻게 설명해. 탈출한 사람만 또 살려내요. 원래는 갑판에 있으면 안 건져줘도 돼요. 구명조끼 있으면 뛰어들면 살아요. 그 사람들만 건져 가잖아. 안으로 들어가야지, 배 안에 들어가는 사람이 아무도 없어요. 조타실에 잠깐 들어갔다 나온 개밖에. 조타실에 들어가서도 있잖아요, 거기 방송할 수 있는 장비들 충분히 있거든요. 아무도 방송을 안 해. 그 와중에, 123정이 가서, 세월호 가서 선원들 구하고 있는 와중에도 방송에는 '가만히 있으라'는 방송이 나와요. 이런 걸 보면 의도성이라는 걸, 그냥 나는 어떻게 일사불란하게 이렇게, 자기들 말로는 무능하고 [해서 그랬다지만], 어떻게 일사불란하게 이럴 수 있냔 말이지. 그게 진상분과장을 하면서부터 계속 파고들어 간 게 그거예요. '도대체 왜? 이유가 뭔데? 내가 그 이유를, 내가 그 입장이 되어보면 과연 가능할까?'

맨 처음에 제일 속았던 게 뭔 줄 아세요? 전원 구조예요. 난 전원 구조, 그 작전인 줄 알았어요. 솔직히 말해서 전원 구조 해가지고 막 정권, 우리 대통령 만세 이런 건 줄 알았어요. 그렇게 하려면 적어도 함정이 두 척은 더 가야 돼요. 구조 세력이 너무 적어. 전원 구조 하려는데 구조 세력이 너무 적잖아요. 지네 말로는 178명 구했다는데 다 탈출한 사람들이거든요. 내 생각에는 다 죽일라고 그런 거 같아. 그리고 선원들만 구해낸 거지. 우리나라 매스컴이 제일 문제가 뭔지 아세요? 그 뒷배경을 못 본다는 거예요. 자 123정이 맨 처음에 "승객인 줄 알고 구했어요" 그랬어요. 근데 나중에 이게 거짓말이라고만 딱 나와요. 그런데 조타실에서 승객이 나오는 건 있잖아요, 그 사람은 테러범이에요. 체포해야 돼요, 죽이든지. 비행기 그 조종실에 승객이 들어갈 수 있다고 생각하세요? 절대 못 들어가요. 테러범이에요, 테러범. 근데 사고 난 배의 조타실에서 승객인 줄 알고 저길 태웠다구요? 그럼 매스컴에서는 뭐라고 얘기해야 하냐면 저건 무조건 거짓말이고 그때 상황은 어떻게 해야 된다는 것까지 다 나와야 한다구요. 근데 매스컴에서는 그 얘기 한마디도 안 하잖아, 그죠?

난 더 웃긴 게 국정원이야. 봐요, 500명 가까이 탄 배가 사고가 났어요. 그래서 300명 이상이 실종이 됐고, 백몇십 명, 200명밖에 못 살렸어. 근데 얘네가 조사를 안 해. 이건 충분히 테러일 수 있는 거잖아요. 테러 가능성이 농후하잖아요. 아니 배가 이렇게 빨리 가라앉을지 누가 알았냐고 다 이렇게 얘기해요. 그럼 테러일 수 있는 거예요. 근데 왜 국정원에서 조사를 안 해줘? 조사를 해야 되는 게 맞잖아요? 당연히 조사해야 되는 거라고. 근데 국정원 조사 안 해요. 지네가 안 했대. 정면 부인해요. "세월호에 대해서는 우리가 하나도 모른다" 국정원 개혁TF에서 세월호에 관해서 찾았는데 아무것도 못 찾았어요, 국정원에 있는 [자료에서는]. 찾겠냐구요, 누가 거기다 세월호라고 쓰냐구요, 암호를 쓰겠지. 세월호 운행을 저거 했으면 그런 생각을 아무도 안 해요.

나는 그래서 매스컴들하고 인터뷰하고 하면 맨날 하는 얘기가 그거예요. "멍청한 새끼들"이라고 욕을 해요. 왜? 정작 물고 늘어져야 할 게 뭔지를 모르고, 침몰하니 내인설, 뭐 외력설? 이런 거는 섹시하다고 쓸지 몰라도, 이 배가 열려 있었다고, 이 배가 맨홀이랑 저기 뭐야 수밀문이 다 열려 있었다고. 여기에 [대해서] 조사를 안 했다고, 왜 열려 있는지. 당연히 열려 있을, 열려 있는 배라고 생각하고 조사를 끝내버렸다고. 이런 거를 얘기를 해야지 왜 딴 얘기를 하고 있냐. 지금 와서 뭐 내인설이나 열린안? 이거 중요하겠지. 그런데 "하나하나 짚어줄 몫이 있는 건데, 너네 왜 매스컴이 하나하나 짚어주지 못하냐", 맨날 욕을 하는 거예요. 맨날 나는 기자들하고 만나면 "아하…" (고개를 끄덕이며) 이러고 가요, 맨날. 미쳤냐고요. 내가 그걸 배워야지 걔네들한테, 걔네들이 나한테 알려줘야 할 거 아니에요.

사고 초기에는 기자들이 가족들한테 많이 알려줬어요, 소스를. 뭐냐 해수부에 빨대 있는 기자 있고, 있을 테니까 소스를 많이 알려줬어요. 아까 제가 말씀드렸잖아요. 7월, 8월 중에 그 소문이 돌기 시작했다고, 그것도 기자가 알려준 거예요. 그런 양심 있는 기자들이 있어요, 그리고 촉이 밝은 기자들도 있고. 그런데 왜 정작 지금은 우리 가족들이 더 많이 알아? 이게 정상적인 거냐고.

어저께 특조위 가서 회의하는데도 속이 터져가지고 죽는 줄 알았어요. 사참특위 가서 회의하는데, 아니 내가 뭔 얘기를 하고, 거기 과장은 잘 모르겠다는 거예요. 이걸 왜 조사해야 되는지 조사 이유를 내가 얘기를 해줬어요. 얘기를 하다가 "아니, 내가 진짜 이걸 왜 얘기해야 되는지 모르겠다" 그랬더니 "전문가시잖아요" 이래 버리는 거예요. 내가 어떻게 전문가가 될 수 있냐고. 물론 제일 많이 알아요. 제일 많이 안다는 게 아니고 제일 많이 노력했어요, 그만큼 또 많이 알게됐고. 그런데 과연 진상규명분과장이라고 해서 무조건 달달달 외우고 이래야 되냐? 이건 아니라고 보거든요. 저는 있잖아요, 판결문 이런 거 대부분 잘 못 봐요. 난독증이 생겼다 그럴까, 보고서도 잘 못 보겠어요. 그런데 이 핵심적인 것들은 금방 탁탁 알아듣겠더라구요. 네덜란드 마린 실험, 마린이라는 업체에 가서 모형 가지고 자유 항주 실험을 했는데, 하고 나서 들어와 가지고 '아, 이 배의 문제점, 그다음에 이 AIS 항적의 문제점', 눈에 확 들어오는 거예요. 이거 어떻게 된 거야? 이거 도저히 나올 수 없는 곡선이 나와버리는 거야. 심각한 거예요, 지금. 사고 원인을 그냥 두루뭉술 넘어가 버린 거예요 이 새끼들이, 검경 합수부하고 해심원[해양안전심판원]하고 크리소[선박해양플랜트연구소]가, 빨리 덮어버리려고.

사고 원인이 그렇게 간단치 않아요. 블랙박스 영상에 보면 차가 날라가요. 차가 날라가잖아요. 그 화물차, 그렇게 날라가는 차가 아니에요. 화물차 날리려면 힘이 얼만큼 들어야 되겠어요. 그 힘 계산 같은 거 아무것도 안 했다구요, 선조위에서. 이 사참특위에서는 해야 되는데 과연 여기서 해낼지가 궁금해요. 내가 그래서 각 전문적인 대학들, 이런 대학들한테 정말 사참특위에서 요청을 해서 같이 협력 사업

176

준형 아빠 장훈

을 하고 했으면 좋겠어요, 물리학과 이런 데서. 아니 양승진 선생님이 3층 중앙 로비에서 날라왔어요. 거기가 배 중에 가장 안, 움직임이 덜한 곳이에요. 거기서 날라왔다구요, 좌현도 아니고 우현도 아니고 중앙에 [있다가]. 배가 넘어지면 배가 한쪽 면으로 넘어지는 게 아니고 중앙을 기점으로 넘어질 거 아니에요. 근데 여기서 중앙에 있던 사람이 날라갔다고. 중앙에 있던 사람이 날라갔다는 건 튕겼다는 거예요. '퀵'이라고 그러는데 튕겼다는 거예요. 퀵 현상이 있었다는 거죠. 배가 정상적으로 움직인 게 아니고 넘어지면서 튕겼다는 거예요. 이걸 설명을 못 하는 거예요, 지금도. 그래서 외력이 나오는 거예요.

근데 외력이 과연 누구 말대로 잠수함이냐? 그럼 표시가 있어야지. 근데 잠수함으로 볼 표시는 없어요, 거의. 그리고 잠수함이 밀어재끼려면 몇 톤급 잠수함이어야 될 거 같아요? 1만 톤짜리 배가 17.5노트로 오고 있는데 얘를 47도 이상 넘어뜨리고 아주 샤프하게 돌려야 돼요. 그러려면 잠수함이 몇 톤짜리가 있어야 될까요? 적어도 1만 톤 이상 되는 잠수함이어야 되는데 그러면 핵잠수함밖에 없어요. 어느 나라 핵잠수함이 그렇게 박으면, 잠수함은 조금이라도 박으면 무조건 부상하게 되어 있어요. 걔는 잠수 못 해요. 가서 정밀진단받고 해야지, 안 그러면 걔 큰일 나요. 잠수함이라는 걸 몰라서 그러는 거예요, 사람들이. 잠수함이 무슨 거북선처럼 막 내리 때려서 하는 그런 게 아니라구요. 잠수함은 유리병 같은 거예요. 잠수함을 잡으려면 구축함에서 어떻게 잡는지 아세요? 폭뢰라고 아시죠? 수심을 맞춰요, 폭탄을. 수심 50미터, 100미터 이렇게 해가지고 수심을 맞춰요. 그래 가지고 줄줄줄 떨어뜨리고 가는 거예요. 그러면 그거 뻥 터지면 버블제트 그걸로 인해서 잠수함이 깨져버리는 거예요. 그렇게 잠수함을 잡는 거예요. 그런데 지금 그 잠수함이 밀었다? 그럼 그 잠수함은 어디 있냐구요. 내가 잠수함이 아니라는 얘기는 아니에요. 밀었으면 밀어재낀 잠수함을 데리고 오면 돼요, 합리적인 데이터에 맞게. 근데 이 데이터가 합리적인지도 나는 잘 모르겠어요, 침몰 원인에서.

그래서 제 역할이 뭐냐면, 물론 여러 가지 제가 하는 일도 있지만 저는 허브예요, 허브. 그러니까 여러 진상 규명하는 조직들이 있고 사람들이 있어요. 그 사람들 가운데 저가 있어요. 이 사람하고 이 사람하고 되게 안 친하잖아요? 저하고는 친해요. 그럼 제가 이 사람 얘기를 이 사람한테 전해주기도 하고, 저는 이 가운데 있는 거예요. 근데 생각해 보니까 이 역할을 할 사람이 없더라구요. 이거 정말 힘들어요. 왜냐면 이 내용을 다 알지 못하면 이 사람한테 설명을 못 해요. 이 내용을 다 알지 못하면 이 사람한테 설명을 못 하는 거야. 전부 다 내용을 알아야 되는 거야. 와, 그러니까 머리가 터지려고 하는 거예요. 밤에 자면서 저 혼자 막 이런 연설을 한다니까요. 아니 [짝꿍이] 녹음을 해봤더라구요. 녹음을 해가지고 들어봤는데 정말 내가 열변을 토하고 있어, 자면서. 자면서까지 진상 규명하냐고 내가. 그런데 그렇게 해야죠, 내 새끼 일인데.

13
마무리

면담자   진상분과장으로서의 역할과 활동에 대해서 오늘 증언을 다 들으려고 했는데요, 너무 긴 시간 힘들게 말씀하셔서 오늘은 이 정도로 마무리를 하는 게 좋을 거 같아요. 오늘 마지막에 말씀하신 거를 들어보니까 개인 구술과 좀 다른 차원에서 진상 규명의 과제들에 대한 준형 아버님의 현재 생각을 증언록에 남겨두는 것도 중요한 의미가 있을 거 같습니다. 지금 허브 역할을 한다고 말씀하셨듯이 여러 사람들의 입장도 알고 계시고, 그다음에 명확하게 밝혀야 될 것이 무엇인지도 정리가 되어 있으시고, 그것에 대한 현재 상태에서 증거에 입각해서 설명할 수 있는 부분들이 있을 거 같아요. 그래서 오히려 다음번에 이 얘기를 조금 더 집중해서 듣기로 하구요. 그다음에 특조위에서 아까 우리 청문회, 두 번에 걸쳐서 있었잖아요? (준형 아빠 : 청문회 세 번 했어요) 아, 세 번 했습니까? 3차 청문회까지 있었군요.

준형 아빠　　3차 청문회에서 중요한 증언이 나왔죠. 뭐냐면 "CCTV를 9시 넘어서도 봤다", 그 증언이 나왔죠. 그러니까 그 생존자 중에, 인천 생존자 중에 한 분이 "나는 우리 아버지를, 나는 CCTV 보고 찾았다. 찾고 있었는데 안 계시더라" 그리고 [선원] 강혜성이가 자기 상사를 CCTV로 보고 찾았다고 하죠. 근데 CCTV는 이렇게 시간을 더하면 한 8시 45분, 이 정도에 꺼져버렸죠. 그런데 그 CCTV가 화면이 나오면 기록이 안 될 수가 없는 시스템이거든요. 그런데 9시 넘어서까지 화면이 나왔다면 기록이 되어야 하는데 기록은 아무것도 안 되어 있어요. 그런 의미 있는 답변들이 좀 나왔죠. 그때 제가 또 단식 기간 중이어 가지고 좀 힘이 없었어요, 그때.

면담자　　오늘은 여기까지 하고, 아까 말씀드린 청문회 얘기 조금 보완하고, 그다음에 이제 이슈별로 현재 준형 아버님이 생각하시는 어떤 진실에 대한 해석들, 그 얘기를 3차 때 좀 들었으면 합니다. 원래 3차 구술 때 준형 아버님의 개인적인 변화라든지 이런 것을 이야기하게 되는데, 그 부분은 제일 말미에 붙여서 하는 것이 어떨까 싶습니다.

준형 아빠   그러시죠.

면담자   고생하셨습니다. 이것으로 오늘 2회차 구술은 마무리하겠습니다.

3회차

2018년 10월 19일

1
시작 인사말

면담자   본 구술증언은 4·16 사건에 대한 참여자들의 경험과 기억을 기록으로 남김으로써 이후 진상 규명 및 역사 기술에 기여하고자 합니다. 지금부터 장훈 씨의 증언을 시작하겠습니다. 오늘은 2018년 10월 19일이며, 장소는 고양시 일산동구 자유청소년도서관입니다. 면담자는 김익한이며, 촬영자는 박수연입니다.

2
2차 구술 이후의 근황

면담자   오늘이 3차 구술인데요. 시간 내주셔서 감사드리고 지난주, 지난번 우리 구술한 이후에 어떻게 지내셨습니까?

준형 아빠   바쁘게 댕겼죠, 뭐. 그거 한 다음에 이제 사참특위, 국정감사에 사참특위가 올라와서 그것도 저희 입장에서는 방어를 해야 되거든요. 그러니까 사참특위가 지금 생기지도 않았는데, 발족도 안 했는데 준비 기간이 되게 길었잖아요. 그런데 이게 또 야당의 먹잇감이 되지 않을까 하는 우려 때문에 저하고, 저기 집행위원장님 물론 마찬가지겠지만, 저하고 사무처 팀장으로 계신 큰 건우 아빠 둘이서 국회에 좀 돌아댕기고, 한 2주 동안 계속 돌구요. 그다음에 늘 하던 대로 사참특위는 계속 가서 회의 참석했고, 그 회의 참석하면서 여러 가지 계획들을 미리 짜고 하는 거니까…. 근데 이제 계획, 이 조사 계획과 예산이 같이 가야 되잖아요. 근데 지금 애매한 시기라구요. 지금 예산안을, 본예산안을 태워가지고 하기도 좀 애매하고, 그렇다고 예비로 다 하자니 '아니, 무슨 우리가 숨어서 하는 것도 아니고, 예비비로 하는 것도 아니고 해서 우선 본예산으로 하되, 이제 좀 더 할 게 있으면 예비비로 투자를 한다' 이런 큰 틀을 잡고 본예산으로 올리려고 하는데, 또 그렇게 하면 각 상임위에 올라가야 되잖아요. 해당 상임위가 정무위인데 그렇다면 이제 또 야당, 여당 할 거 없이, 제가 나설 일은 아니지만 그래도 시쳇말로 얼굴 마사지라고 그러죠? 가서 의원님들 얼굴도 뵙고 부탁한다고 하고, 그래서 전해철 의원님 그다음에 박주민 의원님을 중심으로 해서 국회에 그쪽 일 주력으로 했구요. 뭐, 그렇네요(웃음), 지내보니.

면담자 지금 국정감사에 사참특위가 올라왔으면, 어떤 이슈나 이런 것들이 좀 부상이 되어 있는 상태입니까?

준형 아빠 "왜 이렇게 늦냐" [하는 이슈지요]. 국회 입장에서는 출범한 지는 벌써 한 6개월 가까이 됐거든요, "근데 시작은, 조사 시작은 왜 이렇게 늦냐, 사람 뽑는 것도 왜 이렇게 늦고" [하는 문제가 제기되고 있습니다]. 그런데 이제 이 사참특위라는 게, 1기 특조위와 선조위와 다른 점이 뭐냐면 가습기 참사로 인한 희생자들의 진상 규명도 같이 하는 곳이기 때문에 나뉘어져 있어요. 이질적인 두 가지 문제를 한 위원회에서 다루는 최초의 위원회다 보니까 좀 티격태격하는 면도 있고 또 이걸 봉합해 나가는 것도 쉽지가 않고 그렇죠.

면담자 그러면 국정감사에서는 시기가 미뤄진 이유라든지 이런 것들을 지적하면서 좀 시기를 당길 수 있는, 그러한 국회 차원의 노력이라고 봐야겠네요. 짧게 코멘트해 주셔도 될 거 같은데, 가습기 피해자들에 대한 조사 사항하고 세월호 참사에 대한 조사 간에 약간의 어떤 부딪침이랄까 이런 게 있다면 예를 들어서 어떤 것들이 있습니까?

준형 아빠   우선적으로 양쪽 다 대규모 희생자를 낸 참사라는 공통점은 있는데, 주적이, 그러니까 주로 조사해야 될 조사[대상] 주체들이 틀려지는 거죠. 이쪽은 해양 쪽, 저희 쪽은 주로 해양 쪽, 뭐 해경이라든지 해수부, 그다음에 선사 그리고 해양 관련 법규들에 대한 조사를 해야 되겠지만, 이쪽은 완전 환경 쪽이란 말이죠. 환경 쪽이면, 환경 쪽인데 거기서도 또 화학약품을 주로 해야 되고, 그러니까 이게 너무 이질적인 거죠. 그러니까 사람을 뽑아서 같은 사람을 쓸 수가 없어요, 양쪽 일에, 양쪽 조사에. 효율성이 안 나오죠. 그래서 여태까지 했던 세월호 쪽 사람들은 세월호, 그런데 이제 위원이잖습니까? 어떻게 되어 있냐면 가습기 소위원회, 세월호 소위원회, 진상 소위원회가 국이지만 가습기 진상규명국, 세월호 진상규명국, 그다음에 안전국, 그다음에 지원국 그리고 행정국으로 나뉘어서 다섯 개국인데, 안전하고 지원은 두 개를 같이해야 된다는 거죠, 따로 떨어뜨려 놓고 하는 게 아니고. 그러니까 여기는 섞여버리죠, 의제들이.

그러니 저희 입장에서는 한 가지만 보고 120명을 투입해도 모자를 거 같은데, 이게 60명씩으로 거의 나뉘다 보니까, 그러면 60명 가지고 뭘 할 수 있느냐, 인원도 더 적어졌고. 그러니까 1기 때보다 정치 환경은 좋아졌을지 몰라도, 주변 환경은 좋아졌을지 몰라도 더 떨어졌고 사람도 더 적어졌고, 그다음에 진상 규명을 바라는 열의나 의지 같은 것도 좀 이렇게 약간은 초반하고 틀려서 약간은 이렇게 좀 침체되어 있는 느낌도 있고…. 어떻게 이걸 활성화시킬지 이게 저한테는 또 상당히 중요한, 저희 가족들한테는 이슈죠. 이슈 중에, 이게 사참특위를 어느 방향으로 이끌어나갈 것이냐 또 없는 사람, 사람은 없는데 얼마만큼, 우리가 조사해야 될 내용들이 있는데 그걸 얼마만큼 효율적으로 조사할 수 있을 것이냐가 관건이지요. 그렇다면 직접 조사할 수 있는 것도 있고 아니면 용역으로 할 수 있는 것도 있고, 아니면 조사를, 그러니까 정부 안에서도 조사 이걸 주력으로 하는 감사원이라든지 검찰, 경찰 이쪽하고 또 협력해서 웬만큼의 조사는 그쪽에다가 좀 위탁을 하는 게 어떻겠느냐, 이런 작전 회의를 하는 중이죠, 지금. 다 결정 난 건 아닌데 그런 식으로 해서…….

3
4·16세월호참사 국민조사위

면담자　　지난번 구술했던 내용 중에 확인할 것에 대해서 몇 가지 여쭙겠습니다. 1기 특조위에서 실제로 아무런 조사도 못 했기 때문에 조사를 국민의 힘으로 이어나가야 되겠다. (준형 아빠 : 국민조사위라고 저희가 만들었었죠) 네, 네. 그 발상을 그 이후에 어떻게 실현해 갔는지 그리고 국민조사위가 꾸려진 다음에 어떤 구성원들이 어떤 활동을 언제까지 했는지 이런 얘기를 조금 해주시면 좋을 것 같습니다.

준형 아빠 장훈

준형 아빠　　국민조사위를 만들게 된 배경은, 특조위가 그러니까 거의 고사를 시켜버렸으니, 그러면 어느 한 주체가 있고 그 주체가 조사를 계속해야 되겠다는, 유가족만으로는 불가능하다 그래서 그 전에 특위에 있던 조사관 출신들, 조사관 출신 모임들, 그다음에 진상 규명에 관심 있던 여러 그룹들을 한데 모아서 한꺼번에 좀 해보자 하는 게 원래 원칙, 출범 목표였는데, 이런 말씀드리면 좀 그렇지만 독자적으로 하시려는 분들은 안 붙어요. 제가 억지로 모으려고 해도 이게 안 되는 거예요. 그래서 뭐라 그럴까, 아니면 국민조사위 출범시키기 위해서 가족들이 없는 돈 짜내서 사무실도 얻고 했는데, 월급도 주고 하는데도 이게 그러니까 많은 그것[한계]도 있었어요. 있기는 있었죠. 국민조사위가 하는, 그러니까 그 전에 1기 특조위 때 못 했던 거, 그다음에 앞으로 해야 될 것들을 정리하고, 거기에 맞게 어떻게 조사를 해야 되겠구나 이런 포지션을 만들어는 놨는데, 그렇게까지 의미 있는 활동을 할 수는 없었어요.

　　왜냐면 특조위라는 국가기구도 조사를 못 하는, 제대로 조사를 못 했는데 민간인들이 제대로 조사할 수 있는 역량의 한계가 있거든요. 그렇다고 침몰을 예를 들어서 그럼 왜 이렇게 빨리 침몰했느냐, 왜 이렇게 빨리 침수가 이뤄졌느냐, 그냥 그러니까 화면이나 뭐 설계도 같은 거 보고 유추할 수밖에 없잖아요. 직접적인 실험을 할 수가 없는 거예요. 아니, 실험 같은 게 필요한데 그리고 그런 실험들, 과학적인 데이터를 분석을 해서 '이 데이터가 맞지 않구나' 아니면 '아, 이 데이터는 조금 더 보완을 해야 될 데이터구나' 이런 것들을 그냥 조직이 아닌, 그러니까 일반적인 조직, 민간인 조직으로는 불가능하다는 거죠. 그래서 좀 더 이걸 활성화시켰다면 대학교 교수님들 찾아뵙고 해양학 교수라든지 이런 교수님들한테 "이런 부분은 어떻게 생각하십니까" 해가지고, 정 안 되면 "저희가 돈을 내서라도 실험을 해주십시오" 할 수 있었겠는데, 그런 고차원적인 조사에 대한 그거는 좀 떨어졌어요, 질이. 그리고 서로 자기들 주장들[을] 계속하더라구요. 저도 거기 한동안 잘 나가다가 제가 안 나가는 이유 중에 하나가 선조위 만들고 이런 것 때문에 그랬는데, 아무튼 한 1년 정도를 해서 '팩트북'이라는 책[4·16세월호참사 국민조사위원회, 『세월호참사 팩트체크』, 북콤마, 2017]을 내고, 그러니까 여태까지 왜 그랬어야 되는 건지, 왜 조사를 했어야 되는 건지, 이런 것들은 다 정리를 했는데, 좀 아쉬움이 남는 조직이에요. 국민들과 같이한다는 그 부분을 내세우다 보니 전문성이 떨어지는 분들도 많이 들어오시고 그리고 세월호를 공부하러 들어오시는 분들도 계시는 거예요. 이게 조사하고 '이걸 좀 정리해서 1기 특조위 때의 공, 과를 좀 구분해 놓고 어디에서 더 조사를 해야 되겠구나' 이런 조사 과제 같은 걸 더 만들어야 되는데 오히려 거기 부분에 대해서는 좀 능률적이지 못했어요.

면담자　　　국민조사위가 출범된 게 언제였습니까?

준형 아빠　　　2016년? 저도 지금 막 왔다 갔다 하는데요, 2016년이 저거 한 때죠? 특조위가 강제적으로…. 아, 2015년[인가? 아니] 맞죠? 2016년 말부터 준비를 했어요. 준비를 해서 2017년 초에 출범을 시켰죠. 그래서 여러 분들, 다양한 전문가분들 모셔놓고 저희가 출범도 하고 알리기도 했는데, 저번에도 한 번 말씀드렸다시피 집중할 수가 없어요. 그러니까 어떤 사안에 대해서 "이 부분은 왜 이렇게 된 겁니까"

하고 물으러 갈 사람도 없었구요. 누구한테 물어야 될지도 모르겠구요. 그런 걸 좀 알아보자고 만든 게 이 국민조사위인데 여기 자체에서도 그걸 가르마를 못 타겠더라구요. 그리고 좀 많이 아쉬운 조직 중에 하나가 국민조사위인데 "국민과 같이하겠다"는 이 슬로건은 되게 좋아요. "근데 국민과 같이 도대체 뭔 조사를 할 거야" 여기서 딱 막히는 거죠. 여태까지 그러니까 전문가 그룹 만나가지고 세월호에 관한 여러 가지 자료 모으고 하는 게 제 역할이었거든요. 일례로 그런 게 있었어요. 아니, 참여연대 이태호 사무처장이 "아니, 이거 왜 만든지 모르겠는데" [그러더라구요]. "왜?" 그랬더니, "이거 지금 너가 하고 있는 일이잖아" 하면서…. "맞아" [그랬더니 이 처장이] "근데 이걸, 아주 저급한 생각이지만, 이걸 돈 안 주고도 하는 사람들한테, 불러들여서 조직에, 조직이라는 곳을 만들어놓고 돈을 주겠다? 자발적으로 하는 사람들인데? 그럼 과연 이 사람들이 들어올까?" [하더라고요]. 저도 같은 생각이거든요. "그 사람들은 안 들어올걸. 아마 이거를 직업적으로 생각하는 사람은 없겠지만, 그래도 좀 월급 개념으로 가는 사람도 있을 거다" 월급쟁이 개념으로. 근데 나는 맨 처음에는 가족들도 "상임연구원이니까 이제 돈을 지불해야 된다"고 얘기가 나왔었어요. "안 받겠다"고, 여태까지도 돈 안 받고 일했는데…. 그래서 2017년 말까지 조직이 운영이 된 거죠.

면담자   남았던 분들 중에 이름이 기억나시는 분이 있으신지요?

준형 아빠   뭐 서희정, 그다음에 중간에 선조위로 간 이정일 변호사, 김성훈, 그다음에 김경민, 이런 사람들, 1기 특조위에서 좀 움직였던 사람들, 그 사람들 위주로 움직인 거죠. 그다음에 이호영. 근데 지금 2기 특조위를 보면 그때 그 사람들이 대부분 여기 와 있어요. 그 어찌 보면 세월호를, 가끔 제가 학교에다 비교하는데 "아니 4년 6개월이면 학부 생활 다 끝나지 않냐. 나 같으면, 당신들은 모르겠지만 나 같은 경우는, 나는 이제 석사 과정 밟고 있는 거하고 똑같다. 그럼 세월호에 대해서 내가 얼마만큼 팠겠느냐, 4년 넘게" 이렇게 얘기를 하는데, 그 사람들도 이제 그 수준이 되는 거예요. 3년 가까이 세월호를 파게 되는 거죠, 3년 넘게. 그러니까 이제 그 사람들과 저, 김진희라든지 이런 분들은 이야기가 통해요. 조사를 어느 방향으로 "우리가 못했던 거 있으니까 이렇게 해보자" 이러이러한 조사 방향들을 선조위에다가 좀 인식시키고 사참특위에도 조사 방법, 조사 규칙 이런 거 그다음에 조사 방향 이런 거를 계속 DNA를 심는다고 할까요, 이런 조사 DNA를 이쪽으로 옮겨 심는 그런 역할들을 하고 있죠.

면담자　　유가족들 이외에 민간인으로 참여하신 분들로는 어떤 분들이 계시죠?

준형 아빠　　뭐 이제 서울대 연구 팀들, 박영대 팀장을 위주로 해서 서울대 팀들. 그다음에 맨 처음에는 여러 군데에다가 손을 벌렸었는데 다 안 하시더라구요, 너무 개인들이 하셔서, 목요모임이라든지…. 그다음에 인텐션 팀[다큐멘터리 〈그날, 바다〉 제작 팀], 그리고 정은주 기자의 ≪한겨레21≫ 그쪽 파트하고, 본체는 저희 가족협의회가 되겠지만, 그리고 그 이외에 개인적으로 하시던 다음 아고라나 이런 데서 개인적으로 하시던 분들이 많이 오셨죠. 왔었는데, 오히려 저는 효율성 면에서는 그게 아니라고 생각했는데, 어떻게든 국민과 같이했다는 것에 초점을 맞추다 보면 그것도 잘한 거 같기도 하고, 그런데 진상규명분과장인 제 입장에서 보면 '뭣 하러 만들었을까…', 그냥 안 만들어도 나는 그분들하고 같이 대화하다 보면 다 나오는 것들 옮겨 적고, 또 자료 받아서 자료실에다가 내가 다 자료 쌓아놓고 하는 일들인데…', 오히려 한 단계가 더 생긴 거예요, 국민조사위라는.

그래서 자료실에서 되게 우리 가족협의회 자료실에서 되게 골치가 아팠던 거는 뭐였냐면 '여기다가 우리 자료를 줘야 되는 건지 말아야 되는 건지, 이 자료가 과연 저쪽에서 의미 있게 쓰여질 건지 말 건지도 모르겠는데, 근데 여기다가 우리 역량을 투입해야 되는 거냐' 이런 거 되게 딜레마였어요. 딜레마였는데 지금은 해체됐고 선조위, 바쁜 와중에 선조위 만들어서 또 선체조사 활동하고, 그다음에 이제 선체조사 다 끝나기 전에 사참특위 만들고 하다 보니까, 그때 그러니까 불협화음들이 나던 그것들이 저한테는 오히려 그걸 어떻게 극복해 나가는지에 대한 해답을 조금 알려줬다고 할까요? 위원회라는 게 그냥 한 가지 의견만 가지고 갈 수는 없잖아요. 여러 가지 의견들이 충돌하는 지점들이 있는데, 의견 충돌 지점을 어떻게 풀어갈 것인지를 배운 계기가 됐다고 할까요? 국민조사위에서는 그런 면이 좀 있죠.

면담자　　사실 확인 몇 가지, 기억나시는 대로 좀 했으면 하는데요. 우선 서울대 박영대 씨 중심으로 하는 팀은 구성이 대체로 어떤 분들이셨어요?

준형 아빠　　서울대 그러니까 인문사회학과 중심으로 하고, 그다음에 서울대 거기서도 안전 문제를 이렇게 논하는 모임들이 있었나 봐요. 그 모임들끼리 연합체가 되어서 세월호 문제를 같이 논의해 보자, 이런 위주로 움직이기 시작했죠. 시작했는데 조금 독선적인 면이 좀 있어요, 그런 팀들이. 그러니까 뭐냐면 이걸 많이 안다고 해서 상 주고 하는 건 아닌데 "나는 이만큼 알아. 너는 도대체 얼만큼 알고 있니?" 이런 눈으로 쳐다보는 그런 느낌이 강해요. 모든, 그러니까 세월호를 연구하고 세월호 조사에 저거[관여]했던 사람들을 보면 이 시선을 거두게 만드는 데도 한 3개월 걸렸어요. 왜냐면 "내가 이만큼 알고 있는데, 너는 얼만큼 알고 있어?" 이런 공격적인 의사 표명이 되는 거예요. 그러니까 물론 이런 멘트는 쓰지 않지만 "아니, 내가 구조 방기에 대해서는 이만큼 알고 있는데, 더 알고 있는 사람은 내놔봐" 이런 식으로 토론이 되는 거죠. 그래서 아, 이건 아닌데 해가지고 이 공격적인 면들이 국민조사위 하면서 많이 순화됐어요. 순화되게 했는데도 아직도 공격적인 분들은 계시죠, 계속.

면담자   아까 말씀하신 것 중에 목요모임에 대해서는 혹시 아시는 게 있습니까?

준형 아빠   고상현 샘을 중심으로 해가지고, 여의도에서 산부인과 의사 하시는 분인데, 그분을 중심으로 해서 이제 몇몇 분들이 모임을 해서, 그러니까 당시 상황이라든지 증거자료 그다음에 이런 걸 가지고 '세월호를 가지고 계속 연구해 보자' 하는 모임인데, 주축이 그 전임 진상규명분과장인 수현 아버지하고 몇몇 가족분들이 거기 꼈었어요. 꼈었는데 지금도 계속하나 모르겠네요.

면담자   사무실이 서울에 있었죠?

준형 아빠   예, 서교동 YMCA 건물에 있었죠. 그러다가 지금 4·16연대 건물로 이사를 해서 셋방살이 했던 거죠. 거기서 좀 하다가 이제 해체가 되긴 했는데 거기까지 있었죠.

4
선체조사위원회에 대한 아쉬움

면담자　　　선조위에 대해서 좀 보완해서 여쭈면, 우선 선조위에 참여하시는 분을 구성하는 과정에서 유가족들이 어떤 역할을 구체적으로 하셨는지요?

준형 아빠　　　구성 단계에서 가족 추천 위원들이 있었어요. 가족 추천 상임위원하고 비상임위원. 그다음에 세 명이니까 여덟 명 위원 중에 많았죠, 세 명이니까. 거기에 상임위원 한 명에 비상임위원 두 명. 그다음에 그 당시에 국민의당, 그다음에 바른당, 그다음에 저기 뭐냐 자한당 이렇게 해가지고 더불어민주당 위주로 위원들을 이렇게 구성을 했어요. 국민의당까지는 추천, 그러니까 자한당 추천까지는 상임위원이 됐고 나머지 분들은 다 비상임위원이 됐고. 그러니까 여덟 명 중에 다섯 명은 비상임위원, 세 명이 상임위원으로 해가지고 1소위, 2소위 나눠서 했는데 우리가, 저희 가족들이 했던 것들은 상임 분들하고 비상임 분들을 추천하는 정도, 그다음에 거기서 직접 뽑 사람들, 필드에서 뽑 수 있는 조사관들을 추천하는 정도, 그 정도였죠. 그렇게 큰 영향력을 행사하지는 못했어요.

면담자　　　구성 과정에서 그 위원 구성도 그렇고 그다음에 조사관들 임명하는 과정도 그렇고 사실은 그때는 정말 전격적으로 움직이셔서 꽤 많은 성과를 이루시기도 하셨는데, "전반적으로 선조위는 충분한 성과를 이루지 못했다"라는 입장도 있는 거 같아요. (준형 아빠 : 맞죠) 진상규명분과장으로서 어떻게 보시는지?

준형 아빠   선조위는 분명한 공, 과가 있어요. 선조위도 공, 과가 있는데, 공이라고 하면 세월호에서 미수습자, 다 찾진 못했지만 미수습자들을 수습하고 세월호를 바로 세워놨고, 그리고 정말 처음으로 나온 종합 보고서거든요. 개별 조사 결과 보고서도 있고 종합 보고서도 있고, 보고서가 나온 게 공이라고 한다면, 과는 너무 전문가들을 데려다 놓다 보니까 "내가 전문가인데, 누가 내 말에 토를 달아" 이런 느낌이 조금 강했어요. 그래서 어찌 보면 '구성 자체를 잘못하지 않았나' 이런 생각을 하기도 했죠. 그러니까 50명의 조사관들 중에 35명은 필드에 나가서 뛰는 조사관들이고 15명은 안에서 내부 저거 하는 사람이라고 한다면, 35명을 뽑을 때 우리는 그때 그러니까 해기사, 항해 이쪽만 하는 사람들, 이걸 알지 못했죠. 그랬는데 뽑고 나서 보니까 해기사들이 되게 많더라구요. 많아지고, 많아 가지고, 너무 많았어요, 해기사 출신들이. 그 비율을 해기사를 두 명 뽑았으면 구조, 배의 구조나 이런 구조역학 이걸 할 줄 아는 분들을 한 명 정도, 2대1 정도 뽑았으면 괜찮았을 텐데…. 해양대도 나는 해양대라고 그래서 엔진 계열이라든지 이런 계열들이 다 따로 있어서 따로 이렇게 뽑는 줄 알았는데, 나중에 뽑고 나서 보니까 해기사 중심인 거죠. 3등, 1등 항해사, 이런 항해사들 위주로 뽑아놓으니까 좀 기형적인 위원회가 됐었어요. 그래 가지고 그 기형적인 위원회를 끌고 나가려고 하니 서로 삐그덕대기 시작하는 거죠, 제 나름대로는 "상임과 비상임 사이를 좀 이렇게 잘 좀 해봅시다" 해가지고 [애는 써봤는데 잘되지는 않았어요].

[선조위] 만들어가지고 저 목포에서 고생 좀 많이 했죠. 했는데 결론이 나오더라구요. 해피아가 뭔지 알았어요. '아, 이게 해피아구나' 그때 딱 느꼈어요. 물론 그러니까 해양대 출신이라고 다 해피아라고 생각하지 않아요. 해기사 출신이라고 다 해피아라고 생각하지 않지만, 결국은 해피아가 그 [해양대] 출신에 거기서 가는 사람들이 다 연결, 연결돼서 기술 따지고 뭐 따지고 해서 그래서 그게 해피아가 되더라구요. 그래서 일례로 어떤 일이 있었냐면 별정직공무원으로 조사관이 뽑혀 왔는데, 목포 현장에서 이제 조사 대상이 해수부거든요. 근데 해수부가 해수부 그 공무원 중에 하나가 조사관한테 "너 몇 기냐?" 그러니까 "저 몇 기입니다" 그러니까, "난 몇 기인데, 너 나보다 [몇 년 밑이구나?] 교수님 잘 계시니" 뭐 이런 분위기예요, 그러니까 군대에서 "야, 나 해병대 몇 기" 찾는 것처럼. 그래서 '아, 이거 조사 또 물 건너갔다'라고 속으로 했죠.

한 3달 정도 거기서 되게 지루한 나날이었어요. 맨날 막, 이제 그러니까 미수습자 수습하고 막 뻘에서, 배를 세워서 이렇게 인양을 했으면 되게 빨리 될 일들이었는데 배가 누워 있으니까 이건 위험도 위험하고, 위험한 것도 위험한 거고 뭐 이렇게 진입이 안 돼요. 어디 진입하려고 하면 다 뚫어야 되고 그래서 이제 배를 세우는 게 되게 중요했는데, '배를 세웠다면 과연 저렇게 객실 부분이 다 날라갈 필요가 있었을까' 싶은 생각도 있죠. 배를 세워서 인양했으면 램프로 해서 들어가지고 끄집어내면 되는 거니까요. 그리고 계속 그 층마다 올라가면서, 물론 몇 군데는 뜯어냈겠죠, 협착된 부분들은. 그렇지만 '저렇게까지는…' 그런 생각이 들죠. 맨 처음에는 저 배를 살리려고 노력 많이 했어요. 결국은 이제 배를 세워가지고 배를 살렸는데, 거기에 맨 처음에는 선조위에서 부정적이었어요, 배를 세우는데. 국회까지 와가지고 국회에 세월호 특위 사람들한테, 국회의원들한테 "배 못 세운다"고까지 얘기했으니까. 그런데 저는 자신 있었거든요, 배를 세워야 한다는 거에. 왜냐면 배를 안 세우면 저걸 보존할 수 없어요. 저 배는, 세월호는, 배라는 게 누워 있으려고 만든 게 아니고 세워놓…, 운행하기 위해서 세워놓기 위해서 만들었기 때문에 배는 무조건 세워 있어야 하거든요. 누워 있으면 이게 뒤틀려요. 그런데 이제 뒤틀림 같은 데 다 보이니까 "세우자" 그래 가지고 세우는 데도 돈이 많이 들었죠. 176억, 174억 정도 들었는데, 아니 물속에서 인양할 때 세워서 끌어 올렸으면 그 돈이 다 안 들어가도 되는 거거든요.

가족들한테 그 감정적으로 튀는 해수부 공무원들이 있는데, 그중에 하나가 제일 많이 튀는 사람이 누구냐면 연영진[해수부 세월호인양 추진단장]이라든지 이런 인양 파트[에 속한 공무원들이] 우리하고 많이 부딪쳤거든요. 맨날 부딪쳤으니까, 그리고 인양을 제대로 하지도 않았고, 그리고 거기서 나온 디지털증거들, 이거를 정부는 준비를 안 했었어요. 핸드폰이 맨 처음에 발견된 날이, 배가 목포 신항으로 들어오기도 전에 그 반잠수식 선박에서 발견이 된 거예요. 근데 우리 가족들도 어떻게 할 바를 모르잖아요. 그러면 거기에 지금, 거기에 그때 상주했던 공무원들이 어디 어디 있었냐면, 해수부는 물론 있어야 되구요, 해경 그다음에 국과수 그다음에 전라남도 육경, 뭐 모든 부서가 다 거기 조그마한 정부 형태를 띤…, 해수부가 제일 관장을 하고. 그렇다면 핸드폰이 나왔으면 맨 먼저, 거기에 이제 검시를 위해서 검사관, 검사도 와 있었거든요, 그런데 이걸 핸드폰이 발견됐으면 빨리 이거를 어떻게 해서 빨리 포렌식으로 넘어가는 과정을 거쳐야 되는데 다 손을 놓고 있는 거예요. 그래서 가족들이 업체에다가 연락을 해서 어떻게 닦아내야 되고 어떤 물에다 담가놔야 되고, 그때 처음 알았던 게 극초순수액. 그러니까 뭐 "증류를 한 세 번을 한 다음에 만든 물, 거기다 담궈놔야 된다" 그래 가지고 극초순수액 잔뜩 사다가 담아놓고, 그게 준비가 안 됐다는 거죠, 직접적으로.

근데 선조위도 마찬가지였던 거예요, 선조위조차도. 분명히 우리는, 저희는 판단하고 있었어요, '그 안에는 블랙박스가 있다, 차에는. 블랙박스 솔직히 손을 못 댔을 거다'. 그 뭐 어떤 사람들은 블랙박스에 손댔다는 사람들도 있는데 그거 불가능하거든요. 왜냐면 차가 이게 (두 손을 나란히 하며) 이런 식으로 된 게 아니고, 막 다 엉켜 있기 때문에 거기에 못 들어가요. 그래서 거기서 블랙박스를 어떻게 해본다, 그건 불가능하거든요. 그러면 있는 그러니까 있는 '그 당시에 모습을 그대로 찍었을 거다' 우리는 그렇게 생각하고 있었어요. 그래 가지고 그 수습이 끝나고 수습이 거의 끝나고 이제 화물칸에서 화물 꺼내던 때 차 이렇게 크레인으로 들어서 끄집어내면 우리는 물통 들고 가는 거예요. 가족들이 물통 들고 가서 블랙박스 있나 없나 찾아보고 "아, 있다" 그러면 거기서 증명사진 찍고 블랙박스하고 핸드폰도 마찬가지이고. 아니, 100여 대가 넘는 핸드폰이 나올지를 몰랐던 거죠. 그리고 준비도 안 되어 있었던 거고, 사람들이. 근데 이제 부랴부랴 뭐 선조위라든지 예산 잡으라고 하고 했는데 결국은 다 못 했어요.

근데 C데크에 있는 블랙박스들은 그래도 조금 양호해서 C데크에 움직임은 보이잖아요. 이게 결정적인, 결정타를 날려버렸는데 여태까지의 모든 침몰 이론들은 '복원력이 불량한 세월호가 급격한 우선회를 하다가 화물들이 기울어서 화물들이 쏠려서 배가 뒤집어 배가 침몰했다. 이렇게 과적을 한 세월호가' 그렇게 됐는데 블랙박스 영상에서 보니까 화면에 움직임이 없는 거예요 맨 처음에는, 어느 정도 기울기까지는. 그 정도 기울기가 언제냐면 30도까지는 안 움직여요. 그러다가 갑자기 그냥 막 자동차가 날라가고 이런 기울기가 생기잖아요. 근데 거기에 이제 블랙박스 영상을 제가 보기에는 KBS가 제일 잘했는데, 물론 이제 선조위도 나중에 이제 비슷해요. 시간대는 비슷한데, KBS에서 그 시간을 딱 맞춰가지고 같이 보여주는 영상을 했는데 KBS가 제일 잘한 거 같은데, 그걸 보고 있으면 우리가 여태까지 생각했던 '아, 화물들이 움직여서 배가 침몰했다'는 그 자체를 뒤집어 버린 거죠. 이게 결정타라는 건데 어느 정도 순간까지 그러니까 버티다가 갑자기 확 넘어갔으니 그 움직임 때문에 뭐 외력설이네 이런 것들이 설명이 안 되니까 자꾸 나오는 건데, 다 설명을 못 한 거예요, 선조위에서.

그게 선조위의 공이라고 할 수 있는 종합 보고서를 낸 점이 과가 될 수도 있는 거죠, 왜냐면 결론을 못 내고 "우리가 보기에는 두 가지 안이다" 이렇게 해서 낸 거니까. 그렇다면 아직까지 논란이 있는 거잖아요, 침몰 원인에 대해서는. 제 입장에서는 '그 논란 자체가 계속 있는 건 어찌 보면 진상 규명을 해가기 위한 하나의 그 과정이 아닐까' 이런 생각에 그 논란들을 풀어온 거죠. 가족들이 어떤 분은 이런 말을 해요. 가족들이 왜, 그러니까 선조위 대부분, 선조위 위원장도 그렇지

준형 아빠 장훈

만 외력설은 거의 부정을 해요. 근데 열린안이라고 해서 외력을 부인하지 않는 안을 종합 보고서에 넣었거든요. 근데 어떤 시민분들은 그래요. "아니, 왜 내인설이라느니 그러니까 안에 있는 이유로 배가 침몰했다는 걸 그냥 과감히 버리고 외력으로만 가지, 내인설을 그대로 할 수 있느냐, 놔두냐. 이건 뭐 해피아들의 전형적인 얘기인데". 근데 진실을 알고 있는 사람은 없잖아요. 그렇다면 다 열어봐야지. 제가 그전에 말씀드렸잖아요. 저는 진실을 알고 싶은 것뿐이지, 내가 알고 싶은 건 진실일 뿐이지 내가 어느 걸 알고 싶다 이런 건 아니거든요. 그냥 배가 왜 넘어졌고 왜 안 구했고 왜 우리를 그렇게 탄압했고, 이런 걸 알고 싶을 뿐이지, 이게 여기에 색깔을 씌운다든지 이런 걸 되게 경계하는 스타일이거든요.

근데 이제 선조위 같은 경우가 저를 한 꺼풀 업그레이드시켰다고 할까요? 왜냐면 배의 터닝 서클이라든지 뭐 배가 초당 어떻게 움직이고, 움직임을 이야기하는 기술적인 언어들 맨 처음에는 아무것도 몰랐었거든요. 근데 선조위 이제 회의 쫓아다니고, 선조위 기술자들, 저기 뭐냐 조사관들 만나서 이야기 듣고 하다 보면 공부가 그냥 나 혼자 돼버린 거예요. 그래 가지고 나중에는 선조위 그 조사관들한테 당당히 난 요구를 했어요, "나를 설득시켜라. 니네가 원하는, 니네가 추구하는 이론이 있으면 나를 설득시켜라. 대신 과학적인 데이터에 의해서". 근데 한 명도 그 과학적인 데이터에 접근을, 그러니까 근사치까지 나온 적도 없어요. 쉽게 말해서 ROT라고 해서 초당 회전율이에요. 선수 방위각이 돌아가는 회전율이, ROT가 이상 현상으로 초당 17도 이렇게 간 건 빼더라도 이게 3.7까지 올라가거든요, 초당 3.7도까지.

근데 이걸 구현해 낼 수가 없는 거예요, 초당 3.7도를. 2.7, 보통 2.7도 세월호 움직임이라고 하는데 그건 평균적인 움직임이구요. 이 그래프를 보면 3.7까지 올라가요. 올라갔다가 이렇게 뚝 떨어진다구요. 그렇다면 도대체 그 3.7까지 움직일 수 있는 게, 세월호, 이 145미터짜리 배를 돌리는 거거든요. '돌리는 힘은 도대체 어디서 오는 거냐', 이거를 선조위에서 모든 이론을 다 갖다 들이밀었는데 안 되는 거예요.

근데 이제 이게 나중에 되니까 이제 내인설을 추구하는 사람들은 "배가 이렇게 넘어진 다음에는 나온 그 데이터들은 무의미하지 않느냐" [하는데] 그것도 일견 인정하는 면이 있어요. 왜냐면 넘어진 다음에 나온 데이터들이 원래 데이터가 아니니까, 정확한 데이터가 아니니까. 그런데 그렇다고 무조건 무시할 수는 없는 거잖아요. 여태까지 그 데이터만 가지고 세월호의 그 침몰을 다 설명을 했었거든요. 뭐 부산에 해양대에 모 교수님은 그 데이터를 가지고 세월호를 넘어트려서 어떻게 넘어트렸고 어떻게 화물이 이동을 했고 이런 스토리까지 짜가지고 저를 보여준 그 교수님도 계세요. 근데 절대적으로 전부 다 안 되는 게 뭐냐면, 이번 블랙박스 영상이 결정타를 날렸다고 말씀드렸는데 그게 뭐냐면, 레이트 오브 힐[Rate of Hill]이라고 해서 넘어지는 속도예요. 이게 넘어지는 속도는 감당이 안 되는 거예요. 넘어지는 속도가 초당, 평균 내보니까 초당 4.8 정도 나와요. 1초에 4.8도가 넘어가는 거예요. 거의 막 확 넘어간 거죠. 145미터짜리 배가, 높이가 이게 40미터 가까이 되는데 이게 넘어진 거예요, 초당 5도가 넘게. 그래서 어느 부분에서는 한 20도까지는 천천히 넘어져요.

여기까지는, 저 배의 전문용어를 쓰면, 우회전을 하기 위해서는

준형 아빠 장훈

좌로 약간 넘어지는 거거든요. 외방경사라고 하는데 우리가 잘못 알고 있는 게 그거예요. 우리 가족들도 지금 잘못 알고 있는 건데 뭐냐면 [방향]타를, 러더[방향타]를 쓰면 배가 확확 돌아가는 줄 알아요. 근데 배는 그렇게 움직이지 않아요. 배는 러더를 쓰게 되면 러더를, 이게 이제 러더고 5도를 쓰게 되면 배가 이렇게 물이 여기 충돌을 하잖아요. 여기는 압력이 여기에 비해서 낮으니까 이렇게 돌겠죠. 그러면 배가, 배의 움직임은 5도 틀면 배 움직임은 어떻게 되냐면, 맨 처음에 내방경사가 생겼다가, 왜냐면 원심력 때문에 다시 외방경사로 생긴 다음에 이렇게 돌게 되어 있어요. 배 자체가 러더가 되는 거거든요. 그 비행기 뜰 때 보면 비행기 날개를 보면, 그 양력이라고 그래서 한쪽이 압력이 강하고 한쪽이 압력이 약하면 압력이 약한 쪽으로 움직이게 되어 있잖아요. 그래서 비행기가 뜰 때 비행기 날개에서 그 바람이, 여기에 양력이 약하고 여기에 양력이 강하니까 이렇게 위로 뜨게 되는 거잖아요. 똑같은 거예요. 배도 마찬가지예요. 배도 조금 돌려놓으면 여기 부딪치는 양력이 세지기 때문에 여기는 약하고 그러니까 이렇게 도는 거예요, 선회를 하는 거라구요. 선회율이라는 게 있고, 배가 이렇게 선회할 때 넘어가는 그 외방경사, 그러니까 롤링율도 있고, 그 롤링 각도도 있고, 이게 다 정해져 있는 거거든요.

근데 이 배는 이걸 넘어섰단 말이죠. 도대체 이 배가 왜 갑자기, 뭐 한 20도쯤 외방경사가 있다가 갑자기 40도 이상으로 넘어갔는지, 여기에 대한 답이 아무도 없는 거예요. 그러니 뭐 잠수함으로 쳤네 어쨌네 이런 얘기가 나오는 거죠. 나오는데 제가 그러니까 극렬하게 외력설을 주장하시는 분들도 계세요. 그런데 그분들한테 얘기하는데 그

거예요, "그럼 외력이 뭔지, 그럼 좀 설명을 해달라". "아직까지, 아직까지 결론이 안 났다. 그러면 내인설이 됐건 외력설이 됐건 결론 날 때까지 우리는 그 결론을, 그니까 진실을 쫓아가는 단계지 결정하는 단계가 아니다". 도대체 왜 선조위에서 내인설과 외력설이 아니, 이건 서로의 주장이 붙는 거니까, 이게 하나의 주장이 안 돼도 저는 상관이 없다고 생각해요, 그 위원회에서. 왜냐면 서로 뭐 이렇게 주제들이 틀린 거죠. "하나는 외력에 의해서 이 데이터가 만들어질 수밖에 없다. 도대체 이 배로는 이게 마린의, 그러니까 네덜란드 마린에 가서 한 실험, 그러니까 자유 항주 실험이 되게 큰 영향을 미쳤는데 도대체 세월호라는 배로는 이렇게, 이런 턴 각도가 나오지 않는다". 이런 턴 각도가 나오려면 배가 꼿꼿이 서서 도는 게 가장 잘 도는 거예요. 배가 누우면 누울수록 선형이 흐트러져요. 선형이 뭐냐면 잘 아시겠지만 배가 유선형이잖아요? 유선형이 흐트러져요. 그러면 배는 빨리 못 움직이게 되겠죠. 빨리 돌지도 못하고. 그런데 이 배는 물리학 법칙에서 어긋나요. 선형이 흐트러졌는데 더 빨리 돌아요. 말도 안 되는 거거든요. 그래서 내인설과 외력설, 이렇게 갈라져 버린 거예요.

그렇다면 저는 위원회 차원에서 내부에서 치고 박고 싸우고 막 결론 못 내리고 하는 거 다 좋다 이거예요. 인정한다 이거예요. 그런데 자기의 주장과 틀리다고 그래서 그 주장을, 다른 주장을 피는 사람들을 다르다고 해서 "넌 틀렸어"라는 그 표현이 가장 경계하는 거거든요. 왜냐면 저하고 그러니까 바라보는 관점이 교수님하고도 다를 수 있어요, 이 참사에 대해서. 근데 관점이 다른 것뿐이지 이거에 이걸 바라보는 이걸 그냥 사고로 바라보는 사람도 있는 반면, 저 같은 경우에는 여기에 의도성까지 포함된, 여러 가지 그 증언과 뭐 증거들도 있기 때문에, 의도성까지 포함된 걸 많이 생각하고 있는데, 그렇다고 해서 교수님이 저를 욕하거나 그럴 필요 없는 거잖아요. 저도 교수님이 "아니, 이건 단순한 사고인데" 이게 교수님의 의견이 아니겠지만 "단순한 사고인데, 뭐 실수로 인해서 이렇게 이렇게 돼서 실수가 겹치다 보니 이런 참사가 발생한 거야" 이런 얘기할 수 있는 사람도 있구요, "아니야. 이건 일부러 안 구했어" 극단적으로 할 수 있는 사람이 있단 말이죠. 그러면 나하고 다르다고 해서 그 사람이 틀렸다고 생각하는 자체가 잘못된 거라는 거죠, 나는. 다른 이야기를 할 수 있고, 그 다른 이야기를 내가 받아들이냐 마냐는 내 판단에 따른 거잖아요. 가족들한테 그러면 "내 판단이, 제 판단으로는 이렇습니다" 그러면 가족들이 "아, 진상분과장 판단이 이러니까 우리도 그 판단으로 따라가야 되나? 아니야. 내가 생각하기에는 다른 판단인데" [하는 것도] 충분히 가능하단 얘기죠. 근데 그 위원회 자체에서 이게 안 되는 거예요, 그 위원회 자체에서. 그 여덟 명밖에 안 되는 위원회 자체에서 사람 취급을 않는 거야, 서로. 그럼 안 되죠. 아니 의견이 틀릴 수 있고 다름을 인정하게 되면, 제가 보기에는 이래요, 다름을 인정하게 되면 그때부터는 모든 데이터들에 대한, 그러니까 맞는지 틀리는지 이런 것들을 전부 검증해야 되니까 그런 것 때문에 그러는 거 같은데, 제가 보기에는 그냥 단순히 이 선조위는…….

나는 솔직히 말해서 침몰 원인은 95프로는 나왔다고 생각해요. 나머지 5프로를 어떻게 짜 맞추느냐…, 그러니까 여태까지 지금 뭐 더 실험해 볼 것도 있고 하지만 이론적으로는 한 95프로 정도는 나왔다고 보거든요. 왜냐하면 낮은 지제로엠[GOM, 배의 복원성 수치]이나 높은 지제로엠이나 다 해봤거든요, 이 모형실험을. 그럼 모형 자체를 또 다르게 해서 실험을 해봐야 되고, 뭐 헥사포드[외고정장치] 같은 걸로 잡아가지고 배를 직접 막, 억지로 막 돌려봐야 되고. 이런 일련의 실험들이 남아 있기는 하지만 배의 침몰과 배가 이렇게 빨리 침수되고 이런 것들은 거의 다 나왔어요. 맨홀 같은 거 다 열려 있었고, 근데 이제 풀리지 않는 것들 중에 하나가 뭐냐면 그 AIS 여기에 대한 확고한 믿음인 거예요. 내가 선조위한테 이런 말을 했어요. 블랙박스 영상이 나와서 이제 가족들, 그러니까 생존자들의 증언들이 힘을 받기 시작한 거예요, 그때부터. 그 전에는 "양승진 선생님이 날라갔어요"[라든지] "제가 붕 뒤로 날라갔어요" 이런 얘기를 믿지를 않았어요. "어떻게 날라가" 막 이랬거든요, "미끄러진 거겠지". 그런데 블랙박스 영상을 보니 차가 날라가잖아요. 차가 날라가는 정도의 횡경사는, 횡경사 속도는 거의 널뛰기하듯이 했다는 얘기거든요. 그런 걸 설명을 해줘야 돼, 우리를. 근데 설명이 안 되는 거야, 선조위가.

근데 여태까지 나왔던 모든 데이터들과 이론들은 "AIS 항적에 따라서, 리본 거꾸로 한 이거에 따라서 이렇게 해서 넘어갔어" 이렇게 다 끝난 거거든요. 그런데 이제부터 그 영상을 보니 "어, 이게 아니네. 배가 먼저 넘어졌네?" 어찌 됐건 그 시간 단위로 나오니까, "넘어진 다음에 도네. 어, 이게 어떻게 된 거지?", 그걸 설명을 해내야 돼요. 넘어진다 해도 얘가 초당 3.5도 돈다니까, 그리고 얘가 10노트로 이렇게 돌고, 넘어진 다음에도 한쪽 엔진으로. 이런 것들에 대한 설명이 부족하다는 거예요. 근데 그런 것들은 둘이 합치면 나와요. 두 안들을 합치면 나와요. 나오는데, 촉발시키는 그러니까 방아쇠를 누가 어떤 걸로 방아쇠를 당겼느냐, 여기서 틀려져요. 한쪽은 솔레노이드 밸브[전자적으로 열렸다 닫혔다 하는 밸브]와 평형수 탱크가 4번 평형수 탱크인데, 이 평형수 탱크의 평형수가 한 반절 정도 차 있었다고 주장을 하고 있고, 한쪽은 "아니다. 그럴 일 없다. 그렇게 되면 배 출항 못 한다. 근데 배도 좋았는데 어떤 외력인지는 모르겠지만 외력에 의해서 배가 빨리 돈 거다" 이렇게 둘로 나뉜 거죠.

근데 저는 블랙박스 영상을 우리가, 전 국민이 다 봤잖아요. 물론 블랙박스 그 영상 살리는 데 상당히 돈도 많이 들어간 거예요. 그게 한 20억 가까이 들어간 건데 돈으로 따질 일은 아닌 거 같아요. 왜냐면 아니, 그 당시에 제가 1000억 원을 누굴 주고 "나 그 세월호 참사 당시 그 1분간만 보여줘" 그래서 보여줄 수 있는 사람이 과연 있을까? 타임머신밖에 없잖아요. 그런데 블랙박스 영상은 타임머신하고 똑같은 효과를 나타낸다구요. 눈으로 볼 수 있다는 거죠, 당시의 그 배가 넘어가는 그거를. 그런데 이 사람들은, 이 선조위 사람들은 이걸 수치화시켜 가지고 여기다 대입을 시키는 거예요, AIS 항적에. 그러니까 안 맞지. 근데도 계속 그걸 하는 거예요. 그러다 보니까 평균적인 이 레이트 오브 힐 이것도 점점 낮아져요, 평균가가 어떻게 되느냐에 따라 틀리니까. 왜냐면 길게 잡고 내면 평균값이 되게 길어, 뭐야 급해지고 짧게 잡고 놓으면 평균값이 좀 짧아지…, 이게 작아지잖아요. 이거 내가 공히 양쪽, 그 양쪽[의] 논리를 펴는 분들한테 공히 하는 얘기가 "내가 눈으로 바라보는 이 화면을 수치로 억누르려고 하지 말고 설명을 해라. 이게 왜 이렇게 된 건지. 왜 이렇게 급히 넘어갔는지를 설명을 해달라"[였어요], 이걸 그냥 수치상으로만 "아, 이렇게 넘어졌으니까 수치가 이렇게 된 거야" [하지 말고].

이 레이트 오브 힐이 나온 순간부터 모든 게 다 여태까지 모든 이론들이 다 끝나버린 거예요. 그래서 사람들이 선조위가 어떻게 결정을 [그렇게밖에 못] 했나 해도, 선조위가 잘한 것 중의 하나가 블랙박스 영상 살린 거고…. 근데 솔직히 선조위에서 시인을 안 했었거든요, 지금 뭐 다 끝나서 하는 얘기지만, 선조위 위원장이랑 "그거 왜 뭣 하러 해" 이랬었어요. 근데 우리나라 사법부도 마찬가지고 디지털증거에 대한, 그러니까 뭐라고 그래야 되죠? 그냥 일반 글로 쓰는 증거가 증거 효력이 한 100이다 그러면 디지털증거를 한 50도 안 보는 거 같아. 그런데 점점 사회는 디지털화 되고 증거들은 다 디지털로 나올 텐데 '아니, 내가 눈으로 보는 이 현상들을 설명을 못 해주는데 어떻게 너네가 지금 그거 가지고 싸울 수 있느냐' 이게 제 논리거든요. 아무도 설명을 못 했어요.

가장 중요한 게 그거예요. 양승진 선생님이 어디 있었냐면 이게 세월호를 옆면, 옆에서 보면 5층, 4층, 3층 [이렇게 있는데], 3층의 가장 중간에 있었어요. 이게 로비면, 3층 로비면 로비 가장 중간에 소파에 앉아 계셨다구요. 이 선생님이 날라갔어요. 그렇다면 간단한 실험을 좀 해볼게요. 갑작스런 횡경사만 생기면 밑으로 떨어져요. 날라가지 않아요. 그런데 횡경사와 같이 틀면 날라가요. 그러면 우리가 선조위한테 [계속 말한 것이] "힘의 방향이 틀리다 지금. 너네가 생각하는 힘의 방향이 틀리다. 힘이, 배가 돌면서 급히 넘어졌다. 그냥 넘어진 게 아니다. 안 그러면 자동차도 날라가지 않는다", 이걸 퀵 현상이라고

206

준형 아빠 장훈

그러는데, "퀵이 있지 않은 이상, 그러니까 뭐가 덜컹하는 이게 없는 이상 날라가지 않는다"[는 거였어요]. 그냥 그렇잖아요. 운동법칙에 보면 움직이는 물건은 계속 움직이면 돼요. 그런데 움직이다 갑자기 멈추면 내 몸은 관성의 법칙에 의해서 날라가게 되어 있다구, 쭉 앞으로 가게 되어 있다구. 그런데 지금 "자, 봐라. 저 차가 이렇게 획 날라가는 건 운동법칙에서 뭐라고 설명해야 되냐? 배가 넘어가면 그럴 수 있다? 아니, 말이 되는 소리를 해라"[는 거였어요].

그래서 제일 필요했던 게 나는 물리학자가 필요했어요. 그 이론들을, 그러니까 눈으로 보는 거를 이론물리학자라도 좀 "아, 이건 이렇게 해서 날라가는 현상이 보이는 거고", 이런 것들을 좀 알려줄 사람이 필요한데 정작 선조위는 알려주지 않더라는 얘기죠. 그래서 선조위가 정말 아쉬움이 많이 남는 조직이에요. 서로 같은 걸 얘기하고 있는데 다르단 말이죠. 그 다름을 인정하고 서로를 인정하면서 "아, 다르지만 내 해석은 이렇다. 이쪽에서는 이렇다" 이렇게 나갔다면 좀 더 발전적인 방향으로 갈 수 있었을 텐데, 그게 나중에는 어떤 싸움까지 번지냐면 감정싸움까지 번져버리는 거예요, 위원들끼리. 그러니까 위원들끼리도, 그러니까 밑의 조사관끼리도 감정싸움이 붙어버리고, 그러니까 외력을 조사하는 사람들한테 "야, 그 고래 잡아와" 이러는 거예요. 정말 비아냥이잖아요. 그런, 그러니까 하지 말아도 될, 하지 말아야 할 그런 것들을 하게 한 거죠. 이게 상당히 선조위에서는 내부 문제였어요.

면담자   아버님 잠시 휴식했다가 남은 얘기를 이어가겠습니다.

(잠시 중단)

5

선조위 보고서에 대한 안타까움

면담자　　네, 이어서 말씀을 드리면, 선조위 활동 중에서 우선 조사관들 얘기를 좀 더 보완했으면 하는데요. 전반적으로 상황이 좋지 않았다는 건 저희가 공히 인지를 하고 있고, 그럼에도 불구하고 그 안에서 꽤 노력했던 조사관들이 몇 분 계신 걸로 알고 있습니다. 그런 지점에 대해서도 조금 소개해 주시면 좋겠습니다.

준형 아빠　　우선, 김성훈 조사관이 참 열심히 했어요. 그러니까 과장하고, 자기 부서 과장하고 거의 막, 그러니까 싸울 일도 아닌데 솔직히 말씀드리면 의견의 차이를 넘어서질 못하는 거예요. 의견이 다르다고 무조건 나쁜 놈 취급해 버리면 안 되는데 서로 나중에 되니까 나쁜 놈 취급을 하더라구요. 그래서 우리 가족 입장에서는 참 안타까운데 그래도 보면 김성훈 조사관이 좀 많이 했구요, 그다음에 박용덕 과장도 많이 했고. 그 위원님들 중에는 장범선 위원님, 서울대학교, 그다음에 이동곤 위원…, 물론 뭐 저쪽에 김철승 의원도 있고 있지만, 장범선 위원님 같은 경우에는 정말 의외였어요. 추천 자체를 바른당에서 했고 그래서 야성이, 아니 그러니까 기존에 있던 그쪽하고 많이 가깝다고 생각했는데, 이분은 완전 학자서 가지고, 물론 이동곤 위원도 마찬가지이지만 데이터에 근거한 이야기만 믿지, 그런 거 아니면 그러니까 추론 자체가 데이터에 근간해서 추론하시니까 이런 게 좀 믿음직…, 믿음이 갔고, 그리고 이제 해양 쪽으로 오면 서승택 조사관, 그다음에 허승환 팀장, 그다음에 오승래, 우리 빼먹을 수 없죠, 오승래. 정말 처음부터 와서 고생 많이 했거든요.

막 뻘투성이 거기 돌아다니면서, 이건 뭐 쓰셔도 되고 안 쓰셔도 되지만 이런 얘기가 있었어요, 항간에는. 방사능폐기물을 싣고 가다가 그렇게 된 거 아니냐, 일부러. 이런 얘기가 있어서 제가 환경[운동]연합에 가서 방사능측정기를 제가 빌려 왔어요, 빌려 와가지고 그것도 하나만 하면 안 되니까 정밀하게 잴 수 있는 거하고 보통으로 이렇게 하는 거하고 해서. 근데 이제 오승래 조사관한테 그걸 쥐어주면서 "니가 갈 수 있는 데까지 다 가봐" 그러니까 그게, 그러니까 방사능 감마선을 저거 하는 거더라구요. 근데 이 감마선이라는 게 쇠도 뚫고 나오고 이런다 하더라구요. 그 근처만 가면 이게 튄대요, "바늘이 튄다" 그러더라구. 그 디지털로 되어 있는데 그걸 들려 보내서 그것까지 해봤어요. 해봤는데 저는 다행이라고 생각하지만 그런 건 없었어요. 물론 그 방사능이 튀는 부분은 없었는데 아무튼 그런 조사까지 시켰어요. 근데 이제 공식적인 선조위 보고서에는 그게 없을 거예요. 왜 그러냐면 '외부로 맥없이 나갔다가 공격받을 수 있겠구나' 싶어서, 그럼 비밀리에 저희끼리 그냥, 조사관 몇몇하고 송장훈 팀장하고 오승래 조사관하고 저하고, 가족 중에서도 저하고 인양분과장만 알고 시킨 거죠.

근데 이상 없더라구요. '아, 그건 아니다' 그러면 이 방식, 이게 진상 규명에 대한 여러 가지 방법이 있겠지만 침몰 원인에 대해서는 막한, 뭐 한 열몇 가지의 그 학설들이 있어요. 그냥 그 히스토리가 있어요. 그러면 그중 하나는 제긴 게 되잖아요. 하나는 없애버린 게 되잖아요. 뭐냐 "방사능 연료를 싣고 갔는데 방사능폐기물에서 그거 해서 그게 뭐 잘못돼서 했다" 이걸 없애버린 거잖아요. 그 "방사능폐기물, 특히나 이런 것들은 한번 있던 자리에는 자국이 남는다" 그러더라구요. 근데 그런 게 없으니까 그러면 '아, 이제 방사능폐기물은 끝났어. 더 이상 조사 안 해도 돼' 이렇게 되잖아요. 하나하나씩 없애는 게 조사 방법이 될 수 있는데 선조위는 하나를 조사하게 되면 의혹이 더 많이 생기는 거예요, 조사 자체를 하게 되면. 난 이건 무슨 양파도 아니고 까도 까도 똑같아.

아니, 조타실에 들어가서, 그러니까 조타실, 함교[조타실의 다른 말]에서 여러 가지 기기들이 있고 여러 가지 저거 달려 있던 것들이 있으면 도대체 뭐부터 봐야 되는지 이런 게 계획이 세워져 있어가지고 이걸 봐야 하는데, 이런 계획들이 세워져 있지 않았고, 선조위의 과만 자꾸 얘기하게 되는데 잘한 것도 있지만, 조사를 그러면 뭐부터 해야 되겠다, 뭐부터 해야 되겠다 그러면 절대적으로 조사를 해야 하는 부분은 뭐냐면 솔레노이드 밸브의 고착 부분, 이건 왜 그러냐면 대법원까지 판결이 났던 거예요, 선원 재판에. 그다음에 러더와 기관의 이상 유무, 이건 무조건 선조위에서 밝혀냈어야 되거든요. 그런데 이것도 애매하게 밝혀냈죠. 고착이 됐다, 고착 됐는데, 고착이라는 단어를 안 썼어요. 누름, 눌림? 이 단어를 쓰더라구요. 왜냐면 이걸 만든 회사에 가서 검증을 한 거예요. 그러면 조사의 A, B, C를 모르는 거죠. 왜냐면 고착이 됐으면 고착된 부분을 긁어가지고 이게 먼저 고착이 되어서 기름때로 인한 고착인지 아니면 뭐 이렇게 바닷물이 들어가서 고착된 건지 이런 거 성분분석을 해야 될 거 아니에요. 이게 없어요. 이게 날라가 버린 거야. 조사의 A, B, C, D를 모르는 거죠.

그 팀, 와…, 그걸 조사했다고 해서 나는 당연히 '아, 그러면 그 고착된 부분의 성분분석이 들어갔겠구나' [했는데] 아, 그런 게 없어요. 그럼 뭘 조사한 거야? 핀 조금 움직여 가지고 그 저 솔레노이드, 러더 밀어주는 압력 펌프, 이게 눌려져 있는 거, 그건 언제 고착이 됐는지 장담할 수 없는 거잖아요? 사고 당시에 고착이 됐는지 아니면 나중에 고착이 됐는지. 그러니까 자, 배가 그렇게 급격하게 돌려면 적어도 20도 이상의 타를 써야 돼요. 근데 배 타는 35도까지밖에 못 써요, 배라는 게. 배 타를 35도를 쓰나, 50도를 쓰나 도는 이렇게 한 바퀴 도는 선회경은 같아요. 그래서 35도밖에 안 써요, 배를 이 러더를. 그런데 배가 그 정도로 저거 했다면 돌았다면 '아, 배가 그러면 35도까지 썼겠구나' 유추는 가능할 수 있죠. 근데 배가 침몰할 때 우리는 러더의 각도를 봤거든요. 러더의 각도가 좌현 8도였어요, 그럼 도대체 이걸 어떻게 풀 거야?

그래서 그 고착됐다는 팀한테 계속 물어봤어요. "아니, 도대체 이걸 어떻게 풀 거냐" 그랬더니 뭐 맥없는, "뭐 중력에 의해서 그렇게 떨어질 수 있고" [하더라고요]. "아니 고착이 됐다며. 고착됐으면 안 움직이는 게 고착이지", 그러잖아요? "유압이라는 게 고착이 됐다고 그러면 더 이상 움직이지 않는 게 고착이지 어떻게 중력에 의해서 떨어지는 게 고착이 될 수 있냐?", "그러면 러더도 움직였다는 건데 그러면 어떻게 배가 그렇게 돌아가냐?" [했더니] 거기에 대한 답은 없는 거예요. 가장 쉬운 방법이 있어요, 그걸 할 수 있는. 뭐냐면 선원이 직접 돌리는 거예요, 선원의 의도성. 선원이 35도 돌렸다가 "어, 배 넘어갔네" 다시 이렇게 돌리면 돼요. 그럼 러더가 제자리로 돌아와요. 근데 그거는 조사를 안 했어. 그런 선원들의 의도성이라든지 선원들이 어떠한 행위를 했는지, 그게 제일 안타까운 거예요, 저는. 지금 선원들 개인당 100번 넘게 조사를 했을 거예요, 검경 합수부, 해심원, 그다음에 검찰, 경찰, 그다음에 1기 특조위, 그다음에 선조위까지. 선원 조사를 했을 거란 말이죠. 1인당 100번 넘게 조사를 받았을 거예요. 이 사람들은 이제 조사의 달인이 된 거야, 조사받는 거에. 이제 뭐 물어 보면 그냥 달달달 외울 거예요, 아마.

그 정도로 조사가 조사관들의 역량인데 제일 안타깝게 생각하는 게 그거예요. 선조위를 만든 이유 중에 하나가 뭐냐면 배를 잘 아는 사람들이 선원 조사를 해달라는 거였어요. 배의 움직임을 잘 아는 사람들이 선원 조사를 하게 되면 그 당시에 배가 이렇게 돌아간 이유를 "너, 이거 거짓말이잖아. 이거 왜 이렇게 설명해"라고 해줄 수 있을 줄 알고, 선원 출신들이 그렇게 많이 포진이 됐던 거였어요. 그래서 저는 선조위 맨 처음에 생겼을 때 '아, 이제 드디어 묵은 갈증이 좀 풀리려나 보다' 배도 그때는 인양이 됐고 했는데, 공고해요. 뭐 이런 말씀드리면 될지 모르겠지만 저들의 그 단단함은, 그러니까 위원회 하나 가지고 깰 수 있는 단단함이 아니더라구요. 뭐냐면 자, 우선 검경 합수부가 수사한 내용, 그다음에 해심원이 조사한 내용, 크리소가 조사한 내용, 크리소 그 해심원 밑에 그러니까 연구소인데, 했던 내용까지 전부 다 "아, 너네 조사 잘못했어. 조사했는데 결론 이렇게 안 났어. 너네 다 조사 잘못했어" 이거 할 수 있는 사람이 해양업계 쪽에는 없다는 거예요, 지금. 가장 문제가 그거예요.

해양업계 쪽에서 [본다면] 정말 말도 안 되는 AIS 항적이거든요. 그러면 이 말도 안 되는 AIS 항적을 여태까지 주장했던 사람들이 왜 주장했는지를 생각해야 돼요. 그 주장했던 이유는 뭐냐면 한번 고착이 되어버린 거예요, 그 AIS 항적이. 왜 검경 합수부, 해심원 그다음에 크리소 그다음에 모든 국내 유수 대학교에서 "아, 이게 맞다"고 해버렸기 때문에 이걸 깰 수 없는 거예요. 그래서 선조위한테는 AIS 항적 자체가 거의 바이블이에요, 바이블. 아니, 도대체 제가 아까 말씀드렸잖아요. "내가 보고 있는 이 배의 움직임을, 그러니까 블랙박스 영상에 나오는 이 움직임을 너네가 왜 나한테 수치로 압박을 하냐. 수치로 왜 이걸 억압을 하려고 하냐. 이 보여지는 거 이거, 이 수치가 너네 거 수치로 다 뒤집어엎어 버린 거 아니냐. 여태까지의 그 모든 침몰 이론들을 다 엎어버린 거 아니냐? 그렇다면 이거에 대해서 설명을 해야지. 너네가 이거를 왜 다시 여기다가 맞추려고 그래. 이건 아니지" 그랬더니 저쪽에서는 답이 없는 거예요.

그 답이 없는 이유가 어쩔 수 없는 게, 자 한국의 모든 해양대 교수들도 깨야죠. 그다음에 검경 합수부에 뛰었던 해경이랑 그 모든 자문했던 교수들, 전부 이론 다 깨지죠. 그렇게 되면…, 시장이 좁아요, 한국 해양 이쪽 시장은 되게 좁아요, 그래서 해수부한테 눈 밖에 나면 아무 일도 못 따구요. 또 그들만의 리그에서 눈 밖에 나면 그 사람은 퇴출돼요. 그러니 블랙박스 영상이 나올지는 아마 상상도 못 했을걸요. 영상이 나오니 이걸 대처할 수 있는 방법이 없는 거예요. 그래서 지금 선조위가 시간이, 시간만 좀 충분했다면 좀 더 나은 이론들이 나왔겠지만, 왜냐면 서로 이렇게 막 회의에서, 회의 석상에서 죽일 듯이 싸우면서 그러면서 발전하는 거죠. 솔직히 말해서 뭐 국회는 안 그러나요. 모든 위원회가 다 그런 거잖아요. 자기 의견만 맞다고 우길 수도 없는 거고 내 의견을 맞게 할, 뭐냐 내 의견이 이거 1이다 그러면 위원들이 10명이면 그중에 나머지 다섯 명은 내 의견을 따라줘야 이게 과반수가 넘는 거잖아요. 그러면 이 사람들을 다 설득을 시켜야지. 이게 논리적으로 설득이 가능해야 되잖아요. 그런 걸 이 위원회에서는 싸움만 하다가 끝냈다는 거죠.

　그러니까 제가 아까 뭐 어찌 보면 95프로 이상 밝혀졌다고 말씀드렸던 이유 중에 하나가 뭐냐면, 그런 싸움 속에서도 여러 가지 의미 있는 데이터들이 나왔단 말이죠. 그 데이터들을 다 무시할 수 없는 거예요. 그렇다면 우리 입장에서는, 가족 입장에서는 그 데이터들, 조사했던 항목들, 조사관들이 조사했던 것들 이것들을 함부로 버릴 수가 없는 거예요. 그래서 공식적으로 제가 선조위 1소위, 그러니까 그때 진상소위에 요청을 했어요, "조사관들이 조사 보고서를 올렸을 때 이게 위원님들과 합의가 된다면 그럼 이게 진상 규명 보고서로 올라가도 되지만, 합의가 안 된다면 조사관들의 조사 결과 보고서 그리고 위원님들의 조사 결과 보고서가 잘못된, 위원님들이 느끼기에 잘못된 점들 여기다가 붙여서 올려주십시오. 저한테는 이 조사 결과 보고서가 정말 중요합니다" [하고요]. 그래서 소위원회에서 오케이를 받았어요. 그 전원위까지도, 전원위 그러니까 위원장님, 김창준 위원장님도 오케이를 했어요, 그 부분에 대해서는. 왜냐면 저희는 여태까지 세월호 참사가 나서 조사라는 조사를 제대로 해본 적이 없어요. 그냥 검경 합수부나 뭐 이런 데서만 했던 조사 결과 보고서, 뭐 감사원 보고서 이런 것만 봤지, 정말 조사관들이 조사했던 조사 결과 보고서를 본 적이 없어요. 1기 특조위에서 안 됐죠. 나중에 사참위는 뜨게 생겼는데 선조위에서 조사 결과 보고서가 안 나왔다 그러면 사참위는 완전히 먹이감이 되는…. 왜냐면 "야, 너네 특조위도 한 번 해봤고, 선조위도 해봤는데 뭐 보고서도 하나도 못 썼잖아. 근데 뭐 하려고 사참위 해? 사참특위는 뭐 하려고 하는데?" 이런 무용론이 나올 수 있단 말이죠. 이걸 나는 되게 경계했거든요. 그래서 무조건 나는 "보고서 나와야 된 다"[고 했던 거예요]. 그런데 그 보고서의 퀄리티가, 아쉬운 부분들 중에 하나인데, 퀄리티가 너무 떨어지는 거예요.

그러니 저희도 이렇게, 어떠한 그러니까, 저희 유가족들도 국회 뭐 무슨 사안 있어서 발제하고 하면 저희도 발제문 형식으로 해가지고 하더라도 거기서 비문 빼고 다듬잖아요. 다듬어서 정갈한 언어로 내 주장을, 내 그러니까 내가 말하고자 하는 바를 보고서 형식으로, 이것도 보고서라고 보면 되니까, 형식으로 해서, 그 자료집 형식으로 해서 보면 국회에서 많이 나오잖아요. 우리가 쓴 게 없겠냐구요. 저희도 그걸 그렇게 쓰는데, 아, 조사 결과 보고서를 보는데 나 미쳐버리는 줄 알았어요. 무슨 그러니까 팀장급에서, 어떤 팀에서 조사 결과를, 보고서를 쓰는데 한 3분의 1은 날려야 돼. 다 비문이야. '그러므로', '추측되므로', 이런 말은 보고서에 쓰면 안 되거든요. 정작 보고서에 써야 될 말들은 팩트 위주로, 팩트에 의해서 이렇게 됐기 때문에 이렇게 됐다, 뭐 원인, 과정, 결과를, '과정이 좀 불확실하지만 결과치가 이러니 원인은 이쪽에 있을 것이다'라든지 이런 좀 맥락이 이어져야 되는데, 이 보고서를 보고 깜짝 놀란 게 앞에 이만큼은 뭐 거의 없어도 돼요. 완전 비문투성이에 자기주장이 뭔지도 잘 모르겠어.

이게 주장이 나오는 부분이 이 정도 돼. 그러면 이 주장들이 아, 이제 일률적으로 이러이러한 현상들이 있었고 이러이런 걸 조사해 보니, 사진 갖다가 들이 붙이고 해서 이래서 과정이 나올 거 아니에요. 과정에서 좀 틀어져 이상하게. '어? 원인이 이건데 과정이 이렇게 가면 안 되는데', 결론에서는 이 원인을 자기가 깨고 있어. 이건 이렇게 돼서 했는데, 이게 아니 "이 조사 보고서는 도대체 뭐야. 정체가 뭐야" 이런 소리가 나올 만큼 퀄리티가 떨어지는 거예요. 근데도 우리 가족 입장에서는 4년입니다 4년, 이제 그 선조위 보고서가 나올 때까지 4년 동안 제대로 된 보고서 하나를 받아본 적이 없다는 거죠. 검경 합수부의 보고서, 감사원의 감사 보고서, 다 엉터리거든요, 말도 안 되는. 그리고 침몰 원인에 대해서는 제대로 써 있지도 않아요. 왜? 배가 없으니까, 인양을 안 했기 때문에. 근데 인양을 해서 맨 처음 나온 보고서가 선조위 보고서라는 거죠.

그러면 생생한 사진들 다 찍었을 테고 거기에 대한 뭐, 스태빌라이저가, 뭐 그것도 제일 먼저 발견한 게 전데, 스태빌라이저가 이상하게 꺾인 거예요. 잘라 냈는데도 꺾인 방향이 이상한 거야. 그래서 그때 박종필 감독 살아 있을 때 이제 형, 형 했으니까 "형, 따라와 봐" 그래 가지고 "왜" 그래 가지고 "아니, 좀 찍을 게 있다"고, 자기 찍어놓을 게 있다고 해서 그 부분들을 계속 열심히 찍어놓은 거예요. 그거 이제 저희가 선조위에다가 주고 "이거 설명해야 되는 거 아니냐. 스태빌라이저 이렇게 돌아간 거" 그래서 외력TF가 생긴 거예요. 외력TF라고 해서 무조건 뭐 잠수함 찾으러 다니고 이런 게 아니구요. 사람들이 좀 잘못 알고 있는 게 뭐냐면, 설명이 안 되는 거예요. "이 AIS 항적과 배의 움직임 자체가 그니까 외력이 있지 않고서는 설명할 수 없다. 그 외력이 뭔지는 모르겠다", 그 외력을 그러면 여러 가지 조건들을 주고 실험을 해본 다음에 그 외력이 뭔지, 이런 걸 나중에라도 설명을 해야 되니까, 그래서 외력TF를 만들어서 외력TF가 가동이 되고….

저는 선조위 잘한 점 중의 하나가 뭐냐면 외력을 공식적으로 열어 놨다는 데 있어요, 외력의 가능성을. 그러니까 여태까지는 외력설 하게 되면 음모론 취급했어요. 그런데 외력이라고 해서 다 잠수함이나 이런 게 아니거든요. 그날 조류 상태라든지, 아무도 몰라요. 그날, 제가 그때 당일 날 해경 배를 타고 가는데 해경이 아, 정말 어려운 시기에 배가 침몰된 거라고 하면서 대정사리라고 그랬어요. 1년에 한 네 번 정도 있는 사리 때, 물이 가장 많이 빠지는 대정사리 기간인데 "아, 정말 이러면 물살도 세고 물도 편차도 크고 해가지고 정말 물일 하기 힘든데, 정말 안타깝다"라고 하면서 이 얘기가 내가 생각이 나더라구요. 그렇다면, 조류의 움직임도 외력일 수 있는 거잖아요. 그러니까 〈명량〉이라는 영화에서 보면 순조류 때는 하다가 역조류 때는 소용돌이가 확 생기잖아요. 거기가 우리나라에서 두 번째로 물살이 빠른 곳이에요. 첫 번째가 방금 얘기했던 명량 그 해협이구요, 진도대교 밑에. 두 번째가 그 동거차도 앞쪽으로 해서 맹골수로예요, 왜 맹골수로겠어요. 근데 역조류를 받았다면 그 당시에, 그게 갑자기 그러면 외력으로 작용할 수도 있는 건데, 이걸 전부 다 음모론 취급해 버린 거예요.

아니, 그리고 나중에 말씀드릴 기회가 있겠지만 아니, 잠수함이 부딪치는 건 사고 아닌가요? 사고 맞잖아요, 그것도. 아니 뭐, 배를 침몰시키기 위해서 어뢰를 터뜨렸다거나 어뢰를 쐈다거나 포를, 함포를 쐈다거나 이러면 범죄행위이지만 잠수함이 부딪쳤다? 이건 잠수함하고 충돌사고지. 잠수함이 일부러 부딪치지는 않았을 테고, 그 비싼 잠수함이. 그럼 충돌사고잖아요. 근데 왜 안 구해? 왜 생존자들은 구하지 않는 거야? 그 당시에 500명 가까이 타고 있었던 사람들을 이거에 대한 설명이 안 되잖아요. 그래서 저희 가족협의회는 1기 특조위가 끝나고 그 당시에 이제, 제가 단식을 한 20일 했는데, 그때 첫 화두가 그거였어요. 진상 규명 화두 중에 "제발 그 음모론 좀 걷어내자", "음모론이라는 그 색안경을 끼고 보는 것들조차도 여기에 원인이 있을 수 있다. 도대체 왜 음모론이어야 되는데?" [하는 거였어요]. 이게 아니, 잠수함으로 받으면 음모론이에요? 아니잖아요. 잠수함 사고 있을 수 있는 거잖아요. 아니, 외력이 있다는 게 왜 음모론이 되는 거야. 아니, 잘 가는 배가 뭐죠, 그 그물, 엄청나게 큰 그물에 걸릴 수도 있는 거잖아요. 그것도 외력이라구요. 외력이 그러니까 밖에서 만들어내는 힘이 외력이지, 그 외력을 그냥 막 다 잠수함으로 몰아붙이고 이런 건 아니라고 생각하거든요. 그래서 외력TF를 열어놓은 거 자체가, 외력이라는 가능성을 열어놓은 거 자체가 나는 오히려 공이라고 봐요, 이 선조위의.

그리고 그 아까 조사관들 얘기, 열심히 했던 조사관들 얘기, 자꾸 이렇게 막 말이 전이가 되는데, 왜 그러냐면 하도 쌓인 게 많아서 그런 거예요, 열심히 한 조사관들 많아요. 조사관들이 열심히 했는데 위에서 단단한, 진짜 시멘트 같은 층이 있기 때문에 뚫고 나오지를 못하는 거예요. 조사관들 의견이 묵살되어 버리는 거예요. 이거를 안 하려고 정말 노력했어요, 가족들은. '왜냐면 죽이 되든 밥이 되든 보고서는 나와야 되겠다, 조사했던 것들은. 그렇지 않는 이상 도대체 선조위를 만든 의미가 없다. 뭐 미수습자 수습하고, 핸드폰 수습하고 이럴려고 만든 거 아니다. 배의 그니까 왜 침몰했는지 원인까지 밝히려고 만든 거 아니냐. 그렇다면 보고서가 나와야 된다', 이게 우리 압박감이었어요, 우리 가족들한테는. 그렇다고 보고서를 나오게 하기 위해서 위원 정족수가 안 채워진 위원회는 보고서를 낼 수도 없잖아요. 근데 공길영 위원 그만둬 버렸지, 거기다가 이동곤 위원 고발당했지, 나머지 위원들 다 그만둔다 그러지, 그러면 위원회가 도대체 돌아가냐구요. 그러면 위원회가 공중분해, 해체되어 버릴 테고 위원장이 혼자 다 독단적으로 어떻게 하냐구요, 위원들이 있어야 하는데. 그런데 이제 그 내부에서는 "나가려면 다 나가. 내가 혼자 하면 돼" 이런 독불장군도 있었고, 정말 너무한다고 와서 참석해 가지고 사람 머릿수 채워주는 위원님들도 계셨고…. 아니, 바쁜 와중에도 온 거예요, 와가지고 그리고 정말 밤을 새워가지고, 자기 일이 있는데…. 상임들은 월급을 받고 차관급이에요. 차도 나와요, 비서도 나오고 사무실도 나오고 연봉이 1억이 넘어. 근데 비상임들은 아무것도 없어요. 회의비만 나오는 거예요. 근데도 그 비상임들이 밤을 새워가면서, 그러니까 조사관들이 조사했던 내용 중에 좀 고칠 것들이 있으면 고치고…, 되게 고마우신 분들이죠. 근데 그런 분들의 노력까지도 이게 보고서가 나오지 않으면 다 사장되어 버리는 거잖아요. 다 묻혀버리는 거잖아요.

정말 느낀 게 뭐였냐면 '아, 정말 공고하구나. 너무 단단하다. 이거를 그러니까 6개월짜리, 6개월에서 3개월 플러스된 위원회인데, 6개월짜리 위원회로는 도저히 이걸 깰 수가 없다' 그렇게 판단했어요. 그래서 사참특위를, 내가 목포를 좀 덜 내려가고 국회를 다녔어요, 사참특위를 빨리 만들려고. 그래서 어머님들이랑 국회 의원실마다 찾아다니면서, 이거 그때 박주민 의원이 패스트트랙으로 걸어놓은 특위법이 통과될 수 있도록 좀 해달라고, 한겨울에도, 한겨울에 정말 고생 많이 했죠. 근데 이제 물론 목포에서 목포 나름대로 고생 많이 하고, 선조위는 선조위 나름대로 막 계획 짜고 하는데도, 저는 빨리 판단을 했어야 해요. '선조위에서 얻을 거, 선조위에서 어느 정도 선까지는 나올 수 있겠구나. 그러면 최저 어느 선까지는 나올 수 있겠구나' 판단하고 저는 다음 단계를 가야 돼요. 그러지 않으면, 준비하지 않으면 이것만 하다가 갑자기 이거를 할 수는 없는 거잖아요.

그래서 선조위가 조금, 제가 선조위 계속 왔다 갔다 하고 했으면 좀 더 뭐라고 할까 인간관계나 이런 것들이 부드러워질 수 있었을 텐데, 그걸로 풀어질 문제가 아니더라구요, 이 선조위 문제 자체가, 나중에 이제 제가 보니까. 그래서 '선조위는 이제 과감하게 내가 선조위 [에서] 원하는 것들만 취사선택하고 대신에 보고서는 나오게 만들어야겠다' [하고 생각하고], 선조위 맨 마지막 전원위, 전원위를 계속하면서, 종합 보고서 평가단에 제가 들어가 있으니까 종합 보고서까지 같이 다 해서 보고서들을 다 내게 만들었죠. 그게 나오지 않았다면 아휴, 생각하기도 끔찍해요. 그 보고서라도 나왔으니, 그러니까 내인설이라든지 열린안이라든지 뭐 이런 조사했던 내용들이 여기에 들어가서 '아, 그래서 이 사람들이 이런 의도로 얘기를 하는구나'가 남들 앞에 보여지는 거지, 그렇지 않는다면 그냥 느낌으로만 생각하고 말았을 거예요.

근데 이제 조사 결과 보고서나 종합 보고서에 보면 이름을 다 명기 시켰어요, 제가. 왜냐면 "니들이 주장하는 게 뭐야?", 뭐 이렇게 주장 한다 하면, "그래? 그러면 여기다 니 이름 박아, 자신 있으면", 그래서 이 안이 나오고, 다른 사람들은 "너네가 주장하는 게 이거라면 그럼 여기다 너네 이름 명기해" [해서], 두 가지 안이라도 나는, '누가 잘했고 잘 못했고는 나중 문제고, 이런 안이라도 냈다는 거 여기다 첨부해야 되 겠다' 그래서 조사 결과 보고서에 보면 조사관들 이름을 다 명기해 놨 어요. 그 사람들이 어떤, 그러니까 우리가 보면 진상 규명을 방해를 한…, 나중에 보면 판단할 수 있을 거잖아요. 지금은 판단을 못 하죠. 지금은 뭐 어떻게, 어떻게 해가지고 실험을 했는데 그렇게 됐다[고 기 록되겠지만], 나중에 보면 '아, 이게 방해한 흔적이네' [하고] 기록으로 남 겨놓으면 이걸 [판단]할 수가 있어요. 기록으로 남겨놓지 않는 이상 이 걸 할 수가 없다구요. '기억에 의존한다' 뭐 '그 당시 정황을 믿는다', '상황을 본다' 그런 건 절대 있을 수 없죠, 기록을 남겨놔야지. 그래서 모든 기록을 남겨놓은 거죠, 그 보고서를 다 쓰게 만든 거고.

6
해수부와 해피아들

면담자   말씀 중에 이동곤 위원에 대한 고발 얘기 잠깐 있었는 데 누가 무슨 사안으로 고발했습니까?

준형 아빠   그건, 이동곤 위원은 크리소 지금 아마 부소장인가 그럴 거예요, 그리고 그 당시 2014년 당시 수석 연구원이었고. 그래서 세월호 담당 수석 연구원이었는데 저는, 저희는 몰랐었어요. 왜냐면 검경 합수부의 저걸 보면, 해심원의 보고서를 보면 자유 항주 실험이 빠져 있거든요. 그런데 자유 항주 실험을 했어요, 2014년도에. 했는데 물론 추정치로만 한 실험이지만 했는데 배가 안 넘어갔어요. 그러니까 이걸 빼버린 거예요. 근데 과연, 나는 좀 이동곤 위원 하나만 고발하는 걸 나는 반대를 했는데, 과연 그 크리소 수석 연구원 그 사람이 과연 이 증거 기록을 빼고 자시고 할 수 있는, 그런 은폐하고 자시고 할 수 있는 힘이 있었을까? 그러면 이거는 검찰 측에서도 요구를 안 한 건데, 검찰 측에서 이거 뭐냐 선원 재판에 불리한 증거라서 빼버린 건데, 그렇다면 이걸 은폐한 건 검찰인 건지 당시 실험한 크리소인 건지 이게 불분명하잖아요. 근데 아무튼 "이동곤 위원이 증거로 제출 안 한 거는 안 한 거고, 그다음에 그 부분이 조사 방해한 거 아니냐, 이건 원칙적으로. 이걸 왜 은폐했냐" 해서 그걸 선조위 차원에서 고발한 거예요. 선조위 전원위 차원에서 고발을 한 건데, 뭐냐면 자기 그러니까 위원회의 위원을 고발한 거잖아요.

그런데 고발할 사람들이 더 있었어요, 그 당시에. 누가 더 있었냐면 김영모 부위원장이 자한당 추천 인사인데, 김영모 부위원장은 그 당시 검경 합수부 자문이었어요. 그리고 김철승 교수, 김철승 위원은 당시에 KRI[한국선급]의 자문이었고. 그러니까 좀 모양이 좀 나오지 않아요? 그것만 보면. 좀 틀이 좀 보이지 않으세요? 위원회 자체가 그러니까 우리가 생각하는 단단한, 콘크리트 같은 단단한 그 암벽 같은, 뚫지 못하는 선이 거기 와 있는 거예요, 위원회 자체가. 자, 검경 합수부, 크리소, KR 출신들이 다 위원으로 되어 있는데, 그 위원회가 과연 그 전에 기존에 했던 조사 내용을 뒤집을 수 있는 그런 그 모험을 할까요? 또, 그들이 과연 그렇게 물론 "그때 잘못했으니까 이번에 새로 해보자" 해서 한다면 뭐 저희도 오케이죠. 그런데 우리나라 공무원들이나 이런 사람들을 보면 관성의 법칙이 적용이 돼요. 이 사람들은 한번 움직이면 잘못된 길이라도 계속 그 길로만 가요. 한번 멈춰 세우면 또 안 움직여. 또 딴 데로 옮기려면 되게 힘들어, 딴 방향으로 가게 만들려면. 똑같다는 거죠.

저는 문재인 정부 들어서서 선조위가 생기고 많은 질문을 받았었어요, "이제 좀 진상 규명이 쉽지 않겠느냐" [하고요]. 나는 비관적으로 얘기했어요. 진상 규명해야 될 대상은 몇몇 정치인들이 아니에요. 그 뭐 위에 있는 박근혜나 이런 정치인들의 진상 규명도 필요하지만 정작 진상 규명해야 될 데는, 칼을 대고 해야 될 데는 어디냐면 해수부와 거기에 따른 해피아들이에요. 근데 그 해피아들이 지금 그대로 살아 있는데 진상 규명이 어떻게 가능하냐고. 그런데 교수님, 우리나라에서 제일 작은 부처가 어딘 줄 아세요? 여가부예요, 여성가족부. 그다음으로 작은 부처가 해수부예요. 그리고 그다음으로 작은 부처가 환경부고. 그러니 우리나라에서 제일 작은 부처 중의 하나인 해수부가 해피아가 이렇게 단단한데, 나는 우리나라 그니까 이 일은, 세월호 진상 규명을 하면서 다른 곳의 문제들까지 눈에 보이는 거예요. 야, 그러면 뭐 정무위라든지 법사위라든지 이런 곳의 비리는 과연 그렇지 않겠어요? 법무부, 검찰, 경찰, 안행위 이런 곳들의 거대 조직들에 대한 비리는…. 아니, 여기는 해경하고 해수부밖에 없다니까. 그리고 이제 여타 이거밖에 없는데도 이렇게 단단한데 나머지는 어떻겠냐고.

국회의사당 건너편에 보면요 선주협회 빌딩이 있어요. 선주협회 빌딩에 가면 해수부 장관 집무실이 있어요. 그리고 해수부 직원들이 국회에 대정부 질의나 이런 거 가잖아요. 그러면 어디서 쉬는지 아세요? 그 선주협회 거기로 온다구요. 그럼 과연 이게 해수부가 선주협회하고 짬짬이 먹는 게 과연 이게 옳은 일인가? 아니잖아요. 이건 이게 본체라구요. 근데 본체인데 본체를 건드려보지도 못한 거예요, 지금 우리. 근데 침몰 원인이, 자꾸 이렇게 들쑤시고 왜 이렇게 하냐면, 일부러 좀 들쑤신 면도 있어요. 제가, [들쑤시고] 하는 이유는 뭐냐면 반발하는 인간들을 좀 보자 이거예요. 이 침몰하는 원인이 잘못됐다고 계속 얘기하고, "야, 데이터들 갖고 와. 데이터 틀리잖아. 너네 배는 이렇게 도는 배가 아닌데 왜 이렇게 돌렸…, 왜 이렇게 했어" 하는 이유가 뭐냐면, 반발하는 인간들을 보자 이거예요. 그 인간들이 해피 아라는 거죠.

이 세월호 참사를 빨리, 그러니까 선원 재판이나 이런 게 너무 빨리 되어버린 거예요, 결론이. 내가 웃기지도 않은 게 뭔지 아세요? 2014년 5월 중순쯤일 거예요. 대한변협에서, 우리 와스타디움에 사무실 있을 때 대한변협에서 와가지고 이 배는 불법 증축되고 뭐 해가지고 과적한 다음에 해서 배가 넘어간 거라는 거예요. 그 당시에 참 여러 가지 말이 많았거든요. 뭐 레이다상에 이상한 물체도 있었는데 그런 걸 다 배제해 버린 거예요. 그 대한변협이 와서 그 얘기를 하는 거예요. "야, 너네가 와서 그런 얘기를 해? 아직 아무것도 모르는데. 배를 건져봐야 알지. 너 봤어" 그러니까 이제 그, 그때 분위기를 얘기를 하는 거예요, 이렇게. "검찰에서 기소를 했으니 이렇게 간다" [그래서], "그럼 기소 자체가 잘못된 거 아니냐", 우리 가족들하고 그렇게 얘기했거든. 근데 그거 다 묻혀버리고, 선원들의 조타 실수라는 게, 솔레노이드 밸브가 고장 날 수도 있다고 하니까 그 형량이 5년 줄어버렸어요. 그런데 선원 출신의 조사관들이 나는 선원 출신이기 때문에 잘할 줄 알았어. 근데 아니, 뭐 가재는 게 편이라고, 아니 도대체가 조사를 할 때 '내가 선원이었으면 이렇게 안 했을 텐데'라는 마음가짐으로 하는 게 아니고 '아, 뭐 내가 선원이었을 때도 이렇게 했으니까 뭐' 이렇게 넘어가 버리는 거예요. 이게 무슨 조사관의 자세냐고.

내가 수밀문에 대해서 엄청 떠들어댔어요, "아니, 수밀문 왜, 배가 넘어가게 생겼으면 수밀문부터 닫아야 되는데 수밀문 하나도 안 닫혔지 않냐, 이 배에. 누가 이 얘기했냐. 아무도 얘기 안 했지 않냐, 지금. 그리고 맨홀 뚜껑 왜 열어놓고 댕기는 건데? 다 열어놓고 댕기는 거라며? 말이 되는 거냐, 이게" [하고요]. 그리고 언제 기회가 되시면 세월호 조타실에 가보세요. 가보시면 이쪽 뒤에 보면 비상스위치들이 다 있어요. 스위치 누르면 비상벨도 울리구요, 수밀문들이 다 닫혀요. 물론 고장 난 것들도 있었다고 그랬어요. 그런데 맨홀들이나, 그리고 기관실 선원들이 나올 때 기관실 문을 열어놓고 나왔어요. '기관실에 물이 안 들어갔다면 과연 급속한 저런 침몰이 일어났을 수 있을까?' 그렇다면 선원들의 고의성을 따져봐야죠. "야, 너네 왜" 기관실 선원들한테 물어봐야 될 거 아니에요. "아니, 너네 왜 아무리 다급하다고 해도 문은 닫아야지. 이거 선원 교육에 나오는 거 아냐? 너네 교육할 때 안 배웠냐?"고 얘기를 해야죠. 그리고 조사를 해야지. 근데 그런 걸

225

조사를 아예 안 해버리는 게 문제죠.

면담자　　　해피아도 그렇지만 유가족들이 황전원 등을 내려오라고 요구를 했었고, 또 동수 아빠가 그것 때문에 단식도 하고, 유가족들이 고발도 하고 했잖아요? 고발을 했던 이유하고 고발해서 어떤 결과가 나오기를 기대했어요?

준형 아빠　　　황전원 등을 고발을 했던 건 1기 특조위 때 그 조사 방해 부분이에요, 1기 특조위를, 그러니까 업무를 제대로 못 보게 만드는 그런 측면들이 너무 강해서. 그게 안종범의 업무 수첩에도 다 나와요, 어떻게, 어떻게 해야 된다 이런 것들이, 그리고 또 자기네들끼리. 나는 그 사람들 보면 이해를 못 하겠는 게 그 좀 그러니까 요즘은 그 뭐 태블릿 PC 많잖아요. 거기다 메모도 하고 하잖아요. 그 양반은 정말 전부 다 수첩에다 하더라구요. 뭐 누구의 비망록 이런 거 보면 전부 다 수첩이에요, 업무 일지야. 그런데 거기에 보면 세월호가 안 빠진 데가 없어요. 다 들어가 있어요. 지금 계엄령, 지금 수사하는 거 아시잖아요? 거기 보면 세월호TF를 만든다고 나와 있어요. 세월호 담당 TF를, 계엄군이 계엄을 한 다음에 세월호 담당 TF는 왜 만드는 거야? 우리를 때려잡겠다고? 똑같은 거예요. 반쪽짜리, 그러니까 1기 특조위를 반쪽짜리, 그 당시 여당이, 여당 위원들이 다 나가고 반쪽짜리 위원회를 만들고, 그 반쪽짜리 위원회라고 해서 모든 언론들이 반쪽짜리 위원회니까 뭐 신경도 안 쓰고···. 청문회를 한다고 해서 청문회에 나오지도 않고, 그리고 고엽제전우회나 이런 사람들이 그 정황들이 전부 다 적혀 있는 거예요, 거기예요.

　　'이건 아니다, 이건' 해서 고발자 이름에 제가 들어가 있는데, 근데 그 혐의가 업무 방해예요. 업무 방해로밖에 못 하는 거예요. 조사 방해인데 근데 공무원들은 "위에서 시켰어요" 한마디면 다 끝나. 죄가 없어, 죄 없음. 그리고 황전원 같은 경우는 아니, 내가 판단하기에 그런 줄 알았어요. "내 의지, 의사예요" 그러면 이 사람 죄 없음. 나머지 이제, 그러니까 아니 회의 자료는 있고 결론이 났는데 이게 연결 짓지를 못하는 거예요. 근데 이제 거기에 조윤선, 조윤선 또 다시 나왔죠? 안종범, 그다음에 당시 해수부 장관, 차관, 이런 사람들이 다 연루가 되어 있는 거죠. 연루가 되어 있는데 이것들을 정말 업무 방해의 하나로 정말 건다는 게 참 어이가 없지만, 딴걸로 걸 수 있는 방법이 없는 거예요, 딴걸로. 아니 뭐, 조사 방해를, 조사 방해자라고 하지만 그걸 어떤 형량의, 어떤 법으로 갖다가 들이밀 건지, 기소를 어떻게 할 건지, 이런 것들이 검찰에서 좀 너무 단순하게 본 거 같아요. 이번 그 조윤선, 그다음에 해수부 장관이랑 구속하고 했던 것들은 기소 단계를 너무 높인 거 같아요. 어찌 보면 밑에를, 더 밑에 공무원들을 기소를 하고 이 공무원들이 "아, 나 누가 시켜서 했어요" 그러면 그 사람을 따라가는 이 형식으로 갔으면 오히려 괜찮을지 모르겠지만 지금 이 상태는 '면제부를 줄 수도 있겠구나' 이 생각이 들어요.

7
세월호 보존 문제에 대한 생각

면담자   저희 오전 구술은 여기서 마치구요, 오후에도 이제 진상 규명 과제들과 관련된 분과장님의 의견을 저희가 듣는 거라서 조금 길 수가 있어서 선조위 얘기 마지막으로 한 가지만 여쭤보고 싶은데요. 이제 선조위에 주강현 씨를 자문위원장으로 하는 자문위원회를 두고 거기서 다른 것보다도 배의 보존과 거치 위치에 대한 논의가 있었던 거로 아는데, 그 사안에 대해서 아시는 게 있으면 말씀 주시면 감사하겠습니다.

준형 아빠　　선조위가 자문위원이 그러니까 자문위원회가 제가 알기로 두 가지 자문위원회가 있어요. 한 가지는 진상규명자문위원회고 하나는 세월호 선체를 어떻게 보존하고 처리할 것이냐 이런 자문위원회가 있었는데 저도 잘 몰랐죠. 어느 날 목포에서 전원위, 전원회의가 잡혀 있어서 내려갔는데 전원회의에서 제 이름이 막 오가는 거예요. 그래서 나는 그것도 몰랐어요, 맨 처음에. 근데 "피해자가 진상규명위원회의 자문위원회를 하는 게 맞느냐 틀리냐"로 1시간 이상 싸우는 거예요, 그 위원회 내부에서. 그래서 결국은 "투표로 결정하자" 그래서 제가 기피 대상이 된 거죠. 이제 저, 자문위원회의 저기가 안 된 거죠, 자문위원이. 놀림 많이 받았어요 그것 때문에, 그 50명의 위원회에서 그 재껴졌다고. 근데 "진상규명위원회의 자문도 가족협의회에서, 가족들이 못 맡으면 배 보존 처리하는 자문을 가족들이 맡아봐야 뭐 하냐. 다 거부해 버리자" 해서 저희는, 그 회의 나중에는 들어가기는 했는데 거의 거부를 했죠.

거부를 했고 선체 보존과 처리 부분에 대해서 좀 아쉬운 부분이 좀 있는데, 그러니까 '선체를 보존한다'까지는 결정을 했어요. 그런데 어디다가 어떻게 이게 결정이 안 됐어요. 그것까지 결정을 해서 선조위에서 그러니까 해당 부처에 이야기하고 해당 부처에서 그걸 권고안으로 보내면 해당 부처에서 결정을 해서 하면 되는 건데, 두 가지 안이 팽팽하게 맞섰죠. '안산 대부도로 가져온다' 아니면 그 '목포에 그냥, 목포 지금 있는 장소에서 좀 육지로 떨어진 장소로 옮긴다' 이 안이 있는데, 뭐 저는, 솔직한 심정에 저는 '배만 살아 있으면 된다'는 생각에 어디가 됐든 상관이 없습니다만 아, 현실적인 문제를 자꾸 들고 나오더라구요, 그래서 안산에 있다고 하게 되면 뭐 수천억 원의 예산이 들어가고 뭐 저기에다가 하면 예산이 조금 덜 들고 [하는 식으로]. 그런데 좀 제 개인적인 생각입니다만 과연 이게 그렇게 그러니까 경제적인 문제로만 접근을 해야 되는 것인지, 경제적인 이익이라든지 뭐, 경제적인 이유로 접근을 해야 되는 게 맞는 건지, 아니면 몇천억이 들어서라도 의미 있는 곳에 세월호를 갖다 놓고 그 세월호에 대해서, 그러니까 안에 콘텐츠를, 의미 있는 콘텐츠를 넣어놓는 게 맞는 것인지 의문이 들더라구요. 제일 큰 의문이 들었던 부분 중에 하나가 다른 나라의 사례에서 특히나 미국 '그라운드 제로' 같은 그 땅값이면 은 거기에다가 빌딩을 지으면 얼마를, 몇조 원을 벌 수 있는 땅인데도 그걸 그냥 조형물로 만들어놓고 그냥 빛으로 '여기가 그라운드 제로, 그러니까 쌍둥이 빌딩 있었던 자리다', 이렇게 해놓은 걸 보면 아직까지도 우리나라 사람들의 세월호뿐만이 아니고 어떠한 그 사건을 바라보는 시선 자체가 너무 좀 천박하다고 할까요, 깊이가 없고 좀 이런 느낌이 너무 강하게 들어서….

물론 그 자문단이 설계하고 했던 것들은 되게 좋았어요. 느낌도 좋았고, 좋았는데 가장 중요한, 그러니까 어디다가 갖다 놓을 것인지에 대한 것은 누구도 답을 못 해주는 거죠. 그렇다고 우리 유가족들한테 "유가족들의 뜻대로 하겠다" 그럼 "안산에다가 갖다줘" 그러면 몇 천억 들여서 갖다줄 거냐고? 그래서 세월호 [거치 장소 문제는], 저는 그래서 선조위 차원에서는 이게 해결이 안 될 거라고 생각했어요, 맨 처음에. 이거는 정권의 의지가 여기에 들어가지 않는 이상 '아, 이거는 선조위 차원으로 해결될 문제가 아니다' 생각을 했고, 그래서 지금 현재는 딜레이 상태죠, 멈춰져 있는 상태죠. "2년간 더 조사를 해야 된다" 하고, 그리고 배, 철이라는 게 녹은 슬지만 2년 동안에 부서질 정도로 녹이 슬지는 않을 거란 말이죠. 그러면 2년 후에 결정해도 되니까 그때 결정해도 될 거 같다는 생각은 하는데, 좀 아쉬운 점이 좀 그거예요. 뭐냐면 아니, 세월호 참사를 대하는 자세랄까? 이런 게 좀 너무 안타까워요. 이게 돈을 여기다가 자꾸 대입을 하는데 돈으로 해결될 문제가 아니거든요. 근데도 이제 선조위에서도 그렇고 그다음에 해수부에서도 그렇고 무조건 돈, 돈, 돈. 무슨, 아니 자식 앞세운 부모들한테 돈 얘기해 봐야 그게 먹히냐구요. 근데 돈, 돈, 돈 하는 거예요, 정부에서도 마찬가지고.

면담자   말씀 감사합니다. 오후에 다시 재개하도록 하겠습니다.

(일시 중단)

8
배가 급격히 기운 원인에 대한 생각

면담자   구술증언 사업 질문지에는 들어 있지 않습니다만, 진상

준형 아빠 장훈

규명분과장이신 준형 아빠께는 특별히 진상 규명 과제들에 대한 현재의 인식을 좀 여쭤보려고 합니다. 하나의 질문에 대해서도 몇 시간씩 얘기를 하셔야만 될 사안이라서, 일단 좀 큰 틀에서 꼭 짚어놔야 될 어떤 핵심들을 중심으로 해서 가능하면 너무 길지 않게 말씀을 해주셨으면 합니다. 먼저는 스태빌라이저가 방향이 틀어져 있다는 사실이 최근에 확인이 되었는데, 그것과 침몰 원인과의 연관성이랄까 뭐 그런 측면부터 한번 갖고 계신 생각을 말씀해 주시면 좋겠습니다.

준형 아빠   스태빌라이저의 각도 변화는 외력에 의한 것일 수도 있고, 배가 해저에 착정하면서 그게 발생했을 수도 있고…. 또 인양 도중에 배가 움직였어요, 또 해저에서도 움직였고 그렇기 때문에 그 당시에 돌아갔을 수도 있다고 보구요. 이게 그러니까 그래도 스태빌라이저 이 부분 때문에 선조위에서 외력설을 열어놨는데, 1소위에서 공식적으로 외력이 작용한 거 같다고 열어놨는데 제 생각은 그래요. 스태빌라이저 하나 갖고는 외력을 단정 지을 수 없어요. 그리고 그거 하나 가지고는 배를 넘어뜨릴 수 없어요. 스태빌라이저가 지탱할 수 있는 힘이라는 게 있기 때문에 좀 더 강한 게 필요해요, 근데 그 강한 흔적은 나오지 않고 있고….

대부분 사람들이 외력 그러면 아까도 얘기했지만 잠수함, 이런 걸 얘기해요. 근데 솔직한 제 심정으로는 제발 잠수함만 아니길 바라요. 잠수함이면 이 문제 못 풀어요, 침몰 원인. 어느 나라 무슨 잠수함? 여기서 딱 막혀요. 왜 그런 줄 아세요? 잠수함은 전략무기거든요. 그리고 한정되어 있어요. 세월호가 화물까지 1만 톤인데, 1만 톤짜리가 17.5노트로 내려오고 있는 걸 넘어뜨리고 잡아 돌려야 돼요. 그러려면 물속에서 적어도 3000톤 이상의 힘을 써야 되는데 3000톤짜리 잠수함으로 3000톤 힘을 쓸 수가 없어요. 왜냐면 그 3000톤의 힘을 쓸 수 있는 잠수함이면 적어도 전문 핵잠수함 아니면 나오지 않아요. 근데 그 핵잠수함이면 어떤 나라에서도 극비 사항이에요. 그 극비 사항이 어떻게 밖으로 나온, 유출이 되냔 말이죠. 그리고 우리가 아무리 조사를 한다고 해도 그걸 조사를 할 수 있겠냔 말이죠. 이런 부분이죠.

그래서 잠수함을 얘기하시는 분들한테 정말 그분들한테 좀 알려달라고 하는 거예요. 도대체 어느 나라의 무슨 급 정도만이라도 좀 알려달라고. "그게 밀었으니 넘어갔다" 이 얘기만 하고 잠수함 얘기만 하면 무책임하게 그냥 얘기해 버리는데 1만 톤짜리가 17.5노트로 내려오고 있는 이 질량값에 대한, 위로 넘어뜨리고 돌려야 되는 그 잠수함의 질량값은 얼마냐는 거죠. 이런 거를 좀 계산을 해서 내 앞에 갖다 놓고 객관적으로 "이런 잠수함이 이렇게 밀어야 이 각도가 나오고", 해줘야 되는데 잠수함을 이야기하는 분들의 대부분은 뭐냐면 그 힘의 크기라든지 어떤 잠수함이라든지 이런 것들을 얘기 안 해주세요.

면담자　　일단 탑재 차량 블랙박스 영상이 KBS하고 〈그날, 바다〉 영화를 통해서 공개가 되면서 정확히 40도 이상이 (준형 아빠 : 47도 이상) 47도 이상이 아주 짧은 시간에 기울어졌다는 사실은 밝혀진 거잖습니까. 그러면 잠수함을 비롯한 무엇인가의 충돌의 가능성에 대한 검토가 필요하게 되는 상황이 된 거죠. 그러면 선체가 인양된 상태에서 함몰 지점 같은 게 발견이 되어 있습니까?

준형 아빠　　아니요, 그런 게 없어요. 그러니까 변형이라든지 함몰에 관한, 이 세월호 외관상으로 봐서는 상처투성이이지만, 그러니까 그렇게 강한 충돌에 의한 상처가 아니라는 거예요. 전부 다 저기 뭐야 인양하기 위해서 넣었던 리프팅 빔이라든지 이런 거에 또 이런 거와 착접 때 생기는 그런 상처들이지 그 외의 상처들이 거의 존재하지 않는다는 게 문제가 있구요. 두 번째는 뭐냐면, 배 안에 보면 배도 이제 그 뼈대가 있을 것 아닙니까? 프레임이 있을 거 아니에요. 그 뼈대들에 대한, 그러니까 그걸 아직 다 조사를 안 했어요. 왜냐면 그것도 조사를 해야 되거든요. 어디에 얼마만큼 힘을 받고 얼마만큼 그 뼈대들이 휘어졌는지를 외판 가지고는 판단할 수 없는 것들은 내상이라고 하잖아요. 그러니까 뼈 부러진 거는 밖으로는 안 보이잖아요. 그런 상처들이 있는지를 또 조사를 다 해야 돼요.

그래 놓고 이제 외력 부분을 또 따져야 되고 하는데, 그래서 열린 안 쪽에 저도 한 표를 던지기는 하지만, 진상 규명이라는 게 좀 딜레마에 빠질 때가 있어요. '도대체 이걸 어떻게 설명하지?' 이럴 때가 생긴단 말이죠. 그러면 진상 규명이라는 건 정말로 보편타당하고 아주 보수적인 색깔로 봐도 "아, 그래" 할 만큼 쉬워야 된다는 거예요. 그러니까 이 현상이 왜 이렇게 일어났고 이렇게 넘어갔다는 것들이 설명이 가능해야 한다는 거죠. 그런데 지금까지의 모든 가설들이나 학설들은, 이 침몰 이론들은 배가 넘어지고 한 부분들에 대해서 갑작스런 횡경사 부분에, 그리고 횡경사만 일어나는 게 아니고 퀵이라고 하죠, '튕김 현상' 이 현상에 대해서 아무도 설명을 못 해주고 있다는 거죠.

그래서 외력을 배제를 못 하는 거고, 또 하나 내인설로도 가능해요. 내인설로도 급격한 기울임을 설명할 수 있어요. 근데 음모론이 들어가요. 이게 급격한…, 결국은 급격하게 배를 넘어뜨리려면 지제로

엠 값을 떨어뜨려야 돼요, 낮게. 근데 지제로엠을 떨어뜨리는 방법은 물건을 위에다가 많이 싣든지 아니면 평행수를 빼야 돼요. 그런데 여태까지의 모든 수사나 뭐 조사를 보면 평행수를 뺐는지 안 뺐는지를 제대로 수사하지 않았어요. 그리고 선조위의 조사 부분도 평행수 부분에서 가장 극렬하게 엇갈렸었는데, 4번 탱크, 평행수 부분이 그러니까 내인설 쪽에서는 "평행수 부분, 그 4번 탱크의 평행수가 60프로 정도밖에 없었다", 이런 설정이고, 그렇다면 그걸로도 모자라요, 설명이 안 돼요. 그럼 다른 탱크들도 비어야 돼요. 그렇다면 다른 탱크들이 더 빌 수 있는 방법은 선원들이 손쓰는 것밖에 없어요. 그리고 급격한 회전 있잖아요. 그것도 사람들이 다 돌리면 된다니까요.

그런데 맨 처음부터 의도성에 다가가지는 못해요, 수사나 조사나. 조사를 해보고 수사를 해보니 "야, 이건 니가 의도적으로 돌린 거라고밖에 할 수 없어", "니가 의도적으로 물을 뺀 거라고 볼 수밖에 없어"라는 결과가 나와야 그걸 가지고 선원들한테 들이밀 거 아니에요. "너 의도적으로 뺐냐?" 그러면 그 사람들이, 선원들이 "아, 내가 뺐어요" 그러겠어요? 안 한다구요. "아니, 물 다 채워져 있었고 안전한 배였어요"가 그들의 대답이라구요. 그런데 도대체 그렇게 안전하다면 도대체 이론적으로는 배가 넘어가지 않는 거거든. 근데 배는 넘어갔어. 우리가 답을 알아요. 뭐냐, 8시 49분에 배는 47도 이상 넘어가 있었고, 그 답은 알아요. 근데 과정은 모르는 거잖아요, 그리고 어떻게 촉발된 거인지도 모르고.

그렇다고 정부 발표, AIS 자료 다 믿자니 너무 이상한 데가 많고, 그래서 '그렇다면 원인이 도대체 뭐가 있을까' 여러 가지 생각을 하게 돼요. 생각을 하게 되는데 그 여러 가지 생각들 중에서도 가장 보편타당한 답이라는 게, 가장 보편타당한 답이 나와야지만이 이걸 진상 규명했다고 할 수 있는 거죠. 아니면 진짜 엄청난 증거가 나와서, 아니면 증언이 나와서 이걸 다 뒤집을 수 있다 그렇다면 거기에 따라가야 겠죠. 그런데 아직까지 나온 게 없어요. 그러면 설명이 가능한 방법으로 침몰과 구조 방기와 그다음에 우리 사찰하고 탄압했던, 방해했던 이게 다 설명이 가능해야 한다는 거죠. 근데 침몰은 그렇다 쳐요. 도대체 구조 방기는, 도대체 이거는 제가 그냥 제 표현대로 하자면 정말 환상적으로 판타스틱해요. '이렇게까지 안 할 수 있을까', '이렇게까지 사람을 안 구할 수 있을까' 할 정도로 그렇게 사람들을 안 구했으니까….

면담자　　　한 가지 더 좀 여쭙고 가고 싶은 게 47도로 급격하게 배가 좌측으로 기울기 전에 20도 정도로 좌측으로 배가 기운 것인데, 거기에는 큰 문제는 없는 겁니까? 무슨 얘기냐 하면 20도가 기울어진 것은, 뭐라고 해야 되나 정상으로 볼 수 있냐는 얘기죠. 거기에 어떤 의혹은 없었습니까?

준형 아빠　　　이 배가, 배라는 건 한계수치라는 게 있어요. 근데 이 세월호는 한 15도에서 18도 사이가 한계수치예요. 그걸 넘어가면 급격하게, 그러니까 부력이, 복원력이 급격하게 낮아져요. 그런데 그 한계수치까지 그게 갔다는 거거든요. 20도까지 갔다는 거는 한 19도, 18도 정확하게 이제 그걸 각도를 재봐야겠지만, 갔다는 거는 그만큼 급격한 회전이 발생했다는 거고 그게 그 배의 한계수치예요. 근데 거기서 넘어가 버리는 거거든요. 그 한계수치까지 갔다는 건 타를 그만큼 썼다는 거예요. 배는 그만큼 안 돈다니까요. 그럼 "타를 썼다"는 건 우선 저 선원들의 증언과 배치가 돼요. 근데 타를 안 쓰고 그렇게 돌릴 수 있는 방법은 또 찾아보니 거의 없고….

세월호가 좀 이렇게 145미터짜리 배라고 해서, 1만 톤짜리 배라고 해서 작은 배가 아니에요. 그게 그렇게 막 움직일 수 있는 배가 아니라구요. 근데 이 선회를 하다 보면 더 기울 수도 있고 하겠지만 이건 급격한 기울기거든요. 이 기울기도 솔직히 그냥 외방경사가 생겨가지고 기울면서 했다고 보기에는 너무 큰 기울기라는 거죠. 외방경사는 10도 정도밖에 안 생기는 거예요. 10도 이상 넘어가면, 15도 정도 넘어가면 그때부터는 다시 돌아와야 된다는 거죠. 근데 이게 계속 넘어가잖아요. 완전히 확 넘어가 버리잖아요. 이거는 뭐가 문제가 있다는 거죠. 근데 그 문제가 이제 갈리는 부분이, 이제 거기서 [열린안 쪽은] "외력이 들어갔다"[는 거]고, 내인설 쪽은 거기서 이제 평형수 문제와 그다음에 안에 있는 화물 고박이 D데크, 우연히 또 D데크에 있는 블랙박스가 하나도 안 살아나서 이제 다음 공정으로 넘어가는데 "D데크에 있는 화물들이 갑자기 쏠려서 그랬다" 이건데, 그래도 설명이 안 돼요.

면담자   그러면 선체가 인양된 다음에 나온 타의 모습은 7도? 아니면 그보다 더 컸습니까?

준형 아빠   아니요, 우로 23도. 그리고 배가 침몰할 때의 사진 찍힌 각도는 또 좌로 8도, 물속에 있을 때는 좌로 20도 정도….

면담자   그러니까 어쨌든 '최초의 20도로 좌현으로 기울어진 것은 타의 가능성이 열려 있다' 이렇게 보시는 거고, '20도 기울어진 다음에 47도 급격하게 기울어진 것은 내인과 외력의 어떤 조합일 가능성이 있다' 뭐 이런 정도로 보고 계시는 거로 정리할 수 있을 것 같습니다.

9
급격한 침몰과 선원들의 대응에 대한 생각

면담자　　그다음이 급격한 침몰과 관련된 부분인데요, 그 부분은 어떻게 생각하세요?

준형 아빠　　그건, 대부분 그때 생각해 보면, 대부분 다 "6, 7시간 떠 있을 줄 알았다"고 그래요. 근데 뜰 수 있어요. 뭐냐면 기관실 문하고, 그러니까 수밀문하고 맨홀만 잠그고 있어도 그 7, 8시간 떠 있는 배예요. 그걸 다 열어났단 말이죠. 근데 선원들 말로는 늘상 열고 다녔다는 거예요. 늘상 열고 다니면 안전 검사는 어떻게 통과를 하냐구요. 그게 2월 달에 안전 검사가 통과된 거거든요. 그럼 안전 검사할 때는 닫아났다가 또 열었다는 거예요? 이것도 말이 안 되는 거잖아. 그거 열기 되게 귀찮아요. 볼트가 8개 막, 16개 막 이런 것들이에요, 그 수밀문하고 맨홀 뚜껑들이. 근데 그걸 "일부러 그랬다"고 해서 열었다? 이것도 문제가 있는 거죠.

　　그리고 그 기관실 선원들이 탈출할 때 두 가지 가능성이 있죠. 하나는 탈출할 때 기관실 문을 못 잠글 만큼 물이 들어왔거나 탈출할 때, 아니면 아, 세 가지 경우가 있겠구나, 아니면 고의로 그냥 열어났거나, 아니면 경황이 없어서 그냥 열어놓고 나갔거나. 근데 지금 현재로는 경황이 없어서 열고 간 건데, 그 통로로 해서 물이 기관실이 침수되고, 기관실이 침수되면서 급격한 그 침몰이 이루어졌는데, 왜 이걸 여태까지는 우리가 몰랐냐는 거죠. 그 잘나신 전문가 양반들께서 왜 이런 얘기를 한마디도 안 했냐는 거죠. 아니, 수밀문이라는 것도 그 당시에는 얘기도 안 했어요, 맨날 뭐 에어포켓 얘기만 했지. 에어포켓은 존재할 수도 없는 배예요, 저 배는. 근데 에어포켓 있다고 그랬지, 수밀문 문제도 얘기 안 하고.

제일 코미디가 뭔지 아세요? 123정장이에요. 아니, 선원인 줄 알고, 아니 승객인 줄 알고 태웠다고 하잖아요, 조타실에서. 그런 코미디 중에 코미디가 없어요. 나중에 이제 뭐 이게 거짓말이었다는 게 밝혀졌는데, 매스컴들이…, 나는 우리나라 매스컴들이 정말 실망스러운 게 뭐냐면 "조타실에서 승객인 줄 알았어요" 그 말을 할 때 매스컴들은 가만히 있으면 안 되죠. 왜냐면 조타실에서 승객이 나오면 안 되거든요. 그거는 테러리스트예요. 외국 같으면 그 승객이 아니, 승객이 조타실에서 나오면 체포하든지 사살해요. 그런데 우리나라는, 우리나라 매스컴은 절대 그 얘기를 안 하더라구요. 이거 외국 기자들이나 이런 사람들은 당연시해요. 왜냐면 우리 비행기 탈 때 우리 조종석 쪽으로는 가지도 못하잖아요. 근데 똑같은 거예요. 배의 조종석에서 나온 민간인? 그러면 테러리스트지, 그렇잖아요. 근데 나중에 선원인 줄 알았대, 그게 말이 되냐고.

면담자　　　두 가지를 좀 점검해 볼 수밖에 없는데, 하나는 선원들의 어떤 이유에서이건 말하자면 배를 구하지 않으려는, 포기 내지는 의도적인 무엇인가가 있을 가능성에 대한 체크가 하나 있을 거 같구요, 그 이후 굉장히 빠른 시간 내에 선원에 대한 검찰의 조사가 있었고, 재판이 있었고, 그래서 거기에서 검찰의 조사의 한계, 그리고 재판 과정에서 위증의 가능성에 대한 체크, 이 두 가지는 저희가 짚어봐야 할 사안인 거 같아요.

준형 아빠   그게 연결되어 있는 거예요. 연결되어 있고 특히나 '그것 때문에 여지껏 고생을 하고 있다' 생각하면 돼요. 왜냐면 그때 선원 재판을 좀 더 충실히 했다면 지금 이 고생을 안 해도 되는 거죠. 그때 선원 재판을 충실히 했다면 과연 배가 왜 넘어졌는지까지가 다 나왔을 거란 말이죠. 근데 그때 선원 재판을 설렁설렁 해버린 거예요. 그리고 그때 나와서 뭐 증언하고 했던 전문가들이란 사람들이 정확한 그 워딩을 제대로 하지 못한 거죠. 말도 안 되는 소리를 계속하게 된 거죠. 그럼 안 되는 거죠, 그런 것들은. 그게 제일, 그러니까 선원들이 지금 말씀하셨듯이 방금 말씀하셨지만 선원들의 공모 여부, 중요하죠. "1시간 동안 조타실에서 그냥 가만히 있었어요"가 걔네들의 답이에요. 거기서 가만히 있을 수도 없어요. 그냥 둘러보면 전부 스위치고, 둘러보면 전부 전체에다가 할 수 있는 마이크인데 어떻게 가만히 있을 수가 있냐구요. 전부 레이다고 기기들이고 다 있는데 그건 정말 거짓말이에요. 그런데도 그걸 그냥 재판에서 검증 없이 넘어가 버렸다는 거예요.

그러고 나서 선원들 재판이 각기 또 형량도 틀리고 또 뭐라고 할까, 형도 틀리고. 저는 선원들 전체예요, 지금 이준석 선장이 부작위에 의한 살인 했잖아요. '선원들 전체한테 부작위에 의한 살인을 다

[적용]해야 된다'고 생각하는 사람이에요. 왜냐면 선장만 책임이 있는 게 아니거든요. 배가 그 정도 넘어갔으면 배가, 배를 버리고 말고는 40도에서 결정을 해요, 선원들이. 40도가 넘어가면 그때 배를 버리라고 그래요. 왜? 더 이상 일어날 수 없기 때문에, 부력을 상실했다는 거기 때문에, 복원력을. 그런데 이 배는 47도 이상 넘어갔잖아요. 그럼 배는 버려야 되는 거예요. 그렇다면 배를 어떻게 버릴 건지, 어떻게 승객들을 살릴 건지를 하나하나 다 챙겼어야 된다는 거예요, 선원들이. 근데 선원들이 그걸 하나도 챙긴 사람이 없어요.

면담자   조타실에서 선원들이 나오는 순간에도 '가만히 있으라'는 방송이 나오는 것이 확인되었는데, 방송과 관련해서 좀 새롭게 밝혀진 게 있습니까? 누가 지시를 했다든지 하는 걸 포함해서요.

준형 아빠   지금 그게 강혜성이 계속 "가만히 있으라"고 한 건데 양대홍 사무장이 "가만히 있으라"고 뭐 청해진하고 통화한 다음에 [지시] 했다고 청문회에서 증언을 했어요. 하다가 그게 또 뒤집었죠, 강혜성이 "그것까지는 아니다" 이렇게 얘기를 했는데 좀 미스터리해요. 도대체 우리 비행기 타면 뭐 "구명조끼는 의자 밑이나 위에 있으니 꺼내십시오" 그래서 해서 비행기를 나갈 때 이걸 터트리고 나가라고 하잖아요. 똑같은 거예요. 배가 그렇게 되어 있으면 승객들이 나올 때 밖으로, 그 밖에 갑판으로 나올 때 하나씩 나눠주고 입히는 거예요. 그런데 그거를 안에서 나눠주고 입으라고 한 거죠. 이거는 뭐 안전불감증이게 문제가 아니고 그냥 안에서 죽으라는 거예요. 근데 그 선원들이 몰랐겠느냐는 거죠.

그리고 나는 좀 더 그 선원들의 공모 여부랑 이런 것들을 좀 더 수

사해야 되는 이유 중에 하나가 뭐냐면 그러니까, VTS, TRS[공동이용
통신시스템] 녹취록을 보면 너무 평온해요. 이건 침몰해 가는 배가 아
니야. 너무 평온히 있는 거야, 그냥. 해경만 찾고 이럴 수는 없거든요,
그 상황이. 좀 흥분하고, 그다음에 "아, 이거 어떻게 하지. 어떻게 하
지" 할 때면 소리도 좀 높아지고 이게 데시벨도 높아지고, "아, 어떻게
하지" 서둘기도 해야 되는데, 이 교신록 이런 거를 보면 너무 차분하
다는 거예요. 그리고 이 선원들은 자기네들은 구해줄지 아는 거예요,
그냥 제가 느끼기에 '아, 우리는 구해주겠구나'. 근데 그 선원들이 해
야 할 태도가 아니죠.

　그리고 지금 그 기관실 직원들 얘기, 선원들 얘기를 했지만, 기관
실 선원들이 제일 먼저 구했어요, 기관실 선원들을 고무 단정을 내려
서. 근데 기관실 선원들 옆방이 무슨 방인지 아세요? 조리부 이 사람
들 방이에요. 그러면 지네 탈출할 때 이 사람들도 탈출하게 해야지, 탈
출을 저거를 이 사람들은 그냥 버린 거예요. 이 사람들한테 혐의가 뭐
가 있어, 그런 거에 대한, 살인에 대한 혐의는 아무것도 없는 거예요.
얘네들은 이 선원들은 지네가 살고자 하는 마음 때문에 어쩔 수 없이
한 게 아니고 의도성이 보인다니까요. 그리고 승객들의 안전이 우선
이라는, 그 최우선이라는…, 아주 이거는 모든 그러니까 뭐 택시를 타
도 마찬가지 아니에요? 버스를 타도 마찬가지이고. 승객들의 안전이
최우선이라고 무조건 생각을 하고 있는데, 아니 왜 여객선에서 그것도
300명, 500명 가까이 탄 여객선에서 그 승무원들이 모를 수 있다?

　뭐 승무원들을 선장도 뭐 저기 이런 얘기를 하잖아요, 뭐 비정규
직이고, 이준석 선장은 비정규직…. 그걸 할 수밖에 없는 거예요, 나

이 때문에. 정규직이 될 수가 없는 거예요. 근데 이준석 선장이 왜 대리 선장이냐면, 대기 선장이라고 그러죠? 왜 그러냐면 오하마호[오하마나호]도 몰 줄 알고 세월호도 몰 줄 아는 사람이 이준석이어 가지고 거기 있었던 거예요, 대기자로. 근데 세월호 선장이 휴가를 내니까 이준석이 가서 세월호를 몬 거죠. 근데 이준석이라는 이름은 세월호 도입 단계부터 나와요, 그 전부터. 그러면 무능했냐? 절대 무능하지 않았다니까요. 무능한 사람을 쓰질 않아요. 무능한 사람을 어떻게 쓰냐구요. 아니, 그래도 한 번 왔다 갔다 하려면 몇천만 원씩 왔다 갔다 그 저거인데, 배인데 어떻게 무능한 사람을 쓰냐구요. 그건 아니라구요.

그러니까 프레임을 이 사람한테 걸어버린 거예요, 정부에서. 뭐로 걸었냐면 자, 이 배는 불법 증개축했고 그래서 복원력이 불량했고, 그 다음에 과적했고, 선원들이 무능했고 이런 식으로 프레임을 딱 걸어버린 거예요. 그런데 아무리 무능한 선원도 해양대학교 출신이라구요. 해양대학교 출신, 그 해[기사 [자격] 저기가 없으면 선원 할 수 없어요. 그러면 그게 무능하겠냐는 거예요. 무능으로 이게 엮어질 수 있냐는 거죠. 근데 계속 얘기하는 거예요, 뭐 비정규직이고 뭐고…. 아니, 정규직, 비정규직이 유능과 무능을 따지는 건 아니잖아요. 비정규직이[에]도 정규직과 똑같은 일하고 사시는 분 많잖아요, 능력 있는 분들도 많고 근데 사정에 따라 비정규직이 될 수도 있는 거고. 그런데 비정규직이라는 그거 하나만으로 무능으로 몰고 가는 거예요. 이 프레임을 그런 식으로 딱 짜버리니까 청해진이라는 이 회사 자체가 무능 덩어리로 딱 될 수 있는 거죠. 무능한 회사가 사람으로 인해서 어떻게 300억씩 저걸 받을 수 있냐구요, 이백몇십억씩 무능으로 똘똘

뭉친 회사가…. 이건 자기모순이죠.

10
국정원 개입설에 대한 생각

면담자   국정원이 세월호의 운항 및 '청해진해운의 운영에 깊이 개입이 되어 있었다는 설' 그리고 그것과 연관해서 소위 오렌지맨의 존재 등이 세간에서 많이 논의가 되었습니다. 이런 부분도 진상의 윤곽들이 혹시 나와 있는지요?

준형 아빠   아니요, 국정원에서 세월호는 투명 인간 같은 거예요. 국정원 개혁TF에 저희가 요청을 했었죠, 세월호 있는지. 세월호 키워드가 없어요, 국정원에. 근데 국정원에서 저걸[관여] 했다는 증거들은 다 있는데, 그리고 국정원에서 뭐라 그래야 돼? 세월호 도입 단계부터 간섭했던 것들이 다 나오는데, 그래서 도대체 국정원과 세월호는 어떤 관계인지 이건 저희도 풀고 싶은 문제거든요. 국정원에 보면 뭐 국정원 저 단체, 갑자기 생각이 안 나는데 양우회[국정원 직원 상조회], 양우공제회, 양지회 이들이 운항을, 그러니까 뭐 저걸 했을 수도 있고….
  근데 왜 이 얘기가 나오냐면 국정원 그 노트북 그것 때문에, 그러니까 국정원 노트북 때문이기도 하지만, 제주 해군기지로 가는 철근 때문에도 그래요. 왜냐면 이 사람들이 철근 얘기하면 전부 과적 그 얘기만 하는데, 이 철근이 되게 중요한 게 뭐냐면 이 철근은 그니까 관급자재예요. 관급자재는 아무…, 그러니까 제가 "이번에 화물차 왔으니까 이번에 신고 가" 이렇게 할 수 있는 게 아니라구요. 관급자재는 딱 거래 계약이 맺어져 있고 그 계약에 따라서 움직이는 자재거든요. 근데 그 철근 400톤이 전부 강정마을로 가던 그 철근이었단 말이죠. 그렇다면 이 철근을 어떻게 여기다 꽂아줬냐는 거예요. 원래 해군은 부산에서 받기로 되어 있어요. 근데 인천에서 받았단 말이죠. 근데 이 걸 옮길 수 있는 사람이 도대체 누구냐, 이 선을 옮길 수 있는 사람이.

그리고 세월호라는 배는 화물이 아니면 무조건적으로 얘는 손해 보는 배예요. 그런데 화물 때문에 살아 있는 배인데, 그리고 그 무리한 출항이 화물 기사들 때문이에요. 그런데 도대체 국정원하고 뭔 관계가 있어서, 어떤 관계가 있어서 이 세월호를 이렇게까지 하는 건지…. 이렇게 뒤를 봐줬다고도 할 수 있는 거예요. 뭐냐면 관급자재를 일정량을 계속 부산까지 갔다는 건 이건 빨대 안 꽂으면 할 수 없는 일이에요. 아니, 누가 그렇게 해주냐구요. 일정한 딱 그 사이즈, 적어도 "300, 400톤을 너한테 실어 보낼게" 어떻게 그럴 수 있느냐구요.

면담자　　그 오렌지맨은 뉴스에 나온 이후에는 특별히 다른 조사는 이루어지지 않았습니까?

준형 아빠　　네.

11
한 명도 구조하지 못한 이유

면담자　　이제 구조 얘기로 넘어가도록 하겠습니다. 육상에서 뭐

준형 아빠 장훈

화재가 났다든지 큰 사고가 났을 경우에는 119가 달려가듯이 해상에서는 일차적으로는 122 구조대나 항공 구조대의 어떤 체계적인, 신속한 구조 활동이 이루어졌어야 되는데 그 부분이 이루어지지 않았잖아요? 항공 구조대와 122 구조대에 대한 어떤 사실 확인이나 이런 것도 좀 이루어지고 있는지요?

준형 아빠　　구조 실패라고 하면 구조를 뭘, 사전적인 의미로 실패는 어떠한 일을 하기 위해서, 하다가 고난이 있어야 되잖아요. 근데 세월호에 고난이 있었나요? 구조를 하기 위해서? 없었어요. 구조 실패라는 단어는 그래서 저희가 안 써요. 왜냐면 "아니, 정말 열심히 구조했는데 죄송합니다" [할 만한], 열심히 노력한 흔적이 안 보이는 거야. 가장 웃긴 거, 세월호가 사고 났어요, 123정이 가요, 얘 한 번 무전을 해요, 안 받으니까 그냥 가요. CN-235호기가 뺑뺑 돌고 있어요. 이러면 무전을 해야 될 거 아니에요? 안 해요. 헬기 511, 512, 513 헬기가 와요. 얘하고 무전을 해야 될 거 아니에요? 아무도 안 해요. 그러면 과연 이 세월호에 어떠한 일이 있고, 내가 구조를 하러 가는데 이걸 알아야 구조할 거 아냐. 아무도 얘한테 연락을 안 해요. 그러면 이게 과연 구조하러 가는 거예요? 우리는 그래서 '이거 분명히 구조하러 가는 게 아니다' 이렇게 생각하는 거예요.

　　구조하러 갔다면, 간다고 한다면 119 구조대 말씀하셨잖아요? 전화 안 끊어요. 계속 전화기 들고 있으라고 그래요. 누가 급하다 그러면 "계속 전화기 들고 있어라", 안 그러면 "지금 지구대하고 연결해 주겠다"든지 이런 식으로 하지 그냥 끊지 않아요. 얘는 그냥 끊어요. 그래 놓고 얘하고 연락을 안 해. 아니, 구조하러 간다매. 구조하러 가는 애가 피구조자한테, 요구조자한테 연락을 해야 될 거 아니냐구요. "니네 지금 어떤 상태야? 승객은 몇 명 타고 있어?" 이런 걸 다 확인을 해야 될 거 아니에요. 아무도 안 해, 아무도. 그리고 "구조하러 간다"고 그러는 거예요. 그러면 우리가 그걸 '아, 얘네 구조 열심히 했구나', 이건 말이 안 되는 거죠. 구조란, 구조 실패란 구조를 열심히 하려고 했는데 하려고 노력을 했으나 높은 파도 내지는 뭐 악천우라든지 이런 걸로 인해서 사람들을 많이 못 구해낸 걸 구조 실패라고 하는 거구요.

이 사람들 헬기 그러니까 헬기들이 구한 사람들 있잖아요. 이 사람들은 안 구해도 되는 사람 구한 거예요. 뭐냐면 갑판으로 나와 있는 사람을 태운 거라구요. 이게 탈출한 사람을 태운…, 또 탈출시킨 거예요. 원래는 헬기에서 내려온 특공대가 안으로 들어가야죠. 선실 안으로 들어가서 선실에 있는 상황을 보고, 그리고 선실이, 배가 침수 속도를 보고 '어떻게 어떻게 해서 빨리 내보내야 되겠구나' 이걸 생각해야 되는데 아무도 배에, 선실에 들어가질 않잖아요. 이경래[123정 승조원 해경 경사] 혼자 저기 한 번 갔다 와요, 조타실 한 번 갔다 와요.

면담자　　　그리고 아까 잠깐 말씀드렸던 목포에 있던 122 구조대, 그러니까 우리가 익숙한 용어로 얘기하자면 육상의 119 구조대와 마찬가지인데 그 팀이 도착한 것이 최근 밝혀진 것이 아마 12시가 넘어서 도착한 걸로 밝혀졌잖습니까? 그런 것은 그 이유나 이런 게 밝혀져 있습니까? 뭐 119 구조대 같으면 10분 이내 이렇게 요구가 되는데 3시간이 지난 다음에 도착했거든요.

준형 아빠　　　뭐 헬기가 뜨는데 뭐라고 하든데, 해가지고 늦어졌다고 얘기를 하는데 말도 안 되는 소리구요. 그 당시에 10시 20분 정도에 해군 한문식함까지 와 있었어요. 10시 20분이면 마지막 탈출자가 탈출하던 그 시기, 배가 완전히 뒤집어져서. 그 당시에 그때 한문식함까지 와 있었어요. 왜 그러니까 교신을 중요시하냐면, 아니 세월호로 신고를 해요. 그 119 구조, 119한테 신고를 해서 122로 넘겨서 신고 전화가 들어가는데, 신고한 후로 이제 아이들의 카톡 내용을 보면 "야, 헬기가 왔나 봐" 하면서, 하는 내용도 나와요. 나오고, 아이들 그 영상에 보면 "야, 배가 이렇게 기울었는데 우리보고 '가만히 있으라'고, 우리보고 죽으라는 거야" 하면서 막 웃으면서 해요. 근데 정말 그렇게 되어버리잖아요. 그런데 그러니까 1분 1초가 아까운 그때에도 아무도 세월호하고 통화를 안 한다구요. 아니, 그러니까 이제 부모들이 아이들한테 통화할 때는 마지막 통화가 뭐였냐면, 대부분들이 "어, 그래. 선생님 말씀 잘 듣고, 구명조끼 잘 입고 나와. 선생님 말씀 잘 듣고" 그거였어요. 그런데 살아 나온 사람들은 참 반절도 안 되니, 말도 안 되는 거죠.

면담자　　　선생님들의 아이들의 탈출과 관련된 어떤 지도나 이런 것들이 있었다는 증언이나 이런 것들이 있습니까?

준형 아빠　　　선생님들이 아이들의 탈출을? 없었구요. 돌아가신 분들 욕하기는 싫지만 그냥 어른으로서만 욕을 할게요. 얘기를 할게요. 배가 넘어가고 배가 침수되고 있는 상황에서 아이들을 빨리 나가라고 그래야지 자기가 왜 들어가냐구요. 왜 들어가서 같이 죽고 있냐구요. 그리고 선생님 두 분, 그 사람들 왜 자기 반 애들 안 챙기냐구요. 잘 생각해 보세요. 아이들 수학여행을 보낼 때 대부분의 사람들이 누굴 보고 보내요? 담임선생님 보고 보내요. 그러면 여기서 또 문제가 되는 게 뭐냐면, 자 그러면 여태까지 모든 교육, 4·16 이전에는 모든 교육자들이 전부 다 그런 안전교육을 하나도 안 받았단 말이냐? 이걸 되묻고 싶은 거예요. 아니, 가장 기본적인 라이프자켓[재킷]조차도 왜 안에서 입냐고, 밖에 나가면서 입어야 되는 거를. 왜 이런 거조차도 아무도 저기를 하는 사람이 없냐, 챙기는 사람이 없냐 이거죠.

그리고 제일 참, 이게 감정선을 많이 건드는데, 여행사 이사가 같이 갔어요, [수학]여행을…. 여행사 이사 살아 나왔어요. 이 새끼 왜 살아 나오냐고. 얘가, 여행사 이사라는 얘가 가이드라구요. 가이드면 빨리 빼내야 될 거 아니에요, 여행사 가이드면. 이게 교감하고 살아 나왔어요. 조사 대상자라구요, 피해자가 아니고. 나는 이건 어떻게 생각하실지 모르겠지만, 저는 생존자 이렇게 다 나오잖아요, 생존자는 이렇게 '생존자는 피해자' 이렇게 대부분 생각을 하잖아요. 저는 '생존자는 용의자' 이렇게 생각을 해요. 왜냐면 제주 화물 기사들 전부 다 살아남았어요, 우리 아이들 다 죽을 동안. 어떻게 그럴 수 있죠? 일반인들, 아이들 많이 살렸다고 하는데 얼마나 살렸냐구요. 배 넘어갈 동안에 빨리빨리 나가라고 한 사람이 몇이나 되냐구요. 아무도 없다구요.

면담자   이어서 여쭈면, 생존 학생들이 초기에 안산에 청소년센터였습니까? 거기서 합숙을…, (준형 아빠 : 중소기업 연수원) 아, 중소기업 연수원에서 합숙을 할 때 한 2박 3일 정도 집단 구술을 해서 여러 가지 증언들이 나왔었는데, 지금 말씀하시는 화물 기사, 그다음에 선생님들의 탈출과 관련된 행동에 대해서 증언들이 혹시 좀 나온 게 있습니까?

준형 아빠   그런, 그러니까 외부로 못 나가는 그런 것들은 몇 개 있구요. 있어도 좀 이게 나가면, 나가면 그분들한테 많이 피해가 갈 거예요. 나가면 안 되는 것들이 몇 개 있구요. 아무튼 제가 생각하는 건 '생존자라고 해서 전부 다 피해자가 아니다' 이런 걸 말씀드리고 싶고…. 가장 기본이 되는 [것은], 참사가 났어요, 그래서 선생님들도 돌아가시고 학생들도 죽고 많이 죽고 [했어요. 그러면] 살아 돌아온 선생님들이 진상 규명 그러니까 당시 상황들에 대해서 많은 이야기를 해줘야죠, 당시 어떤, 어떤 상황들이었고 내가 알기로는 이런 상황이었고 [하는 것들에 대해서]. 그래서 내가, 우리 부모들 입장에서 보면 그 선생들은 〈비공개〉 가장 그 상황을 제일 잘 아는 사람들이었잖아요. 그렇다면 협력적으로, 협조적으로 진상 규명에 대해서 나왔어야죠.

면담자   선생님들이 물론 화물 기사 등 생존자분들이 증언을 적극적으로 해서 지금 유가족들이 하고 있는 진상 규명 활동에 함께해야 되고, 그것이 어찌 보면 하늘로 간 아이들에 대한 최소한의 갚음이 될 수 있는 건데, 그것이 이루어지지 않은 것에 대한 아쉬움을 말씀하시는 거라고 정리하겠습니다.

준형 아빠   그게 가장 화가 나는 부분이에요, 유가족 입장에서. 뭐냐면 아무것도, 아무 연관도 없는 사람들이 많이 도와줘요. 근데 그 배에서 살아 나왔어요. 그때 상황들을 다 증언할 수 있고 그때 어떤 일들이 있었는지를 다 증언할 수 있는 사람들이 다 숨어버리는 거예요. 그리고 뭐 이게 맞는 건지는 모르겠습니다만, 저희는 아직까지 그때 살아 나온 선생들과 학교와 교육청과 교육부한테 4월 16일 세월호 참사에 대한 사과를 한 번도 받아본 적이 없어요. 그게 공식적으로, 비공식적인 사과 말고 공식적으로 진심 어린 사과를 한 번도 받아본

적이 없어요. 이 말씀을 왜 드리냐면, 어떤 그러니까 어떤 일을 결자해지라고 하잖아요. 맺고 끊고, 어떤 일을 새로 시작하고 할 때 그러니까 이 사람과 나의 관계를 풀려고 하면 진심 어린, 내가 잘못을 했다고 생각하면 진심 어린 사과부터 해야 하는 거잖아요. 근데 학교나 이쪽은 사과를 안 했어요, 교육청이나 그 선생들도 마찬가지고. 그건 결국은 뭐냐면 '자긴 잘못 없어'예요, 느끼기에 '나는 잘못 없어', '우리는 잘못 없어'[라고 생각하는 거 같아요]. 우리가 생각할 때는, 이게 비약일지는 몰라도 제 생각은 그래요. 그래서 뭐 교육감이라든지 이런 사람들 와서 얘기하는 거요. 난 다 외면해요. 왜? '너는 진정성 없어. 진정으로 우리한테 사과 한 번 해본 적이 없는 놈들이야' [하고 생각하니까요]. 교육공무원 참 뭐냐, 교수님이시니까 그렇지만 교육공무원들 있잖아요, 교육청 공무원들…, 공무원들 중에 가장 쓰레기야. 가장 나쁜 놈들이에요. 공무원들 중에 교육 그쪽 공무원들이 가장 쓰레기야.

면담자 해경 서해청장이나 목포서장이 이 사건 발생을 확인한 시점부터 체계적인 구조를 위한 어떤 지시가 이루어져야 정상일 텐데, 아까 말씀드린 122 구조대가 이동 수단이 없다고 목포에서 팽목까지 차량으로 가서 (준형 아빠 : 미친 거죠) 거기서 배를 타고 갔다는 건, 결국 서해청장이나 목포서장의 이동에 대한 지시라든지 이런 것들이 이루어지지 않았음을 말하는 것이라고 보여지는데요. 종합해서 목포서장과 서해청장의 행동에 대한 아버님의 아쉬움이랄까 그런 것들을 말씀해 주시면 좋겠습니다.

준형 아빠 아니, 그 당시에 그러니까 OSC[현장지휘책임자]로 지정된 123정장한테 3년이 내려졌어요, 3년이라는 형량이 내려졌어요. 그

러면 우리가 진상 규명을 한다고 지금 제가 진상규명분과장이고 하지
만, 그 위로 123정 위로 목포서장 있고 목포서장 위로 서해청장 있고
서해청장 위로 본청장 있고 뭐 그 위로 국가안보실 다 있겠지만, 위로
올라갈수록 형량이 늘겠어요? 아니란 말이죠. 형량은 점점 줄어요.
책임은 물론, 책임들은 그만큼 더 커지겠죠. 하지만 형량은 거기 있던
123정 정장이 제일 많이 받아요. 그러면 책임은 점점, 그러니까 형량
만큼 책임이 준단 말이죠. 왜냐면 N분의 1이 되는 거예요, 점점. 123정
은 "어우, 이거 내가 다 해야 돼" 이렇게 되는 거고 그렇다면 빨리 거
기서 123정이 "나 혼자 못 해" 소리를 하고, 그러면 빨리 그리고 어떻
게든 탈출시켰어야 해요. 그런데 배 다 뒤집어진 다음에 "어떻게든 해
봐" 이게 목포서장이잖아요. 10시 이전에 9시 48분, 한 48분, 45분 이
사이에만 누구 한 사람만이라도, 그러니까 명령체계 안에 있던 누구
한 사람만이라도, 아니면 상황실에 있던 누구 한 사람만이라도 "지금
바로 탈출시켜. 안 그러면 큰일 나. 탈출해. 탈출시켜" 이 얘기만 했으
면…. 그때 탈출해 가지고 물에 빠져가지고 저체온증도 올 수 있고 이
런 건 있어요, 현실적으로. 그렇다고 해서 그렇게 해가지고 전원이 물
로 탈출을 해가지고 잃는 목숨은 아주 미미했을 거란 말이죠.

"이 배가 그렇게 뒤집어질 줄 몰랐어요. 그래서 우리부터 나왔어
요" 이건 말이 안 되는 거고, 45도 이상 넘어간 배를, 배가 점점 침수
되는 걸 느꼈는데 선원들이…. 그다음에 123정이랑 전부 다 "자, 45도
이상 넘어갔습니다", 그걸 옆에서 보고 있던 둘라에이스호 선장이 "빨
리 탈출시켜요" 소리까지 둘라에이스호 선장이 한다니까요. 그러면
대공 방송을 할 수 있는 어떠한 배들도 다 탈출 지시를 안 했고 하물

며, 그 TRS 사이에 어떤 인간들도 탈출 지시를 안 한단 말이죠. 탈출 지시를 누가 유일하게 하냐면 진도 VTS에서 "선장님이 재량으로 탈출시키십시오" 그래요. 근데 선장이 그때 있냐고, 빤스[팬츠] 바람으로 있는데. 그렇잖아요, 그렇다면 누구 하나 빨리 탈출하라고 얘기를 해야죠. 거기서 계속 "배에 '가만히 있으라'"는 얘기를 듣고 있어야 되냐 이거죠.

그리고 한 가지 더 그러니까 배를 잘 모르고 경황이 없을 수 있어요, 배를 잘 모르고 배 처음 타고 이런 사람들은. 그렇다면 배를 수시로 타고 다니던 사람들은 알 거 아니에요. 지들은 다 나갔잖아. 그러면 그 안에 사람들이 많은 거 분명히 알고 있거든요. 그러면 "야, 니들 위험해. 빨리 나와" 이 얘기를 해야죠. 생존자들도 내가 갑갑한 게 그거예요. 왜 빨리 나오라는 소리를 안 하냐, 그리고 4반 선생님 같은 경우는 4반 톡에, 반 톡에 보면 아이들이 선생 걱정을 해요, "선생님, 살아서 봬요" [하고]. 지가 톡을 한마디만 거기다 쓰면 돼요. "얘들아 나와. 지금 탈출해" 하고 지가 탈출하면 됐다구요. 근데 지 혼자만 살아 나온 거잖아요. 그러니까 가족들이 뭐라고 하는 거고, 그걸 달게 받을 줄 알아야죠.

그리고 세월호에 대해서는 어른들이 반성해야 될 게 되게 많은데 그중에 하나가 뭐였냐면 현장에서의 문제점이에요, 현장에서의. 그러니까 아무리 내가, 지금 저도 해양에 대한 교육은 못 받았어요. 그렇지만 구명조끼는 어디서 입어야 되는지는 안다구요. 내보낸 다음에 입혀야 되는 거는 뻔히 나오는 거라구요. 그렇다면 몰랐다 치더라도 안에서 구명조끼 나눠주기가 편하니까 안에서 다 나눠주고 "야, 너네 다 나가" 하는 선생이 있어야죠. 어른이 있어야죠. 왜 아무도 없냐구.

면담자　　　123정 얘기 조금만 하면 될 거 같습니다만, 왜 123정이 가장 빠른 시간에 가까운 데 있었죠?

준형 아빠　　　그 근처에, 그 근처가 123정의 경비구역이에요. 그래서 저쪽 완도 쪽에 있다가 빨리 온 건데, (면담자 : 지시에 의한 건 아니었네요?) 제일 가까우니까 123정이 출동을 해야 되는 거죠. 그런데 지금 같으면 내가 123정 정장이면 출동 안 해요. 왜냐면 내가 가서 다 못 구하면 나만 책임을 지잖아요.

면담자　　　다른 구조 세력으로는 어떤 게 있었어요?

준형 아빠　　　그때 제일 빨리 도착한 건 CN-235기라고 해서 고정익 [항공]기가 제일 먼저 도착을 해요. 그래서 그 비행기는 그러니까 영상 촬영만 했는데, 그 비행기는 어떤 비행기냐면 수면 위를 천천히 저속 으로 날면서 구명벌을 다섯 개를 가지고 다녀요. 그래서 구명벌을 떨 어뜨릴 수 있는 비행기예요, 그리고 대공 방송도 가능한 비행기이고. 그 비행기가, 그 CN-235기가 그러니까 고정익기인데도 불구하고 그 런 구조 활동을 할 수 있는 비행기라구요. 근데 이 비행기가 안 했구 요. 그다음에 헬기가 왔는데 헬기에서도 대공 방송을 안 했구요. 123정 은 특히나 더 안 했고. 그리고 세월호가, 세월호 참사가 터지면서 '우 리가 살아야겠구나', 사람들이 다 이렇게 생각을 해버리잖아요, '누구 의 도움을 바라면 안 되겠구나' [하고요].

12

청해진해운, 언딘, 해경의 유착 관계에 대한 생각

면담자   세월호가 침몰해서 선수 부분이 남아 있는 그 시점에, 이미 크레인이 와 있는 상태였으니까, 크레인으로 배를 잡는다든지 등등에 대한 논의는 그 당시에는 없었나요?

준형 아빠 있었죠. 크레인으로 잡자는 논의가, 4월 16일 날 첫 번째 회의에서 크레인으로 잡자는 얘기가 나왔어요. 나왔는데 그때 김석균 청장이 청와대한테 전화를 받느라고 그 회의가 무산됐어요. 그회의에서 "빨리 저거 잡아야 된다"와 "이 크레인들로는 안 되니 좀 더 큰 크레일이 올 때까지 기다리자" 했었는데, 그때 크레인이, 그때 도착한 크레인이 2000톤짜리하고 3000톤짜리하고 먼저 왔었어요. 그러고 나서 18일 날 8000톤짜리 삼성 허베이 스피리트호 사고[2007년 태안 앞바다 기름유출사고] 났던 그 크레인까지 오는데, 잡고만 있었어도 이게 이렇게까지 커지지 않았죠, 물론 아이들은 다 저거 했지만 잡고만 있었어도….

면담자   해경의 일종의 사고 수습적인 차원에서의 논의와 의사결정과 이런 것들이 결국은 국가가 해야 될 핵심적인 일일 텐데, 그 시점부터 해경을 통한 국가의 의사결정 등은 작동하지 않았다고 보시는 거네요.

준형 아빠 아니, 그 이전에도 없었구요. 그 이전에도 없었구요, 그 이후에도 한동안 없었어요. 그 이후에도 팽목항에, 진도체육관에 국가라는 존재가 있던 시기는요, 글쎄 5월 달이나 되어야 될걸요. 그 전에는 국가도 아니었어요.

면담자   범대본이 언제 만들어졌나요?

준형 아빠   범대본은 중대본[중앙재난안전대책본부]에서 범대본으로 넘어간 건데, 범대본은 제가 알기로 17일, 17일부터 범대본이 나오기 시작했는데, 범대본에서 회의해 봐야 뭐 할 거예요. 공무원들 아니 모든 공무원들이 다 와요. 그 회의에서 자기네들이 할 수 있는 게 뭐가 있나요? 없어요. 잠수사들이 들어가야 되는데, 그니까 아까 말씀하셨듯이 배를 잡고 있었으면, 배를 이렇게 잡았으면, 여기가 잡아가지고 이렇게 가까운 데로 끌고 가서 배를 세우든지 뭐 하든지 해서 이게 쉬웠겠죠, 훨씬. 근데 배를 잡는다는 그 결정조차도 못 하는, 그런 결정조차도 할 수 있는 구조가 아닌 해경이 무슨 뭘 어떻게 뭘 책임져요. 그리고 잘못 알고 계신 게 있는데, 해경 잠수사들은 해경 선체에 들어가질 않았어요, 한 번도. (면담자 : 인계받을 뿐이었나요?) 네. 그래서 맨 처음에는 진짜 철떡같이 믿었죠, 열심히 하는 줄 알고. 아니었어요.

면담자   해경과 청해진해운의 유착 그리고 해경과 언딘과의 유착에 대해서는 어떻게 생각하십니까?

준형 아빠   잠깐 끊었다 가죠.

면담자   네, 그렇게 하지요.

(잠시 중단)

면담자   다시 시작하겠습니다.

준형 아빠　　　우리 가족들은 이 배를 국정원, 그러니까 청해진해운을 국정원을 빼놓고는 생각할 수가 없어요. 왜 그러냐면 뭐 국정원 그 관리 문서 이것도 나오고 했지만, 사찰 자체가 너무 광범위하고, 너무 그러니까 전문적으로 사찰을 당했어요, 저희 가족들이. 그래서 이걸 할 수 있는 조직은 우리나라에서 이제 하나가 더 있다는 걸 알았어요, 기무사. 그 전에 국정원밖에 몰랐죠. 국정원이 우리를 계속 사찰하는 줄 알았어요. 근데 보니까 이제 기무사가 우리를 사찰했더라구요. 아, 그 사찰 내용 보니까 짱짱하던데요, 내가 저기 지금까지 했던 것들 다 나오던데. 아무튼 그런, 국정원과 구원파와 청해진해운, 세월호를 분리해 놓고 생각할 수 없는 거죠, 저희 입장에서는. 왜냐면 청해진해운에서 계속 국정원한테 그러니까 로비를 해요. 로비를 하고 또 이번에 또 제가 찾은 증거 중에 선원수첩, 그 증거에 보면 국정원 간부들이 심심치 않게 타요, 세월호를. 타가지고 그러면 "국정원 간부 왔다 누구 왔다" 그래서 거기다 적고 로비를 해요. 뭐 술안주 올려주고 뭣도 해주고 이런 일들이 빈번하게 있었어요. 그러니 우리 가족들이 생각하기엔 국정원하고 세월호를 뗄래야 뗄 수 없는 관계로 보는 거죠.

　그리고 또 한 가지 아주 이건 정말 말도 안 되는 얘기인데 500명이 탄 배가 침몰을 했는데 그중에 300명이 넘게 죽었어요, 근데 이유를 몰라. 그러면 그 선원 조사를 할 때 테러의 가능성을 염두에 두고 조사를 해야 되는 거 아닌가요? 그렇다면 국정원이 와서 조사를 해야죠. 그게 맞는 거잖아요. 그런데 국정원은 조사를 안 했대, 조사할 필요가 없다고, 그건 사고라고. 아니, 사고인지 어떻게 아냐고? 아무도, 아무도 사고인지 [아닌지 알 수가 없잖아요]. 아니, 선원들의 증언만 어떻게 믿을 수가 있나…. 그런데 국정원은 조사를 안 했다는 거예요. 나는 이게 역으로 생각하면 오히려 국정원 문제를 푸는 게 더 쉽지 않을까 싶어요. 왜냐면 "아니, 왜 니가 조사 안 했어? 뭐 경찰조사로 다 된다고 생각했나?" 말도 안 되는 거거든요.

역으로 생각해서 나는 이번에 사참특위에서 좀 머리를 좀 써야 될 거 같아서, 이 국정원 문제에 대해서만큼은. 왜냐면 국민적인 관심사도 관심사지만 우리 가족들이 "야, 국정원이 뭔데 여기 끼어들어, 이 배 운항하는 데?" [하고 의아해했는데], 근데 이제 끼어드는 거에 대해서 우리가 이게 도대체 그러니까 "국정원, 엄청난 돈을 쓰는 정부 부처인데 이 조그마한 회사 하나 가지고 뭐 어떻게 해먹을 수 있지?" 했는데, 아까 말씀드렸다시피 제주 해군기지라는 그런 관급자재 이런 거 그냥 꽂아놓고 통장에다가 그냥 넣으면 돼요. 한 달에 그냥 꾸준하게 그냥 생산성 맞든 안 맞든 얘한테 뽑아먹으면 되잖아요. 그리고 청해진해운 망하면 되는 거고, 그러면 또 살려주면 되는 거고, 여신 금융 해가지고. 그러고 보니까 그러니까 너무 자유로운 거예요, 내가 생각하기에는 오히려 살리고 죽이고 이런 것들이.

그리고 이게 맞는 얘기인지는 모르겠지만 구원파가 물론 뭐 청해진해운의 모기업이고 구원파가 이제 잘못이 없다고 할 수는 없어요. 그렇지만 과연 이 세월호 참사가 구원파의 그 잘못만으로 이걸 설명할 수 있느냐? 침몰 원인이라든지…. 절대 불가능하거든요. 그런데도 구원파가 여기 꼭 껴요. 끼고 구원파는 하물며 우리 시선 돌리기용으로 구원파 유병언이 그 도망 다니고 이런 것들…. 아니 대통령이 나서 가지고 왜 빨리 안 잡냐고 하는 사람이 유병언이니까. 근데 그때는 죽어 있었다고 나중에 발표가 나지만, 근데 솔직히 교수님 믿으세요? 죽었다는 거. 나는 솔직히 예수님 이름으로 부활하는 사람을 볼 수도 있을 거 같아, 예수님 이름으로 처음으로 부활하는 사람. 뭐 좀 좋아지고 그러면 살아나지 않겠어요?

면담자　　지금 마지막 말씀은, 구원파, 유병언, 청해진과 국정원과의 관계 그리고 국정원과 세월호 사건과의 관계 이런 것들과 관련해서 가능성 차원에서의 언급이었다고 정리하겠습니다. 이제 또 하나 의혹으로 언급되었던 것이 언딘과 해경의 유착 관계에 대해서인데, 생각하고 계신 게 있으면 짧게 말씀을 부탁드리겠습니다.

준형 아빠　　우선 언딘이라는 업체는 잘못 걸린 거예요. 언딘이라는 업체는 어찌 보면 그러니까 시장성을 보고 만든 업체예요, 언딘이라는 업체가. 언딘 김××사장이랑 뭐 얘기도 해보고 했지만 뭐냐면 이런 거예요. 우리나라에 그 해양 일은 정말 소규모 업체가 주먹구구식으로 가요. 그래서 소규모 업체가 그러니까 좀 큰일을 맡지를 못해. 그러니까 뭐 세월호 인양 같은 이런 큰일은 엄두를 못 내는 거예요. 그런데 마침 언딘이라는 업체가 이제 그런 일을 하기 위해서 한 거죠. 근데 언딘을 내가 두둔하자는 얘기는 아닌데 제가 조사해 본 바에 의하면, 저 나름대로 조사를 했으니까, 언딘이라는 업체가 잠수에 적합한 바지선을 만들기 위해서 업체들을 찾아요. 업체들을 찾는데 그때 그 업체들, 그런 배를 만들어주는 업체 중에 신천지라는 업체가 있어요. 근데 그 업체가 구원파 쪽 업체거든요, 청해진해운하고 잘 저기 왔다 갔다 하는 회사고. 근데 거기가 제일 싸게 부르니까 거기다가 자기네 바지선을 만들어 달라고 의뢰를 하는 거예요.

준형 아빠 장훈

그래서 그 언딘의 바지선은 잠수를 위한 전용 바지선이에요. 그러니까 잠수사들이 가장 타격을 입을 때가 언제냐면 물에 바로 뛰어들 때, 그다음에 물에서 급히 올라왔을 때 이럴 때 타격을 받거든요. 이 언딘 바지는 이걸 낮출 수가 있어요. 물을 이렇게 채워가지고 바지선을 이렇게 수면하고 가깝게 만들 수가 있어요. 그러면 훨씬 쉽잖아요, 왔다 갔다가. 그리고 GPS 이게 있어 가지고 앵커 줄을 내린 다음에 언딘 바지가 이렇게 여기에 이렇게 서 있어야 된다면 지가 자동으로 움직여요, 그래서 그 자리에 꼭 있게…. 물결이 이렇게 오면 밀릴 거 아니에요? 그러면 이렇게 가서 자기가 [원래 위치에 있게] 만들 수 있어요. 그리고 안에 그 챔버[체임버]도 있고, 잠수를 위한 바지예요. 왜냐면 좀 내다본 거예요, 언딘 사장 입장에서는.

우리나라에도 이제 세월호 참사 말고 자질구레한 그런 게 많아요. 인양을 해야 되든지 아니면 물속 잠수를 해서 송유관 공사를 한다든지 이런 공사들이 많은데 그거를 주로 하려고 로비를 많이 했어요. 그 로비 중에 하나가 뭐냐면, 해경한테 잘못 보이면 아무것도 못 하니까 해경한테 그러니까 명절 때마다 담당 해경들한테 선물을 보낸 거예요. 그 선물이 뭐 10만 원 정도 되는 송이버섯 세트라든지 뭐 고기 세트라든지 이런 것들을 보냈는데 이제 그 감사에 걸리고 했는데, 언딘에서 그 배를, 신천지에서 배를 만들어주니까 청해진해운에서 "야, 그러면 우리 배가 사고가 나면 언딘 너네가 우리 배를 인양하는 업체로 너네가 그러면 해라" 해가지고 이렇게 이게 삼각적으로 이렇게 뭐라고 할까, 서로 윈윈하는 그런 게 된 거예요.

근데 문제점이 뭐냐면 세월호 참사가 딱 났는데 언딘 바지는 안 만들어졌고, 여기 지금 언딘이 들어와야 될지 다른 데가 들어와야 될지 모르잖아요. 근데 딴 애가 들어오는 걸 해경이 막았어, 언딘이 들어와야 된다고. 배는 침몰해 가는데 그거 막으면 안 되거든요. 그 크레인들 뭐 하려고…, 크레인들[이 세월호를] 빨리 잡아야 되잖아? 그래서 지금 아까 말씀하신 그 질문 내용 중에 중요한 포인트가 뭐냐면, 해경들이 안 잡았을 때 그 상황이 어찌 보면 언딘에서 잡자고 했으면 잡았을지도 몰라요. 근데 언딘에서 그때 결정을 못 했거든요, 언딘 자체에서. 어떻게 결정을 해요. 그런데 저는 계속 그거에 대해서는 생각하는 게 뭐냐면 아니, 해경 본청장 정도 되는 사람이 그걸 결정을 못 내리는 나라가 무슨…. 우리 전쟁 나면 다 죽을 거예요.

13
활동을 유지할 수 있었던 힘

면담자 상당히 긴 시간 동안 진상 규명과 관련되어 그동안 의혹이 제기되었던 것들을 중심으로 해서 여쭤봤구요. 지금부터는 4년이 넘는 기간 동안 특히 진상규명분과장을 맡으셨을 때 그리고 그 이전에 진도에 계속 내려가서 팀장으로서의 역할을 하실 때 그런 활동을 유지하실 수 있었던 제일 큰 힘은 뭐였다고 보십니까?

준형 아빠 당연한 것 아닌가요? 자식을 위하는 일인데. 나는 당연하다고 생각해서 여태까지 뭐 '힘들다' 그러면 '좀 힘들고 말지' 이렇게 생각했지 이거를 '내가 무슨 뭐 대단한 일을 하네' 이런 생각을 가져본 적은 한 번도 없었어요. 그냥 아이를 위한 일이고 또 우리 아이들, 미래의 아이들을 위한 일이기 때문에 그냥 당연히 생각을 하고 열심히 한 거죠.

면담자 4년이 넘는 기간 동안 생업은 완전히 포기한 상태이시고 (준형 아빠: 그렇죠) 유가족들의 내부 결정에 의해서 진상 규명 활동을 하는 것에 필요한 비용을 포함해서 경제적인 지원이 아무것도 없는 상태에서 일을 하고 계시구요. 또 진상 규명이 오랜 시간을 요구한다면 어쨌든 생활을 유지하는 것이 곤혹스러워질 가능성이 높은 그런 선택을 하신 거거든요. 그런 어려운 상태에서도 그 어려움을 극복할 수 있는 어떤 힘이랄까, 어떤 결심이랄까 하여튼 무엇이든지 좋습니다만 조금 더 얘기를 해주시면 감사하겠습니다.

준형 아빠 조금 더 구체적인 걸 듣고 싶으신가 본데, 생활은 국민들께서 보내주신 성금 있잖아요? 성금을 생각해 봤어요. '어디다 쓰는 게 가장 잘 쓰는 것일까?', '뭔 일을 해야 가장 잘 이 돈이…, 그러니까 적지 않은 돈인데, 어찌 보면 많은 돈인데' [하고] 생각을 했는데, 그냥 정답이 나오더라구요. 그냥 '우리 애 왜 죽었는지 이거 진상 규명하는 데 쓰는 게 가장 바람직하게 쓰는 게 아닌가' 그리고 '내가 떳떳하게 나 이 돈 썼다고 이야기할 수 있는 그게 아닐까' 생각을 했어요. 그래서 지금은 이제 좀 곤궁하지만 그래도 후회 같은 건 없어요. 그 돈을 썼다는 것, 그리고 돈은 아마 제가 우리 유가족 중에서 제일 많이 쓸걸요, 합쳐진 것 따지면. 그런데 그거에 대한 후회가 없다는 거죠.

그리고 두 번째로 이유를 말씀하셨는데 이유는 다른 거 없어요. 이 일이 또 생기면 안 되잖아요, 이런 일이. 그런데 천주교에서 보면 영세받을 때 달란트를 준다구요. 탤런트를 준다구요, 자기한테. 나는 내 달란트가 뭔지 몰랐었어요. 근데 이 일 터지고 나니까 내 달란트가 뭔지 보이더라구요. '아, 이 진상 규명에 열심히 해야 되겠구나' 하는 그것도 많이 느끼고, 보이고 좀 그러니까. 저보다 더 잘할 수 있는 사람이 나오면 언제든지 저 물러날 수 있는데 현재로는 그렇게 판단 내리는 사람이 안 보이더라구요. 안 보이는데, 저도 곧 있으면 아후, 이제는 나도 나머지 아이들 때문에 어쩔 수 없이 그만둘 때가 올 수도 있어요. 올 수도 있는데 그때까지, 그 전까지는 최선을 다해서 해놔야 될 것들이 좀 있어서 [활동을 이어가려고 해요]. 뭐냐면 사참특위도 제대로 만들어놓고 좀 어떻게 움직여야지, 그리고 계속 돌아가는 모습이 조사와 이런 게 순조롭게 가는 걸 보는 게 우선 필요할 거 같고….

그다음에 두 번째가 새로 가정도 꾸미고 이쪽 일산으로 이사도 오고 했는데 우리 아이들을, 남은 아이들과 우리 짝꿍, 날 믿어주는 사람들 이 사람들이 힘이죠. 그 사람들이 없으면 내가 움직일 필요가 없죠. 그 사람들이 너무나 당연한 얘기지만 그 사람들이 날 믿어주니까, 내가 정말 밤을 새워서라도 목포에 일이 있다고 그러면 밤을 새서 운전해서라도 가고 내 돈 써가면서 사람들 만나고 그러는 거죠. 그렇지 않으면 제가 이렇게 열성적으로 일 못 하는 거죠.

면담자　　　　다른 유가족들보다도 많은 양의 활동을 해오셨고, 진상 규명분과장은 또 일이 아주 구체적인 그런 곳이라서, 회고를 해보실 때 '아, 이 일은 이렇게 했었어야 했네' 하는 어떤 후회나 아쉬움 이런 것들이 있으신지?

준형 아빠　　　　이거 맡은 거요, 정말 후회돼요. 맡은 순간부터 후회를 하고 있는 건데, 진상규명분과장을 안 맡고 차라리 자유롭게, 좀 자유로운 영혼으로 하고 싶었어요, 원래. 진상 규명 활동을…, 근데 어쩔 수 없이 집행부, 진상규명분과장을 맡게 됐고, 근데 이제 이런 건 있어요. 사람들이 어떤, 그러니까 직책을 맡거나 뭘 하게 되면 판단을, 내 판단이 아니고 외부의 판단들을 바라보잖아요. 근데 저는 그게 없어요, 오히려. '그냥 나 외부에서 판단해서 내가 잘못하고 있다고 생각되면 나 좀 잘라주세요' 이거예요, 차라리. 그래야 내가 좀 편할 거 같아. 그런 마음으로 하다 보니까 가족들한테도 더, 우리 유가족들한테도 더 당당할 수 있고 또 남들한테도 당당하고….

특히나 뭐 제가 만나는 사람들 중에 우리 가족들이 정말 싫어하는 사람들도 만나요, 저. 왜냐면 진상 규명 위해서라면 이 사람 필요하다 그러면 만나야죠. '이 사람의 증언이 한마디 필요하다' 아니면 '이 사람의 동정이라도 알아야 되겠다' 한다면 그 사람 만나요. 만나서 나는 그 사람하고 뭐 소주가 됐든 커피를 마시든 그래서 이야기하고 "요즘 어떠냐" 뭐 이런 얘기부터 시작해서, 시시콜콜한 얘기부터 시작해서 뭐 "내가 당신한테 부탁할 게 있는데" 이런 식으로 얘기해 가지고, 그런 것들도 하고 이게 자연스럽게 이렇게 사이클이 도는 거 같아요, 자연스럽게. 그래서 그냥 지금 제 그걸로는 오히려 누가 좀 나를 뭐랄까, 비토를 해서 진상규명분과장에서 좀 내려오게 만들어줬으면 하는 바람이 크죠.

면담자　　　어려운 질문이기는 합니다만, 가톨릭 신자로서 그러니까 준형이의 죽음이 가톨릭 신자로서 인정되는가에 대한 질문을 좀 드리고 싶은데요.

준형 아빠   그거는 아직도 인정 못 하구요. 아무리 하느님께서 필요하다고 해도 그렇게 한꺼번에 데려가시면 안 되는 거죠. 250명 그 아이들을 한꺼번에 데려가신다는 건 그건 필요성에 의해서 데려가신 게 아닌 거 같아요. 물론 아직도 가톨릭 신자고 하지만 종교적으로 그냥 인정한다는 건 포기한다고 생각을 해요. '내가 진상 규명을 포기하는구나' 이런 생각이 들어서 그건 아닌 거 같구요. 뭐 하느님 얘기가 나와서, 종교적인 얘기가 나와서 하는 말씀이지만, 진상 규명시켜 준다면, 정말로 진상 규명을 해준다면 나는 악마한테 영혼이라도 팔아요, 내 영혼이라도. 이게 가톨릭 신자한테는 엄청나게 큰 부담과 리스크를 안고 있는 답이라는 걸 알고 있어요. 그렇지만 진상 규명을 한다면 나는 악마한테 스스럼없이 내 영혼을 팔 거예요, 해준다면.

면담자   "전지전능한 하나님이 그 많은 아이들을 한꺼번에 데려가는 건 있을 수 없는 일이다"라고 하신 건데, 그런 걸 생각하시면서 신앙의 변화 같은 것이 있으셨어요?

준형 아빠   그런 거는 없구요. 오히려 좀 더, 그러니까 가톨릭 신자로서의 깊이는 더 깊어진 거 같아요, 제가 생각하기에. 그런데, 그런데도 우리 아이들의 죽음이 이해가 안 된다는 거죠. 모르겠어요. 어떠한 큰 그림 속에 우리 아이들이 하느님의 큰 그림 속에 우리 아이들이 불행한 일을 당해야 한다면, 그래도 나는 용납이 안 될 거 같아요. 만약에 아무리 신이라도 그 많은 피를 아, 이건 좀 그렇죠. 그런데 이제 다른 큰 뭐. 전쟁이라든지 기아로 죽는다든지 다른 큰 그것들을 보게되면 '아, 이 양반은 되게 잔인한 양반이구나' 그런 생각이 들기도 해요.

면담자　　　준형 아버님이 성당도 계속 열심히 나가시는 걸로 알고 있는데 가서 어떤 기도 하시는지? (준형 아빠 : 잘못 알고 계시는데) 아, 잘 안 나가십니까?

준형 아빠　　　요즘 저 신부님한테 허락받고 지금 냉담하고 있는 중인데. (면담자 : 이유는요?) 아직까지 큰 십자가를 못 봐요. 성당에 있는 큰 십자가를 보게 되면 이 감정이 이렇게 조절이 안 되더라구요. 북받친다고 그러죠? 이런 게 있고 또 좀 풀어진 느낌이 들어요, 제가. 저는 지금은 좀 그렇지만 그전에는 어떤 상태였냐면, 정신상태를 어떻게 냈냐면, 고무 밴드를 한 100개 정도를 이렇게 배배 꼰 다음에 쫙 늘어뜨려 가지고 여기 면도칼이 딱 대면 완전히 쫙 나가잖아요. 이 상태를 만들어놓는 게 내 저거였어요. 그래서 내가 좀 '아, 이게 좀 느슨해졌다' 느끼면, 제 주머니에 지금 USB에 보면 아이들 수습 장면이 있어요, 그걸 보면서 막…. 모 피디는 그걸 자해 아니냐고, 자해 수준의 그거 아니냐고 그러지만, 저는 그걸 보면서 막 부들부들 떨면서 막 울면서 그렇게 제 이걸, 제 마음가짐을 더 날카롭게 만들어요. 그게 여태까지 한 3년 이상 그렇게 했네요.

　　근데 이제 요즘은 많이 혼나요 그렇게 하면, 저 짝꿍한테, "그러지 말라"고, "그러지 말고 보통으로 해서 할 수도 있는 거 아니냐"고 너무 몰아세우면 [안 된다고]. 근데 이제 화라는 게 한번 이렇게 치밀어 올라서 한번 터지면 뭐 우선 몸이 망가지는 건 둘째 치고 정신적으로도 데미지가 너무 큰 거 같더라구요, 정신적인 데미지가. 내가 어떤 일을 하는지 모르고 일을 할 때도 있구요, '미쳤나?' 할 때도 있구요, 그냥 멍하니 운전할 때도 있구요. 운전하다 보면 대전이야. '어, 뭐지?' 이럴 때도 있구요. 그런 경우가 종종 있다 보니까 '아, 나를 계속 자극시키고 나를 자꾸 내가 옥죄고 해야만이 내가 정상적인 삶을 살 수 있겠구나' 이런 생각이 좀 들기도 하고. '그게 내 방법인가? 이 방법밖에 없나' 이런 생각도 들고 그래서 정신과 아까 교수님께서 정신과 치료 그런 부분들 말씀을 하시는데 정신과 제가 안 가봤겠냐구요. 정신과 선생님을 안 만나봤겠냐구요. 근데 이 양반들이 하는 얘기는 거의 그냥 뭐 뜬구름 잡는 얘기 비슷한 얘기만 하는 거예요. '무슨 뚱딴지같은 얘기야? 자다가 봉창 두드린다고' 참 이래 버리고 무시해 버리는 습관이 더 강해졌다는 거죠. 그래서 그전 같았으면 그래도 요즘은 그래도 좀 많이 이야기를 들어요. 그전 같았으면 얘기도 안 듣죠, 단칼에 그냥…. 그리고 2년 전, 3년 전에 저를 기억하실 거예요, 아마. 그때는 저한테 말 제대로 못 붙이셨어요, 너무 날카로워 가지고. 지금은 그래도 많이 제가 좀 부드러워진 건데, 정말 그때는 저도 느꼈거든요, 깨진 유리 조각 같다는. 깨진 유리 조각 잘못 밟으면 베잖아요. 그런 것처럼 저도, 저 자신을 제가 그렇게 느꼈어요. 느꼈는데 문제 해결을 해야 되는데, 내가 너무 날카로우면 같이 나랑 보조를 맞출 사람들이 상처를 받더라구요.

그러니까 이거를 1기 특조위가 끝나고, 1기 특조위 끝날 때 이제 단식을 하면서, 단식을 한 20일 하면서 어떻게 하면 2기 특조위를 만들 수 있을까를 한창 고민할 때 여러 가지 방법들이 막 생각이 났는데, 그중에 하나가 나를 좀 바꾸는 거였어요. 그전에는 제가 밖으로 안 나왔어요. 바깥의 활동들을 안 했었어요. 맨 뒤로만 돌아다니면서 뒤의 활동들만 했었어요. 그런데 어느 순간 그 단식이 끝난 후부터는 제가 외부 활동들을 많이 했죠. 그때 느낀 게 그거였어요. '일을 되게 하려면 물론 날카롭고 지적이고 샤프하고 여러 가지 뭐 있겠지만, 대화할 때 남의 목소리를 듣는 것도 중요하겠다. 이게 없으면 남과의 그러니까 다른 사람과 나의 유대 관계가 과연 이게 잘될까' 그런 생각이 드는 순간부터 조금씩 바뀌어가지고, 지금은 그래도 대화라는 걸 해요. 그전에는 대화라는 걸 안 하고 거의 소리치고 막 윽박지르고 이런 거밖에 안 했는데 이제 대화라는 걸 좀 하기 시작한 거죠.

그래서 그게 선조위 끝날 때나 좀 이쪽 특조위 시작될 때 그게 많이 도움이 돼요, 지금 현재는. 근데 유가족들 중에 몇몇 분들은 "니가 약장사냐" 그런 식으로 말씀하시는 분들도 계시고, 왜냐면 너무 술술 넘어가니까. 그리고 뭐 단점들도 좀 있죠. 가서 해수부나 경찰한테 가서 쇼부 쳐오는 건 내가 다 하고…, 아니, 이게 원래 거래라는 게 하나를 해주면 하나는 포기를 해야 되잖아요. 두 개를 다 얻을 수는 없잖아요. 근데 이제 내 딴에는 두 개를 다 얻어 왔는데 이제 우리 편 사람들은 두 개를 다 놓고 온 걸로 생각하는 거예요. 그럴 때는 좀 많이 말도 못 하겠고, 참 욕도 못 하겠고 그럴 때도 있고 그래요.

14
아픔을 보는 눈

면담자　　　그런 변화를 겪으셨을 때하고 시간적으로 비슷할 거 같은데, 예를 들자면 백남기 열사 돌아가신 이후에 특히 유가족들이 아주 강한 연대를 보여주셨는데, 그런 활동까지 하시게 된 거는 세월호

이전에는 상상하기 좀 어려운 것이었을 거 같은데 준형 아버님 보기
에는 어떤 변화가 좀 있으셨어요?

준형 아빠   우선 세월호 이전에는 그냥 뭐라고 할까, 불평불만만
많은 일반적인 시민? '아 씨, 이거 해도 안 되고, 저거 해도 안 되고' 뭐
이거였다면 그리고 그다음에 불행을 '뭐 그럴 수도 있지' 내지는 '그게
뭐 어때서. 네 불행보다 내가 처한 현실이, 내 코가 석 잔데, 니 거 불
행을 내가 어떻게' 이랬다면 지금은 남의…, 그게 불행을 보는 눈이,
아픔을 보는 눈이 생긴 거죠. 그래서 어느 누가 불행을, 불행한…, 준
형이한테 받은 선물이라고 하는데, 누가 아프면 아픈 걸 가만히 보고
만 있지 못하겠더라구요. 가서 손이라도 한번 잡아주고 내지는 뭐 서
로 대안도 제시해 주고, 스텔라데이지호나 그리고 백남기 농민 그쪽
그리고 이번에 가습기 이분들한테 쓴소리도 좀 하고…, 내가 그럴 필
요가 전혀 없거든요. 나는 그냥 나, 세월호 유가족으로서만 할 일을
하면 되는데 갑갑한 거예요. 이분들 이렇게 해서는 일이 안 될 텐데
갑갑한 거죠, 많이 그런 것들 오지랖이 넓어졌다고 그래야 하나.

    그리고 짝꿍이 원래 또 그런 사업들을 많이 구상하고 했던 사람이
기 때문에 그래서 하나하나 인생이 좀 뭐라고 해야 될까요, 점점 슬퍼
져요 인생 자체가. 왜냐면 진상 규명할 때 앞에 보이는 그 벽들이 있
잖아요. 이것들이 눈에 보이기 시작한 다음부터 같이 다른 사람들이
그 일들의 얘기를 딱 듣다 보면 거기도 그것들이 보이기 시작하는 거
죠. 내가 무슨 뭐 진상 규명 전문가가 된 건 아니지만, 일을 함에 있어
서 "아, 어떠어떠한 것들이 눈에 보이는구나. 이렇게, 이렇게 나가야
되는데" 이런 것들을 얘기해 주면 요즘은 고마워하는 분들이 있어요.

그전에는 "뭐 하려고 그런 얘기를 해요" 하면서 "저 사람들은 저 사람들 나름대로 기준이 있고 할 텐데 왜 그렇게 얘기를 하냐"[고 했는데], 아니, 내가 보기에는…, '야, 분명히 그거 고생하는 길인데, 그거 말고 한 번만 저기 누구 하나 만나서 얘기 한마디 하면 좀 쉬운 길로 갈 수 있는데' [하는 생각이 드는 거예요].

우리가 고생했으니까 그 고생했던 기억들을 되살려서 남들이 못하는, 아니, 그 사람들이 해야 될 일이 뭐뭔데 한 단계 건너뛰어서 누구 먼저 만나고, 그러니까 뭐 스텔라데이지호 같은 경우에는 외교부하고 그다음에 해양수산부 두 군데를 자꾸 같이 가야 되잖아요. 그러면 외교부 쪽 어떤 의원 만나고 해양수산부 쪽 해당 상임위 어떤 의원 만나서 두 개 같이 왔다 갔다 조율하고, 그런 다음에 국회 예산 따낼 때도 예결위 누구 만나고 이런 식으로 그냥 알고 있는 내용 정도를 얘기해 주고…. 근데 이제 이게 물론 오지랖이 될지 그 사람한테 도움이 될지는 모르겠지만 내가 알기로는 도움을 많이 줬죠. 근데 그다음부터가 이제 문제죠. 그다음부터가 '과연 이게 이들한테 과연 자립을, 자기가 혼자 해나가야 되는데 이게 맞나' 이럴 때도 있고, 많이 도와주는 건 아니고 그냥 가끔 한마디씩 해주는 거니까 뭐 괜찮겠다 싶기도 하고.

15
안전 사회 구축의 과제

면담자   박주민 변호사가 의원으로 출마해서 현재 이제 정치활동을 아주 활발하게 하고 있는데, 준형 아버님 포함해서 유가족들이 선거 때 직접 발로 많이 뛰신 거로 잘 알고 있습니다만, 그런 정치활동이 한국 사회에서 어떤 문제를 풀어가는 데 굉장히 중요하다 이렇게 생각을 하게 되신 건지요? '정치적 행동이 앞으로 한국 사회에 굉장히 중요하겠다' 이런 생각을 하셔서 박주민 의원을 도와주신 건지요?

준형 아빠   우선은 이제 그러니까 20대 총선을 앞두고 박주민의 영입 제의가 많이 들어왔었어요, 더불어민주당에서 박주민 의원 영입하겠다[고요]. 근데 박주민이 다 노를 했었어요. 그런데 이제 술 한잔 먹여가지고 오케이를 만들었죠. 이건 뭐 공공연한 비밀이라서 그냥 말씀드리는 건데 박주민 의원한테 우리가 그랬어요, "인권변호사로서 해볼 건 다 해봤잖아. 세월호에 대해서 우리 끝까지 도와준다며? 그러면 국회의원으로 가. 국회에 가서…". 그때는 정말 암울했어요. 왜냐면 그때 새누리당이 180석, 150석 이상 자신한다고, 180석까지 갈 수 있다고 이때였거든요. 여론, 그러니까 뭐 지지율, 그러니까 조중동 이쪽 뉴스 보면 "와, 어떻게 하냐, 우리" 할 때였거든요. 그런데 그때 우리의 목표가 저거였어요, '국회에 자유롭게 드나들 수 있는 의원실이 있어야 되겠다' 그리고 '그 의원실에서 세월호를 챙기는 의원이 한 명은 있어야 되겠다' 그리고 '그 의원실에서 자료를 좀 받아봐야 되겠다' 이 세 가지가 되게 필요했어요.

근데 박주민 의원한테는, 박주민 의원이 되게 싫어했어요, 이 국회의원을 하기를. 그리고 저기의 반대도 되게 심했어요, 시민사회단체의. 왜냐면 박주민이라는 사람은 대체 불가능해요. 그러니까 박주민 의원을 대신해서 할 수 있는 변호사가 없고 그가 일했던 모든 사안들을 보면 대신해 줄 수 있는 사안들이 아니더라고. 지금 하고 있던, 그러니까 그 의원이 되기 전에 하던 일들도 대체 불가능한 일들이었어요. 근데 이제 박주민 의원을 당선을 시키고 나서 그때부터 우리가 '아, 우리도 뭔가 할 수 있겠구나' 생각을 했어요. 그래서 그때부터 더불어민주당 당사 점령도 하러 갔었고, 박주민 의원하고 아무 상관없이. 박주민 의원한테 얘기도 없이 당사 점령도 하러 갔었고, 그리고 그때 이제 이 4·16 참사 특별법 패스트트랙 그때부터 얘기가 나오기 시작해서, 그게 벌써 2년 됐네요, 이렇게 된 것도.

그래서 정치적으로는 나는 참 안타까운 게 그거예요. 세월호 이슈는 정치적으로 보수와 진보를 가릴 수 없는 거거든요. 왜냐면 보수인 사람은 안 죽나요? 사고 안 당하나? 다 똑같거든요. '안전 사회'라는 그 캐치프레이즈는 보수와 진보를 넘나드는 거거든요. 어느 누가 차지할 수도 없는 거에요. 뭐냐면 안전한 사회를 만들겠다는데 그렇다면 아, 보수는 돈이 좀 많이 드니까 안 되려나? (웃음) 그런데 이게 보수와 진보를 넘나든다고 생각하는 거예요. 그런데 지금 우리나라 저기를 보면 너무 보수 쪽 이야기가 세월호에서 없어서 그게 좀 걱정이기는 해요.

면담자　　　세월호 참사 이전에 한국 정치에 대해서 지난번 증언에서 큰 관심이 있지는 않았다는 입장이셨는데, 세월호 이후에 정치에 관심이 많아지신 거는 당연한 거고, 그래서 좀 더 나아가서 여쭙고 싶은 것은 "세월호 유가족이나 다른 사람들이 정치에 어떻게 개입, 참여해야 할 것이다"라든지 또는 "정치에 직접 뛰어드는 것이 필요하다" 또는 "필요하지 않다"든지 이런 차원의 이야기를 여쭙고 싶은 겁니다.

준형 아빠   그 교수님이 생각하시기엔, 제가 저번에도 말씀드렸지만 진보와 보수가 이데올로기적으로 나뉘는 시기는 이제 지나지 않았나 싶어요. 진보라 하면 가장 그러니까 가장 중점을 둬야 될 덕목은 생명 존중, 그러니까 생명 존중 그러면 뭐 우리 생명만 존중하는 것이 아니고 자연보호라든지, 이런 일련의 생명에 관한 일들에 앞서나가는 게 진보라고 생각해요. 근데 보수는 뭐냐면 이걸 할 때 돈들이 많이 들어가잖아요. 솔직히 말해서 그 생명 존중 사상 한다고 아니, 그러면 "야, 이것도 안전 공사해야 되고, 저것도 안전 공사해야 되고, 이런 거 좀 하려면 돈 들어가니까 야, 이건 좀 천천히 하자" 하는 게 보수가 되어야지. 이데올로기적으로 진보나 보수로 이렇게 나눠지고, 태극기 들고 왔다 갔다 하면 보수고, 나는 이거는 아니라고 생각해요.

내가 이 세월호 참사를 딱 겪고 나서 느낀 게 그거였어요, 진보는, 진보라 하는 사람들이 진보의 가치관을 더 몰라. 진보가 뭔지를 모르는 거예요. 이데올로기적 진보? 이런 건 구한말에 쓰던 걸 지금도 쓴단 말이에요. 말도 안 되는 거죠. 근데 남북분단의 상황이고, 그런다고 해서 뭐 그럴 수 있다고 쳐요. 그렇지만 제가 보기에 진보란 그리고 보수란 어떤 틀 안에서만 끼어가지고 서로 부대끼는 게 아니고, 전체적인, 우리가 살고 있는 전체적인 인류사적, 인류애적으로 보면, 전체적인 그 큰 그림 안에서 진보와 보수가 서로 주고받고, 넘나들고 이래야 된다고 생각해요. 그런데 거기서 가장 크게 생각해야 될 부분이 생명 존중이라는 거예요. 근데 우리나라는 진보 정당이 어딨어요? 녹색당도 진보 정당 안 같은데.

그리고 이 얘기는 이게 좀 우리 짝꿍이랑 한바탕 논쟁이 한 번 붙은 적 있는데, 왜 사람들은 대부분 그런지 모르겠지만 하얀색 아니면 검정색을 강요를 해요. 아니, 가운데 회색이 있을 수도 있잖아요, 아니면 가운데 그린이 있을 수도 있고. 하얀 거와 검정 거 사이를 인정을 안 하는 거예요. 그런데 잘 생각해 보세요. 우리 사회가 돌아가는 건, 하얀색도 검정색도 아니고 이 가운데 있는 사람들이 주축이 되어서 돌아가는 거잖아요. 근데 이 가운데 있는 사람들을 선명성 경쟁을 펼쳐서 뭐라고 그러죠? 분리주의자니 회색주의자니 이런 식으로 막, 나는 떳떳하게 얘기를 해요, 나는 회색이라고. 그래서 더 여기 지금 제가 하고 있는 일에 더 최적화되어 있다고 그럴까, 하는지 모르겠지만 아니, 진상 규명하겠다는데 방해만 안 하면 아니, 황전원이가 하겠다는데 "해. 해봐" 해가지고 맘에 안 들면 우리가 뭐라고 하면 되는 거잖아요. 그리고 다른 어떤 그러니까 내가 보기에는 해피아인데 와가지고 하겠다고 [하면] "해라. 해봐" 해봐가지고 우리한테 진상 규명에 방해만 되지 않고 발전시킬 수 있으면 그 사람들 써먹는 게 뭐가 잘못된 거죠? 난 그렇게 생각을 해요.

면담자   이제 4년여간 활동을 하시면서 참여연대 또 인권연대, 좀 더 넓히면 전교조 등 여러 한국의 진보 단체들과 많이 접하셨을 텐데, 어떻게 보셨고 현재는 어떻게 보시는지요?

준형 아빠   투쟁력 제로에, 말만 많은 사람들. 뭐 민주노총이네 뭐네 다 똑같아. 하물며 죽을 정도의, 죽어야 될, 죽어야 풀리겠다는 용기조차 내지 못하는, 그러니까 극단적으로 해보지 않은 그런 운동을 하는 거 같아요. 그래서 뭐 이게 제가 뭐 한다고 해서 그쪽 단체들이 뭐 모르겠어요. 그쪽 단체들한테 욕먹는 것도 더 없겠지만 솔직히 얘기해서 "정말로 사회를 바꾸고 싶으면 그리고 그들이 원하는 세상으로 가고 싶으면 좀 더 노력해야 된다"[고 생각해요]. 물론 우리 유가족들도 세월호 진상 규명에 좀 더 노력하고 더 해야 되겠지만, 그분들을 보면 어느 수준까지만 하고 안주를 하는 거 같아요. 그래서 하물며 우리가 했던 투쟁들이 그들한테는 최초의 투쟁들이 되게 많았어요. 뭐 그러니까 광화문에서 아직까지도 천막 있는 것도 그렇고, 그다음에 청운동, 광화문 현판 밑에, 안국동에서 목에다 새끼줄 걸고 했던 행진 같은 것들, 국회에 막 본회의, 국회에 들어가 가지고 본청 앞에서 했던 이런 행동들이 어찌 보면 그냥 당연했거든요, 우리는. "당연히 이거 해야 돼. 이거 안 하면 안 돼" 했거든요. 그런데 그분들은 그게 아닌 거 같던데요.

16
안산에 대한 생각

면담자　　　안산에 어린 시절부터 계셨고, 부침이 있긴 했지만은 안산 지역에서 굉장히 활발한 사업 활동을 하셨고, 거기에서 이제 아이들을 키웠고, 그래서 안산에 대한 이미지랄까 느낌이 남달랐을 것 같아요. 안산에 대한 생각이 세월호 참사 이전과 이후에 어떻게 달라지셨는지요?

준형 아빠　　　안산이 편했어요. 왜냐면 마음이 편했어요. 왜냐면 안산이, 고향이 김제니까 김제 평야가 산이 없잖아요, 안산이 그랬어요,

맨 처음에. 안산이 되게 편했었는데, 정말 실망을 많이 했어요, 안산에 대해서, 이 세월호 참사 후에. 특히나 생명안전공원에 대한 납골당 프레임 이게 아직도 살아 있는 거 보면 정말 '내가 여기서 30년 살았는데 진짜 너무한다' 생각이 들더라구요. 그리고 안산에 지금 아파트를 너무 많이 지어서 그 아파트값 다 떨어지게 생겼거든. 그 떨어지는 그거를 우리 생명안전공원 때문이라고 지금 다 얘기를 하는데, 너무 많이 짓는 건 생각을 안 하는 거죠, 너무 비싸게. 거기 아무튼 그런 아이들의 추억과 내 추억이 거기 다 있는데, 거기를 떠나오겠다고 생각한 마음은 오죽하겠냐구요. 물론 아직까지 거기 어머님도 계시고 여동생들도 살지만 아이들한테 창피한 도시가 됐어요, 우리 아이들한테.

면담자   일산으로 이사 오시고 어떠세요, 좀 마음이 편하세요?

준형 아빠   아직 이사가 끝나지 않아서요. 저희가 11월 8일 날 완전히 이사가 끝날 거 같아요. 그래 가지고 아직까지는 잘 모르겠어요. 저희가 지금 들어갈 집이 빠지지가 않아서 이제 그게 빠지면 거기 좀 수리하고 거기로 갈 건데, 그렇게 되면 완전히 갖춰지겠죠. 그 전까지는 좀 좁은 아파트에서 부대끼면서 살고 있으니까…. 그래도 안산보다는 마음이 편해요, 오히려. 이제 서울 가깝고 해서 서울로 자주 왔다 갔다 하는 그것도 있어서 그런 건지는 모르겠지만, 안산보다는 편하다고, 그러니까 준형이가 없는 안산보다는 준형이가 없는 일산이 낫다는 거예요. 왜냐면 준형이가 없는 안산은 준형이의 추억들이 다 묻어나는 곳들이 있는데 거기에 준형이만 쏙 빠져버리니까 계속 아픈 점들이 생기는데, 준형이 없는 일산은 그 준형이하고의 그게 없잖아요. 그러니까 오히려 마음은 편하죠. 아이들하고 새로운 추억을 만들어주면 되니까 아이들한테는. 준형이하고의 추억 때문에 안산을 계속 안 떠나려고 했었어요. 그런데 아이들 때문에 떠나기는 했지만 좀 안타깝죠, 안산이.

17
아이들 양육에 대한 걱정

면담자 이제 구술 거의 마지막 단계로 오고 있는 거 같은데요. 아버님의 삶에서 제일 걱정되는 게 있다면 무엇입니까?

준형 아빠 제일 걱정되는 건 아이들이 편히 성인이 되는 것까지 내가 지켜줘야 되는데 그 부분이 그게 몇 년 안 남았는데도 그게 그렇게 불안해요. '내가 그때까지 그걸 과연 그렇게 감당하면서 할 수 있을까' 이런 느낌들. 뭐 갑자기 막 내가 쓰러져 버리면 이런 생각도 좀 들고, 내가 내 몸 걱정을 하는 게 나 때문이 아니고 우리 애들 때문에 하는 거죠. 그 전에는, 그러니까 우리 짝꿍 만나기 전까지만 하더라도 나는 오래 살고 싶은 마음이 없었거든요. '오래 살아서 뭐 하려고' 그랬는데 이제 나머지 애들을 생각하다 보니까 그래도 웬만큼은 살아야 되겠더라구요. 나머지 애들이 어떻게 어떻게 지들 인생을 만들어가는 걸 봐야 되려면 좀 더 살아야 돼서, 이것까지 생각 안 해봤는데 그런 생각이 들죠. 다른 걱정 없어요. 다른 거야 뭐 솔직히 세월호 진상 규명도 저 없어도 잘 돌아갈걸요. 세상에 나 없이 되는 일이 많더라구요. 저 없다고 해서 안 되는 일은 없구요. 되는 일이 많은데 뭐 제가 없어진다 그래서 지구가 안 돌겠어요, 모르겠어요.

면담자 　　다시 살아가는 이 삶에서의 진상 규명을 제외한 꿈, 뭐 내가 이런 모습으로 한번 뭘 해보고 싶다든지 그런 게 있으십니까?

준형 아빠 　　그냥 보통 늙어가는 사람들처럼 늙어가고 싶어요. 늙어 가고 싶고, 나이 먹는 것처럼 나이 먹고 싶고, 대신 어느 시기가 되면 준형이가 천국에 있으면 천국에 가야 돼요, 가서 마지막 준형이 못 해 줬던 뒷바라지는 해줘야 되니까. 그래서 그것만 담보될 수 있다면, 그 렇게 신경 써가면서 '내가 나중에 뭐가 되어야 되지' 신경 써가면서 살 고 싶지는 않아요. 그 대신 아이들한테는 좀 다정한 아빠, 이 캐릭터 가 유지되기 쉽지 않더라구요, 다정한 아빠가. 하도 툴툴거리는 아빠 라 그래 가지고 하여간 이 캐릭터 유지하기가 쉽지 않아요, 어저께도 술도 많이 먹어가지고, 오늘도 짝꿍한테 맨날 혼나고. 추접한 늙은이 는 되고 싶지 않아요, 추한 늙은이. 그냥 잘 나이 먹은, "나이 잘 먹었 다. 그 나이에 맞게 사네" 내지는 좀 더 "그 나이보다 젊게 산다" 이 정 도 평가를 받으면 되지 않을까 싶어요. 다른 거는 뭐 욕심 없어요. 내 가 뭐 지금 이제 와서 아휴, 뭐 어디서 사업을 해서 뭘 하겠어요, 뭘 하겠어요. 그런 거 없어요. 보통 사람들의 삶, 어떤 사람들이 어떻게 사는지는 모르겠지만 내가 생각하는 '그 보통 사람들이 살아가고 있 는 삶, 그 삶을 좀 따라가면 좋겠다' 그리고 그 삶 안에서 준형이 있을 때하고는 좀 틀리겠지만 그래도 좀 행복하고 그 행복이 우리 아이들 이 행복한, 나머지 아이들이 행복한 세상이면 이제 내가 점점 내가 없 어도 되는 세상이 되면, 어느 순간에 내가 준형이한테 가서 준형이 옆 에서 뒷바라지하고 마지막 뒷바라지, 나머지 뒷바라지하고 그게 제

소망이에요. 그리고 아마 1주일에 하루는 어디 봉사를 한다든지 그런 걸 할 거예요. 지금 이 세월호 이 일을 하면서는 힘들겠지만 이 일이 좀 지나간다면 일주일에 하루는 꼭 어디 가서 뭐 내가 할 수 있는 봉사, 그 봉사를 위해서 좀 그러니까 요리 같은 걸 한다든지 아니면 안마를 한다든지 이런 것들을 하고 싶어요.

면담자　　마지막 질문이 될 거 같습니다만, 준형이에 대한 아버지로서의 애도는 무엇일까 하는 것을 마지막으로 여쭙고 싶습니다. 그런 애도를 거쳐서 세월호 이전과는 전혀 다른 삶이지만 지금 아버님이 말씀하시는 평범하고 아름다운 삶을 그래도 상상을 할 수 있는 것 아닌가 싶어서요.

준형 아빠　　푸틴이 이런 얘기를 하더라구요. "용서는 신의 몫이다. 그런데 신 앞으로는 내가 데려갈 수 있다"고. 똑같아요, 저도. 용서를 하고 싶지 않아요, 이 참사가 있게 했던 인물들의…. 그러나 용서는 지네들 몫이고 아무튼 책임은 물어야 되겠어요. 그리고 또 한 가지가 점점 이 세월호 일을 점점 좀 줄이고 싶어요. 줄여야만이 내가 오래 살겠어요. 그래서 점점 줄이고 싶은데 그게 잘 안 돼요. 그래도 점점 줄여야 될 거 같고, 그리고 준형이를 위한 나만의 저기 방법은, 애도의 방법은 동생들을 잘 돌보는 거, 동생들을 똑바로 키우는 거, 그게 준형이에 대한 내 애도의 방법이 아닐까 싶어요. 그거 말고는 다른 거는 생각이 안 나는데요. 준형이한테 뭘 해준다고 좋아할 거 같지도 않고, 나도 안 차고 다니는 문재인 대통령 시계를 넣어줬는데 좋아할 거 같지도 않고, 준형이 동생들, 아끼는 동생들한테 잘해주는 게 마지막으로 저는 그거 같아요.

면담자   3회에 걸쳐서 아주 중요한 그리고 깊이 있는 말씀을 많이 해주셔서 너무 감사의 말씀드립니다.

준형 아빠   아니, 무슨 말씀을요, 들어주시는 게 어딘데. 힘들어요, 제가 얘기하는 거 이렇게 듣는 게.

면담자   아닙니다, 저는 괜찮은데요. 고맙습니다. 이것으로 마치겠습니다.

준형 아빠   아니, 무슨 말씀을요. 수고하셨습니다.

4·16구술증언록 단원고 2학년 8반 제3권

그날을 말하다 준형 아빠 장훈

ⓒ 4·16기억저장소, 2020

기획 편집 4·16기억저장소 | **지원 협조** (사)4·16세월호참사가족협의회
펴낸이 김종수 | **펴낸곳** 한울엠플러스(주)
초판 1쇄 인쇄 2020년 4월 1일 | **초판 1쇄 발행** 2020년 4월 16일
주소 10881 경기도 파주시 광인사길 153 한울시소빌딩 3층
전화 031-955-0655 | **팩스** 031-955-0656 | **홈페이지** www.hanulmplus.kr
등록번호 제406-2015-000143호

Printed in Korea.
ISBN 978-89-460-6773-8 04300
      978-89-460-6801-8 (세트)
* 책값은 겉표지에 표시되어 있습니다.